DON'T BELIEVE EVERYTHING YOU FEEL

감정의 속임수

정서도식치료 셀프 가이드

Robert L. Leahy 저
최기홍 · 조수린 · 최주희 공역

헬렌에게

추천사

"『*Don't Believe Everything You Feel*』에서 로버트 리히(Robert L. Leahy)는 감정을 억누르거나 바꾸려 하기보다 자연스럽게 받아들이는 방법을 차근차근 알려준다. 그는 도움이 되지 않는 방식 대신 적응적인 감정 대처법과 더 가치 있는 삶을 살아가는 방향을 제시한다. 우울, 불안, 분노 등 감정적 어려움은 물론 다양한 감정 문제를 겪고 있는 사람들에게 이 책은 어려움을 헤쳐 나가는 데 꼭 필요한 소중한 길잡이가 될 것이다."

— 데이비드 F. 톨린(David F. Tolin), 심리학 박사, ABPP,
『*Face Your Fears*』의 저자

"동물들도 우리와 공통된 감정을 보여줄 수 있지만, 인간은 다른 동물이 할 수 없는 복잡하고 새로운 방식으로 생각할 수 있다. 이러한 사고 능력은 우리 인간을 특별하게 만들어주지만, 동시에 불안과 우울에 빠뜨릴 수도 있다. 생각과 감정 사이의 연관성을 다룬 이 새롭고 통찰력 있는 책에서, 국제적으로 유명한 인지치료 전문가 로버트 리히는 우리의 생각과 감정 간의 복잡한 관계와 문제를 명확히 안내한다. 그는 상황에 대한 해석과 생각, 그리고 감정 자체가 우리를 더 나아지게도, 나빠지게도 만들 수 있음을 짚어내며, 그것들과 어떻게 관계를 맺고 대면하거나, 회피하거나, 받아들이는지를 설명한다. 수년간의 깊이 있는 임상 경험이 담긴 이 책은 사고와 감정의 관계에 관심 있는 모든 이들에게, 더 나아가 균형 잡힌 마음을 얻고자 하는 이들에게 훌륭한 길잡이가 될 것이다."

— 폴 길버트(Paul Gilbert), 심리학 박사, FBPsS, OBE,
『*Living Like Crazy*』 및 『*The Compassionate Mind*』의 저자

“리히는 수많은 임상 사례를 통해 사람들이 빠져나오기 어려운 감정적 함정들을 보여주며, 걱정과 반추, 시기, 수치심, 절망, 양가감정 등 감정의 미묘한 측면을 다룬다. 또한, 다른 사람들의 감정을 효과적으로 인식하고 대응하는 방법도 제시한다.

리히는 독자들이 다양한 자기 평가와 연습을 통해 풍부하고 의미 있는 삶이 고통스러운 감정을 포함한 모든 감정을 받아들이고 경험하는 것에서 시작된다는 것을 이해하도록 돕는다. 감정이 인간 경험의 핵심이라는 점을 강조하며, 리히는 독자가 자신의 감정을 인정하고, 감정에 얽매인 한계를 넘어 우선순위를 재정비하며 의미 있는 목표를 향해 나아가도록 이끌어 준다.”

— 질 라투스(Jill Rathus), 심리학 박사, LIU 포스트 심리학 교수, 뉴욕 그레이트넥에 있는 Cognitive Behavioral Associates 공동 디렉터, 『청소년을 위한 DBT 다이어렉티컬 행동치료(*DBT Skills Manual for Adolescents*)』 및 『Dialectical Behavior Therapy with Suicidal Adolescents』의 공동 저자

“인간으로 산다는 것은 다양한 감정의 직물을 경험하는 것과 같다. 국제적으로 저명한 저자이자 임상 심리학자인 로버트 리히는 그만의 독창적인 감정 이론을 바탕으로 한 영감을 주는 워크북을 선보인다. 리히의 인지-행동적 관점과 수용적 관점을 통합한 접근법은 감정을 병리적으로 보는 기존 치료법과는 완전히 다른 신선한 시도를 보여준다. 이 워크북에는 지혜와 안내, 개입 전략, 그리고 부정적이고 고통스러운 감정을 변화시킬 수 있는 단계별 연습과 활동지가 풍부하게 담겨 있다. 확신과 공감, 격려로 쓰인 이 책은 다양한 사례를 통해 독자에게 흥미롭고 깊이 있는 통찰을 전해준다. 리히는 부드럽지만 설득력 있는 방식으로 독자를 새로운 발견과 감정적 변화를 향한 여정으로 이끌며, 이를 통해 개인이 스스로를 성장시키

고 관계를 풍요롭게 하며, 진정으로 살아있다는 의미를 깨닫도록 돕는다."

— 데이비드 클라크(David Clark), 심리학 박사,
뉴브런즈윅 대학교 심리학과 명예 교수

"로버트 리히는 오늘날 심리학 분야에서 가장 영향력 있는 임상가 중 한 사람으로 꼽힌다. 그의 최신작 『*Don't Believe Everything You Feel*』은 인지행동치료(CBT)와 정서도식치료의 원칙을 바탕으로 하며, 어려운 감정을 다루는 혁신적인 방법을 상세히 제시하고 있다. 이 책에 담긴 사례와 연습은 다양한 감정을 온전히 경험하며 충만한 삶을 살아가는 법을 제시한다. 쉽게 다가갈 수 있으면서도 깊은 영감을 주는 이 자기계발서를 꼭 추천하고 싶다."

— 사빈 빌헬름(Sabine Wilhelm), 심리학 박사, 하버드 의과대학 교수 및
매사추세츠 종합병원 심리학부장

"감정은 인간을 정의하는 중요한 요소이다. 로버트 리히의 책 『*Don't Believe Everything You Feel*』은 기쁨과 행복부터 우울과 불안까지 이어지는 복잡한 감정 속에서 인간다운 삶의 비밀을 이해하는 열쇠를 제시한다. 이 책은 그의 정서도식치료 접근법을 인지와 행동의 원칙에 기반해 명확히 풀어낸 뛰어난 작품이다. CBT 분야를 선도하는 저자이자 대가인 리히의 손에서 탄생한 이 책은 고전으로 자리 잡을 만한 가치가 있다. 임상가, 수련생, 내담자뿐만 아니라 감정과 심리치료에 관심 있는 모든 이들에게 꼭 읽어야 할 책으로 추천한다."

— 슈테판 G. 호프만(Stefan G. Hofmann), 심리학 박사, 보스턴 대학교
심리 및 뇌과학과 교수

역자 서문

임상 현장에서 내담자에게 인지행동치료를 제공하면서 늘 고민하는 부분은 '감정을 어떻게 다룰 것인가'이다. 2015년 홍콩에서 열린 아시아 인지행동치료학회에서 로버트 리히 박사의 '인지행동치료에서 정서조절' 강의를 듣고 매우 반가웠으며, 그의 혁신적인 접근에 공감하였다. 리히 박사는 우리의 감정에는 좋고 나쁨이 없고, 다만 감정이 전하는 메시지에 귀를 기울이고 이에 부합하는 행동을 할 수 있도록 돕기 위한 인지행동적 전략을 강조한다. 이후 그의 접근은 '정서도식치료'라는 체계를 갖추어 세상에 소개되었다. 관련 서적과 논문을 탐독하고 임상에 적용하면서 '정서도식치료'의 원리를 활용하여 내담자를 돕는 것에 매료되었다.

이전에 번역했던 '정서도식치료 매뉴얼'이 치료자를 위한 지침서였다면, 이번에 번역한 '감정의 속임수'는 내담자 혹은 일반 대중을 위한 자조서(self-help book)이다. 이 책을 읽으며 제시된 지침을 적용하다 보면, 어느새 인지행동치료에서의 정서조절 기법을 자신의 것으로 만들 수 있을 것으로 기대한다. 인지행동치료, 행동활성화 등의 강의에서 감정의 역할을 강조하는데, 강연을 마친 후 항상 더 공부하거나 참고할 서적에 대한 문의가 많았다. 치료자 매뉴얼이 아닌, 대중이 읽고 적용할 수 있는 책을 번역하고 소개할 수 있게 되어 기쁘게 생각한다.

함께 원문을 꼼꼼히 읽고 우리 문화에 맞게 번역해 준 고려대학교 KU 마음건강연구소의 조수린, 최주희 연구원에게 공동 역자로서 감사하며, 그들의 노고와 재능을 보게 되어 기쁘다. 또한, 본 역서를 출간하는 데 아낌없는 지원을 해주신 박영스토리 대표님과 함께해 주신 모든 분께 감사드린다. 이 책이 많은 사람들이 인지행동치료의 정서조절 기법을 배우고 적용하는 데 도움이 되기를 바란다.

대표 역자

최기홍

목차

제1장

감정은 무엇인가

제1장

감정은 무엇인가

우리와 로봇의 차이가 무엇일까?

로봇이 할 수 있는 일들을 생각해보면, 요리도 할 수 있고 청소도 할 수 있고, 전화 응대도 할 수 있고, 위험한 일을 할 수도 있으며, 폭탄 제거 작업도 할 수 있고, 차도 운전할 수 있고, 배달도 한다. 로봇은 심지어 체스나 바둑에서도 우리를 이긴다. 우리가 난해하게 생각하는 수학 문제도 척척 풀어내며, 정신건강 영역에서는 자폐 아동을 치료하는 데에도 로봇이 활용된다. 그렇다면 로봇이 하지 못하는 것은 무엇일까?

바로 **느낌**(feelings)이다.

로봇은 우리가 매순간 느끼는 불안감, 욕망, 슬픔, 화, 기대와 흥분, 외로움에 대한 느낌을 갖지 못한다.

우리는 살아있는 한, 느낀다. 우리가 의식이 있는 한 감각을 느낀다. 고통을 느끼고 무언가 일어나는 듯한 느낌을 경험한다.

자신 안에 갇힌 남자

실제 사례인데, 한 남자는 자신 주변에서 일어나는 일들은 모두 인식은 했지만, 완전히 마비가 된 상태로 있었다. 이 남자는 엘르(Elle)라는 프랑스 잡지의 편집자로 활동했던 장 도미니크 보비(Jean-Dominique Bauby)이다. 장 도미니크 보비는 뇌졸중을 겪고 혼수상태가 되었다가 20일 이후에 의식을 회복했으나, 자신의 몸은 완전히 마비된 상태로 마치 몸 안에 갇힌 상태가 되었다. 움직일 수도 없었고 말도 할 수 없었지만, 자신의 주변에서 일어나는 모든 것을 인식할 수 있었고, 무기력감도 느낄 수 있었다.

다행히도 보비는 자신의 왼쪽 눈꺼풀은 움직일 수 있었는데, 이 움직임을 이용해, 자신이 경험한 것을 글로 쓸 수 있는 가능성을 생각할 수 있었다. 자신의 보조원의 도움을 받아 자신이 원하는 알파벳이 화면에 나타나면 눈을 깜빡이는 것을 통해 자신의 경험을 글로 기록할 수 있었다. 몇 달에 걸친 작업을 거쳐, 20만번의 눈 깜빡임을 통해, 자신의 경험을 책으로 출간하였고, 그 책의 제목은 『잠수종과 나비*(The Diving Bell and the Butterfly)*』이다.

독자들을 놀라게 한 것은 보비가 기록한 세세한 감각과 관찰이 그에게 특별한 의미가 있었다는 점이다. 보비는 사랑하는 아들을 만지거나 느낄 수 없을 때 슬픔을 느꼈고, 바람에 커튼이 움직이는 것을 알아차렸으며, 자신을 사랑하는 사람들의 목소리를 들었고, 방문객이 없을 때면 외로움을 느꼈다. 보비는 몇 년 전에 경험한 냄새들, 친구와 여행에 대한 기억도 회상할 수 있었다.

보비는 자신의 청력이 손상된 탓에, 머릿속에서 마치 나비가 날아다니는 느낌을 받았다. 모든 순간의 감각, 인지, 감정, 의미를 알아차리게 된 것 같았다. 보비는 자신이 마치 잠수종(diving bell) 속에 갇힌 것 같이 느꼈지만, 자신은 여전히 살아있고, 밖으로 나가고 싶고, 사람들, 커튼, 침대 이

불, 바깥의 세상을 만지고 싶은 마음이 간절했다.

보비는 자신의 책이 출간된 지 이틀 후에 폐렴으로 세상을 떠났다.

보비는 자신의 몸 안에 갇혀 있었고, 한쪽 눈 만을 깜박거릴 수 있었고, 튜브를 통해 위에 영양분을 공급받을 수 밖에 없었지만, 로봇은 아니었다. 보비는 살아있었다. 우리는 몸 안에 갇혀 움직이지 못하더라도, 여전히 인식할 수 있고, 우리를 살아있게 만드는 감정을 느끼며, 여전히 갈망하고, 상실된 느낌을 느낄 수 있다. 우리는 고통을 느낄 수 있는 살아있는 생명체와 연대감과 책임감을 느낀다.

느낌(feeling)은 살아있음을 말해준다.

감정은 무엇인가?

감정(emotion)은 우리에게 의미(meaning)를 전달하는 느낌(feeling)이다. 감정에는 슬픔, 불안, 외로움, 화, 절망감, 기쁨, 양가성, 질투, 분개 등이 있다. 우리는 종종 감정과 **생각**(thought)을 헷갈려 한다. 생각은 주로 어떤 현상이나 사실에 대한 믿음(예: '그 사람은 실패자야.')을 의미하고 감정은 주로 생각에 붙어 있는 느낌(예: 짜증)이다. 예를 들면, 우리는 일이 잘 풀리지 않는다고 생각할 수 있지만, 실제로 무망감을 느끼지는 않을 수도 있다. 내가 사귀었던 옛 애인이 다른 사람과 사랑한다고 생각을 해도, 질투를 느끼지는 않을 수도 있다. 이번 주말에 혼자 있어야 한다고 생각해도, 외롭지 않을 수 있다.

생각이 느낌의 반대말은 아니다. 단지 다를 뿐이다. 생각(예: '나는 실패자야.')이 슬픈 느낌을 이끌 수도 있고, 슬픔이 어떤 생각(예: '나는 항상 혼자야...')을 이끌 수도 있다.

생각과 느낌의 차이에 대해 알기 위해서, 생각이 참인지 거짓인지 물어

볼 수 있다. 예를 들어, '그 사람이 진짜 실패자일까? 어쩌면 그 사람이 인생에서 완전히 실패한 사람은 아닐 수 있어.' 우리의 생각은 옳을 수도 있지만 틀릴 수도 있다. 하지만 우리가 느끼는 감정(emotion)을 옳거나 그르다고 판단할 수는 없다. "짜증나... 내가 짜증나는 게 옳은 걸까?" 라고 말할 수 있을까? 우리가 짜증을 느끼고 있다면 그건 당연하다. 우리가 어떤 느낌을 받는다는 건, (우리는 의식적으로 알지 못하더라도) 우리의 몸은 어떤 진실을 말해주고 있다는 것이다.

앞서 언급한대로, 생각은 감정을 이끌 수 있다. '실패자야...'라는 생각은 화, 불안, 슬픔, 혹은 무딘 감정까지 다양한 감정을 불러일으킬 수 있다. 감정도 생각을 이끌 수 있다. 예를 들어, 화가 나면, 내 주변 사람이 방해를 하거나, 무례하거나, 공격적이라는 생각을 할 수 있다.

우리는 감정에 대해서도 생각을 갖는다. 예를 들면, '내 외로움은 지속될 거야.'라는 생각을 할 수도 있고, '외로움을 느낀다는 건 약한 게 틀림없어.'라고 생각할 수도 있다. 혹은 '외로움은 내가 얼마나 내 애인/파트너를 소중하게 생각하는지를 말해주는 거야.'라고 생각할 수도 있다.

우리는 내 감정에 대해서도 감정을 가질 수 있다. 예를 들면, 외로움을 느끼는 것에 대해 창피함을 느낄 수 있고, 불안감을 느낄 수도 있다.

그래서 생각과 감정은 다른 것으로 이해할 수 있으며, 생각과 감정은 서로에게 영향을 미친다고 생각할 수 있다. **그림 1.1**을 살펴보자.

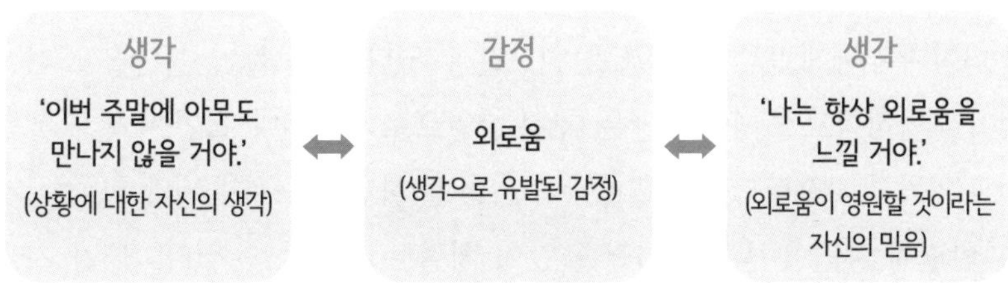

그림 1.1

우리는 감정에 대해 어떤 생각이나 태도를 지닌다. 예를 들어, 외로움을 느끼고 나서 항상 혼자일 것이라고 생각할 수 있고, 외로움이 영원히 계속될 것이라고 생각할 수도 있다(그림 1.2). 다시 말해, '내 외로움은 계속될거야.' 또는 '다른 사람들은 외로워 하지 않아.' 또는 '외로움을 어떻게 할 수가 없어.' 또는 '외로움을 느끼는 건 나약한 거야.'와 같이 외로움이라는 감정에 대해 다양한 생각을 가질 수 있다. **그림 1.2**에서 이러한 감정에 대한 생각이 어떻게 처음의 감정보다 훨씬 더 불안한 새로운 감정으로 이어지는지 볼 수 있다. 그리고 결국 외로움에 대해 절망감을 느낄 수도 있다(그림 1.2).

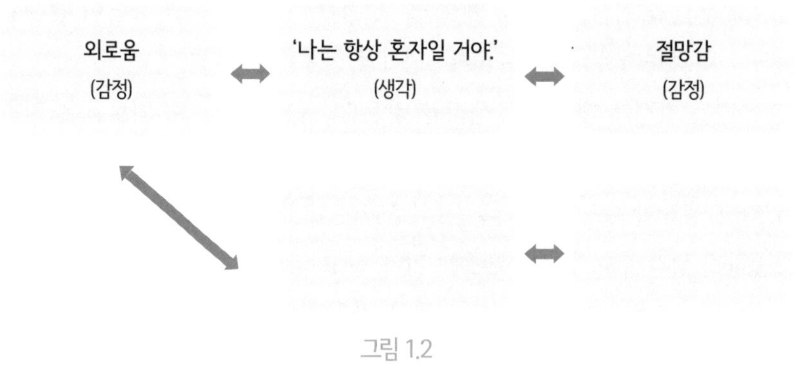

그림 1.2

우리 중에는 자신의 감정을 두려워하거나, 불안감을 느낄 때 혼란스러워하거나, 분노를 느낄 때 죄책감이나 부끄러움을 느끼기도 한다. 감정에 대한 감정(예, '외로움을 느끼는 것이 창피한 거야.') 혹은 생각(예, '내 외로움은 앞으로도 계속될 거야.')이 우리에게 또 다른 문제를 일으킬 수 있다. 예를 들어, 불안을 느끼는 것이 불안하다고 느끼면 불안은 더 큰 불안으로 확대된다. 불안이 통제 불능이고 영원히 지속될 것이라고 생각하면 더 큰 불안을 느끼게 된다.

반면에 불안을 받아들이면 불안이 저절로 진정될 수 있다. '내가 지금 불안하구나. 이 순간을 알아차리고 잠시 있는 그대로 받아들여야지.'라고 스스로에게 말한다면 불안에 대한 불안감이 줄어들 수 있다. 이 책에서는 불쾌한 감정을 받아들이고, 변화시키고, 활용하는 다양한 기술과 전략을 제시한다. 이러한 전략을 배우고 나면 불쾌한 감정을 더 이상 두려워할 필요가 없다.

아래 활동지를 살펴보고 왼쪽 열에 있는 예시가 '생각'인지, '감정'인지 정확히 식별하여 체크해 보자. '어떤 것이 생각이고 어떤 것이 감정인가?' 활동지는 부록 1(p.296)에도 수록되어 있다.

어떤 것이 생각이고 어떤 것이 감정인가?

예시	생각	감정
1. 시험에 불합격할 거야.		
2. 외로워.		
3. 애인/파트너/배우자를 만날 수 없을 거야.		
4. 어리석은 실수를 했어.		
5. 너무 슬퍼서 견딜 수 없어.		
6. OO는 나보다 똑똑해.		
7. 지금 너무 화가 나.		

정답: 1, 3, 4, 6은 생각, 2, 5, 7은 감정임.

연애할 때를 예로 들어 생각과 감정의 차이를 좀 더 살펴보자. "질투가 나."라고 말하는 것은 감정을 표현하는 것이다. 하지만 "내 애인/파트너가 다른 사람을 매력적으로 생각하는 것 같아."라고 말하는 것은 생각이다. 둘이 비슷해 보인다면, 이 방법이 도움이 될 수 있다: 애인/파트너가 누군가를 매력적으로 느낀다고 믿을 수는 있지만, 양가감정, 흥분, 분노 등 여러 가지 감정을 느낄 수 있다.

다른 예를 들어 보자. '영수는 나한테 무례했어.'라는 것은 생각이다. 이것은 자신이 느낀 감정을 생각으로 표현한 것이다. 영수에게 느낀 무례함은 사실일 수도 있고, 아닐 수도 있다. 영수가 두통이 있어 그렇게 행동했을 수도 있다. 하지만 영수가 무례하다고 생각하면서도, 내 감정 자체를 신경 쓰지 않을 수도 있다. 영수가 무례하다고 생각한다고 해서 자동으로 분노라는 감정이 생기는 것은 아니다. 영수가 무례하다는 것이 나에게 중요해야 하며, 나는 그것에 대해 관심을 가져야 한다. 영수의 행동에 어떤 의미를 부여해야만 그에 대한 감정을 느낄 수 있다. 영수의 무례함에 의미를 부여하는 또 다른 생각이 있을 수도 있다. '누군가 나에게 무례하게 굴면 (나는) 참을 수 없어.' 또는 '나한테 무례하게 구는 사람에게는 화를 내야만 해.' 이러한 생각은 나를 화나게 하거나 불안하게 만들 수 있다.

이제 생각과 감정에 대해 논의한 것을 **그림 1.3**에 정리하여 살펴보자.

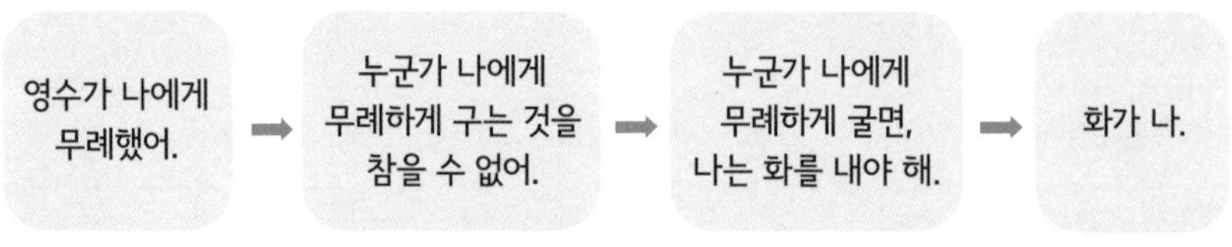

그림 1.3

누군가 나에게 무례하게 행동한 것(이를 '사실'이라고 부르자)이 내가 반드시 화를 내야 한다는 것은 아니다. 영수의 행동이나 생각에 신경 쓰지 않을 수도 있고, 누군가가 나에게 무례하게 해도 내가 하고 싶은 것을 할 수 있다고 믿을 수도 있다. 영수에게도 나름의 문제가 있었을 수도 있고, 기분이 안 좋은 날일 수도 있다고 생각할 수도 있다. 내가 영수의 행동을 개인적으로 기분 나쁘게 받아들이지 않을 수도 있다. 아래의 **그림1.4**를 살펴보자.

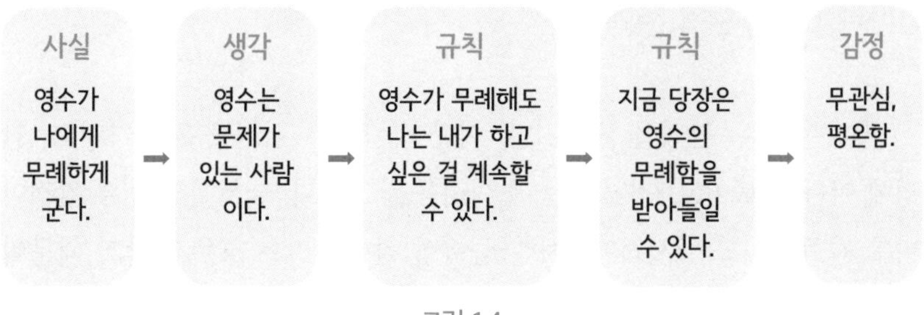

그림 1.4

따라서 사실(영수의 무례함)과 생각('무례함은 참을 수 없어.')이 감정으로 이어질 수 있음을 알 수 있다. 하지만 사실과 생각이 항상 같은 감정으로 이어지는 것은 아니다. 사실과 생각을 문제 삼는 또 다른 생각, 즉 규칙이 있을 수 있다. 그 규칙은 '영수가 나에게 무례하게 구는 건 참을 수 없어.' 또는 '어떠한 무례함도 용납할 수 없어.'일 것이다.

이 책에서는 생각이 어떻게 감정으로 이어지고, 감정을 격화시키며, 불안, 분노, 슬픔을 유발하는지 살펴볼 것이다. 또한 이러한 생각과 규칙을 바꾸어 감정의 롤러코스터를 타는 삶에서 감정의 주인으로 사는 방법을 살펴볼 것이다.

어떤 감정을 느끼는가?

우리는 모두 감정을 느끼지만, 어떤 사람들은 감정을 알아차리고, 감정에 이름을 붙이고, 기억하는 데 어려움을 겪는다. 대부분의 경우 감정이 너무 자동적이고 일시적이어서 나중에야 알아차리는 경우가 많기 때문이다. 다음 활동지에 나열된 감정 중 어떤 것이 기억나는지 살펴보자. 최근에 이러한 감정을 경험한 적이 있는가? 아니면 한동안 느끼지 못한 감정이 있는가?

이제 활동지를 사용해 다음 한 주 동안의 감정을 추적해 보자. 먼저 상단에 요일을 적는 것으로 시작하여, 그날 어떤 감정을 느꼈는지 감정 옆의 확인란에 체크해 기록해 보자. 예를 들어, 두려움을 느꼈다면 그 감정 옆에 체크한다. 하루 일과를 끝내고 돌아와서 가장 힘들었던 감정 세 가지와 가장 즐거웠던 감정 세 가지를 체크해 보자. 오늘(또는 앞으로 7일 동안) 이렇게 해본다. '일일 감정 로그' 활동지는 부록 2(p.297)에도 수록되어 있다. 필요한 만큼 복사하여 일주일 동안 연습에 활용해 보자.

일일 감정 로그

일시: ____________

- ☐ 활기찬
- ☐ 두려운
- ☐ 경계하는
- ☐ 화난
- ☐ 불안한
- ☐ 부끄러운
- ☐ 경외하는
- ☐ 지루한
- ☐ 자극받는
- ☐ 동정하는
- ☐ 자신감 있는
- ☐ 호기심 있는
- ☐ 용감한
- ☐ 결단 있는
- ☐ 실망한
- ☐ 고통스러운
- ☐ 불신하는
- ☐ 열망하는
- ☐ 당황한
- ☐ 부러운
- ☐ 신나는
- ☐ 좌절한
- ☐ 죄책감 있는
- ☐ 무력한
- ☐ 절망적인
- ☐ 적대적인
- ☐ 상처받은
- ☐ 관심 있는
- ☐ 영감을 받은
- ☐ 질투하는
- ☐ 외로운
- ☐ 사랑받는
- ☐ 사랑하는
- ☐ 압도된
- ☐ 자랑스러운
- ☐ 거절당한
- ☐ 슬픈
- ☐ 강인한
- ☐ 덫에 걸린 듯한
- ☐ 복수하고 싶은
- ☐ 기타 감정: ____________
- ☐ 기타 감정: ____________

감정을 체크해보고 난 후 어떤 패턴을 찾을 수 있는가? 특정 감정을 유발하는 특정 사건이나 사람이 있었는가? 이런 감정을 느낄 때 어떤 생각들이 마음에 스치는가?

____

____

____

____

감정을 유발하는 요인은 무엇인가?

때때로 우리는 감정이 불쑥 튀어나온다고 생각한다. 예를 들어, 집에 혼자 앉아 있는데 갑자기 불안감이 밀려올 때가 있다. 몸이 긴장되고 심장이 빠르게 뛴다. 무슨 일인지 궁금해진다. 어쩌면 커피를 너무 많이 마셨거나 7시간 동안 아무것도 먹지 않았을 수도 있다. 아니면 불안을 야기한 무언가를 생각하고 있었을 수도 있다. 목요일 밤에 집에 혼자 앉아 있던 선호는 '주말에 할 일이 아무것도 없어.'라는 생각이 들자 이런 일이 일어났다. 친구들 중 어느 누구도 무언가 같이 하자고 이야기하지 않았다. '혹시 내가 친구들의 기분을 상하게 한 건 아닐까?'라는 생각이 들었다. 선호의 불안은 '거절당했어.'라는 생각에서 시작되었다.

종종 하루 중 특정 시간대에 특정 감정을 느낄 가능성이 더 높을 수도 있다. 예를 들어, 지수는 아침에 일찍 일어나면 슬프고 무기력하며 에너지가 부족하고 하루와 인생 전체에 대해 절망감을 느끼곤 한다.

주희는 엘리베이터나 밀폐된 공간, 특히 화장실에 있을 때마다 불안감이 밀려오는 것을 느낀다. 엘리베이터에 갇혀 공기가 부족하고 아무도 자신을 발견하지 못할 것 같다는 생각이 들었기 때문이다. 실수로 화장실에 갇혀서 몇 시간 동안 나올 수 없을지도 모른다는 생각도 불안을 야기했다. 주희의 불안은 특정 상황과 장소에서 촉발된다.

나에게 특정 감정을 유발하는 특정 시간, 장소, 사람 또는 상황이 있는지 생각해 보자.

특정 감정을 느끼는 순간을 알아차리는 것은 대처전략을 세울 때 매우 중요한 단계이다.

다음 활동지에 긍정적인 감정과 부정적인 감정을 나열해 보자. 예를 들어, 긍정적인 감정은 행복, 기쁨, 호기심, 평온함, 감사함이고, 부정적인 감정은 분노, 불안, 슬픔, 외로움 등이다. 또한 부정적인 감정과 긍정적인 감정을 유발하는 사건, 사람, 생각, 상황 등의 유발 요인을 나열해 보자. '나의 감정과 그 유발 요인' 활동지는 부록 3(p.298)에도 수록되어 있다.

나의 감정과 그 유발 요인

긍정적이었던 감정	
부정적이었던 감정	
긍정적인 감정을 유발하는 요인들	
부정적인 감정을 유발하는 요인들	

활동지를 작성한 후에는 작성한 내용을 검토해 보자. 어떤 패턴이 있는지 생각해보고, 발견한 내용을 적어 보자.

감정과 의미

앞서 살펴본 것처럼 슬픔, 외로움, 분노, 사랑, 절망과 같은 감정은 우리 삶에서 어떤 의미와 연결되어 있다. 예를 들어, 외로움을 느낀다면 인간관계가 중요하다는 의미일 수 있다. 화가 난다는 것은 존중받는 것이 중요하다는 의미일 수 있다. 사랑을 느낀다는 것은 다른 사람이 나에게 특별하다는 것을 의미한다. 불안감을 느낀다면 자녀, 배우자, 건강, 직업 등 소중한 무언가가 위험에 처해 있다는 의미일 수 있다. 질투심은 애인/파트너와의 관계가 위협받고 있으며 이 관계가 나에게 중요하다는 것을 의미할 수 있다. 슬픔은 소중한 사람과 가까워지려는 시도에서 실패했다는 의미일 수 있다. **인간은 많은 것에 의미를 부여하기 때문에, 그 의미를 일깨워주는 감정을 경험하는 능력도 매우 뛰어나다.**

우리는 종종 왜 그런 감정을 느끼는지 말로 표현하기 어려울 때가 있다. 아름다운 음악을 듣거나 매혹적인 시를 읽으면 감동을 받고 때로는 눈물을 흘리기도 한다. 여기에 어떤 의미가 있냐고 묻는다면 뭐라고 말하기 어려울 수 있다. 음악이나 글귀가 마음에 닿아 깊은 감동을 주고 나면 그 의미를 담아낼 단어를 찾느라 애를 먹기도 한다. 우리는 때때로 무언가에 깊은 감동을 받고 감정이 솟구치는 것을 느끼지만, **그 이유**를 표현할 단어를 찾지 못할 때가 많다. 그냥 느낄 뿐이다. 때때로 우리는 무언가를 깊이 느끼지만 말로 표현할 수 없고, 말문이 막히기도 한다.

하지만 이 책과 함께 감정의 의미를 이해하는 연습을 한다면, 다양한 감정과 함께 삶을 더욱 풍요롭게 살게 될 것이다. 이를 위해, 감정을 알아차리고 식별하는 방법을 알아볼 것이고, 그 감정에 담긴 의미를 찾아볼 것이다.

감정을 구성하는 다섯 가지 요소

감정은 여러 요소를 포함한다. 감정을 경험해도 완전히 인식하지 못할 때가 있지만, 감정은 항상 존재한다:

- 감각
- 신념
- 목표
- 행동
- 대인관계 성향

감정의 다섯 가지 요소가 중요한 이유는 무엇일까? 일단 감정의 요소들을 알 수 있다면 이를 변화하고 조절하는 것이 가능하기 때문이다. 이 다섯 가지 구성 요소 중 하나 또는 전부를 변경함으로써 전반적인 감정 경험에 영향을 미칠 수 있다. 감각, 신념, 목표, 행동, 그리고 사람들과 상호작용하는 방식을 바꿀 수도 있다. 각 요소의 역할에 대한 이해를 돕기 위해 분노로 예를 들어보자.

감각

화가 나면 심장이 빠르게 뛰고, 몸이 긴장되고, 소리가 더 크게 들리는 것 같은 특정 감각이 느껴진다. 하지만 이러한 감각을 느끼면서도 분노라는 감정을 느끼지 않을 수도 있다. 예를 들어, 커피를 너무 많이 마셔서 심장이 빠르게 뛸 때는 분노의 감정을 느끼지 않는다. 따라서 특정 감정이 느껴질 때의 감각에 집중해 보는 것이다.

어떤 감정이 느껴질 때 '내 몸의 어디에서 그 감정이 느껴지는가?'라고 자문해 보자. 예를 들어, 슬플 때는 가슴이 무거워지거나 기운이 빠져나가는 것을 느낄 수 있다.

불안, 분노, 슬픔을 느낄 때 어떤 감각이 느껴지는가?

불안: ______________________________

____

분노: ______________________________

____

슬픔: ______________________________

____

신념

우리가 분노를 느낄 때, 무슨 일이 일어나고 있는지에 대한 생각이나 신념이 마음에 함께 들어온다. 여기에서 감정을 유발한 '이유'를 찾을 수 있다. 예를 들어, 고속도로에서 내 앞에 있는 사람이 의도적으로 내 앞을 막으려 한다는 생각이 들 수 있다. 화가 나고, 이 상황을 참을 수 없고, '저 사람은 못됐어.'라는 생각을 할 수도 있다.

화가 날 때 어떤 생각이 떠오르는가? 상대방이 의도적으로 당신에게 어떤 일을 했다고 생각하는가? 상대방이 나쁜 사람이라고 생각하는가?

목표

내 분노는 무언가 목적을 지니고 있다. 예를 들어, 차가 막혀 지각할 것 같아서 화가 나는 상황에서, '늦을 것 같아.'라는 생각이나 사실만으로는 화를 느끼기에 충분하지 않을 수 있다. 여기에 더하여 필수적인 **목표**가 있어야 한다.

이 경우에 화를 더 유발하기 위해서는 '시간 안에 도착해야만 해.'라는 목표가 필요할 수 있다. 교통 체증이 제시간에 도착하려는 목표에 방해가 된다면, 화가 난다. 하지만, 제시간에 도착하는 것이 중요하지 않거나, 무관심하다면, 크게 화가 나지 않을 수도 있다.

자신의 분노에 대해 생각해 보자. 나의 말을 경청하지 않거나, 부당한 대우를 받았거나, 무언가를 성취하는 데 방해가 되는 상황에서 분노를 느꼈는가? 감정은 목표(예: 내 의견이 존중되는 것 등)를 가리킨다.

행동

감정은 행동을 이끄는 경향이 있다. 화가 나면 공격하고 싶고 속도를 높일 수도 있다(운전자의 얼굴을 주먹으로 때리고 싶을 수도 있다.). 운전을 하지 않을 때는 주먹을 쥐거나 발을 구르거나 물건을 던질 수도 있다.

분노를 느꼈던 상황을 떠올려 보자. 화가 났을 때, 어떤 행동을 했는가?

____

____

____

____

대인관계 성향

많은 감정에는 대인관계 요소가 포함되어 있다. 우리는 무언가를 말하고 싶고, 안심을 구하고 싶고, 누군가를 붙잡고 싶기도 하고, 사람을 피하고 싶은 충동을 느낄 수도 있다. 예를 들어, 화가 나면 운전자가 무례하다고 말하고 싶기도 하고 참을 수 없다고 느낄 수도 있다. 불안할 때는 친한 친구에게 가서 편안한 느낌을 받고 싶을 수도 있다. 또, 슬프고 절망감이 들지만 다른 사람에게 짐이 될 것 같아 스스로를 고립시킬 수도 있다.

격한 감정을 느낄 때 대인관계에서 어떻게 하는지 생각해 보자. 불평하거나, 관계를 피하거나, 안심을 구하는가?

____

____

____

____

정리하자면, 우리는 어떤 감정을 처음 느낄 때 그 감정과 함께 느껴지는 감각을 인식한다. 예를 들어, 가슴이 무거워지면 슬픔을, 심장 박동수가 빨라지면 불안을 먼저 느낄 수 있다. 이러한 감각은 우리에게 어떤 일이 일어나고 있다는 것을 알려준다. 하지만 감각은 감정과 동일하지는 않다. 예를 들어, 오늘 아침 커피를 세 잔 마시고 방금 운동을 했다고 하자. 심박수가 평소보다 약간 높을 수 있다. 이 감각이 불안을 의미하는가? 그렇지 않다. 단순히 달리기를 하고 평소보다 많이 마신 커피의 잔여 효과를 느끼고 있을 뿐이다. 이것은 단순히 **각성** 상태이다. 특별히 불안한 것이 아니라 단순히 흥분한 것이다.

하지만 누군가 이전에 공황발작을 경험했다면, 심장이 빨리 뛰는 흥분된 감각을 '심장마비가 오고 있구나!'라고 생각할 수 있다. 이때 심장박동의 감각을 나쁜 일이 곧 일어날 신호로 해석할 수도 있다. 이처럼 우리는 때때로 자신의 감각을 단순한 흥분이 아닌 다른 무언가의 신호로 잘못 해석하기도 한다. 이런 상황을 경험한 적이 있는가?

감정의 다섯 가지 요소들을 식별할 수 있다면 감정을 변화시키기 위한 요소를 알 수 있다. 예를 들어, 이완, 마음챙김 명상 또는 다른 감정 조절 기술을 연습하여 각성이나 **감각을 조절**할 수 있다. 상황을 의도적으로 해석하지 않고, 큰 의미를 부여하지 않거나, 일시적인 현상이라고 인식하는 등 현재 상황에 대한 **믿음**을 바꿀 수 있다. 혹은 목표를 바꿀 수도 있다.

예를 들어, '제시간에 출근해야만 해.'라는 목표에 집중하는 대신 라디오나 음악을 듣는 데 집중할 수 있다. 내가 하는 **행동**을 보람 있는 일로 바꿀 수도 있다. 그리고 사람들을 대하는 **대인관계** 행동을 덜 소모적이거나, 혹은 더 생산적인 것으로 바꿀 수도 있다.

위에 언급한 내용들이 쉽지만은 않지만, 이 요소들을 감정 조절에 적용하는 것은 매우 중요하며, 많은 연습을 통해 기술을 습득할 수 있다. 이제는 외로움이라는 감정을 예로 들어, 다섯 가지 요소들을 파악해 보는 연습을 해볼 것이다. 외로움의 다섯 가지 요소는 각각 외로움을 증가시키거나 감소시킬 수 있다.

감정의 다섯 가지 부분

외로움

감각	신념	목표	행동	대인관계 성향
몸이 무거운 느낌.	혼자라는 생각.	사람들과 연결되기.	다른 사람들과 거리두기.	지지를 구하기.
내면의 공허함.	아무도 나를 신경 쓰지 않는다는 생각.	관심과 보살핌 받기.	소파에 누워 영화 보기.	친구에게 연락하기.

이제 때때로 느낄 수 있는 감정, 즉 우리를 괴롭히는 감정에 대해 살펴보자. 불안, 슬픔, 분노, 절망, 질투, 시기, 분노 또는 지루함일 수 있다. 다음 활동지에서 한 가지 감정을 선택하고 하단의 빈 공간에 적어 보자. 다음으로, 피곤함, 공허함, 근육 긴장, 빠른 심장 박동 등 몸에서 느껴지는 신체적 감각을 적는다. 그 다음, 이 감정을 느낄 때 드는 믿음(생각)을 적는다.

슬픔의 경우 '나는 결코 행복해질 수 없을 거야.' 또는 '사람들은 나랑 함께 하고 싶지 않을 거야.'를 적는다. 다음으로, 감정과 관련된 목표나 초점을 적는다. 마지막으로, 불평, 안심 구하기, 회피, 친구 찾기 등 이러한 감정을 느낄 때 다른 사람들과 어떻게 상호작용하는지를 기록해본다.

내 감정의 다섯 가지 부분

내게 힘든 감정: ____________

감각	신념	목표	행동	대인관계 성향

감정은 여러 가지 요소를 포함한다. 각각의 요소를 알아차리면 감정을 느낄 때 더 잘 대처하는 법을 습득할 수 있다. 조절하고 싶은 혹은 나를 힘들게 하는 감정에 대해 이 연습을 원하는 만큼 반복해 보기 바란다. '내 감정의 다섯 가지 부분' 활동지는 부록 4(p.299)에도 수록되어 있다. 필요한 만큼 복사하여 일주일 동안 연습에 활용해 보자. 다시 한 번 강조하자면, 감정의 일부를 더 많이 알아차릴수록, 다양한 감정과 함께 의미있는 삶을 살아가는 데 도움을 받을 수 있다.

이 책에서 강조할 내용

이제까지 감정이 무엇인지, 그리고 감정이 생각과 어떻게 다르고, 또한 생각으로 인해 감정이 어떤 영향을 받는지 알아보았다. 앞으로 이 책에서 다루고 함께 배울 내용을 소개할 것이다:

자신의 감정에 익숙해지기. 이 책의 목적은 자신의 감정을 이해하고, 자신의 감정에 대해 더 유용한 방식으로 생각하도록 돕고, 감정에 대처하는 데 도움을 주기 위함이다.

자신의 감정을 존중하기. 자신의 감정을 포용하고, 자신의 가치를 깨닫고, 자신에게 연민을 표현하는 것이 얼마나 중요한지 배울 것이다.

감정에 대해 생각하는 방식이 상황을 더 좋게 또는 더 나쁘게 만들 수 있다는 것을 이해하기. 감정에 대한 믿음은 **감정 도식**(혹은 정서 도식) 또는 **감정 신념**(혹은 정서 신념)이라고 부른다. **정서 도식** 중에는 '감정은 영원히 지속될 거야. 통제 불능이야. 위험해. 말이 안 돼. 다른 사람들이 느끼는 감정과 내 감정은 달라. 내 감정이 부끄러워.' 와 같은 생각이 포함된다. 이러한 믿음은 자라면서 또는 주변 사람들의 반응에서 배웠을 수도 있다. 이러한 믿음은 우리를 감정의 고통속에 계속 붙잡아 둘 수 있다. 좋은 소식은 우리가 갇혀 있는 감정의 고통 속에서 빠져나올 수 있는 과학적이고 효과적인 방법이 있다는 것이다.

다양한 감정을 경험하며 풍성한 삶을 살아보기. 인생의 현실은 항상 행복할 수 없고, 실망을 피할 수 없으며, 때때로 고통에서 벗어날 수 없다는 것이다. 목표는 가능한 범위 내에서 풍요로운 삶을 사는 것이다. 때로는 싫어하는 감정도 경험해야 할 수 있다. 이러한 다양한 감정을 받아들이고 포용하는 방식을 **정서도식치료**라고 한다. **감정에 대해 가졌던 신념을 바꾸는 것**이다. 즉, **비정상적으로 보이는 감정을 정상화**하는 방법과 태도를 배운다.

어떤 실망이 닥쳐도 받아들일 수 있을 만큼의 큰 삶을 만들어 볼 것이다. **감정적 완벽주의**를 기대하기보다는 불완전함 속에서 살아가는 방법, 불편함을 건설적으로 활용하는 방법, 하고 싶지 않은 일을 하는 방법을 배울 것이다. 우리가 이 책을 통해 전달하려는 메시지와 목표는 **좋은 기분을 느끼는 것이나 그 방법**을 알려주는 것이 아니라, **모든 감정을 느낄 수 있는 능력**을 얻도록 돕는 것이다.

감정은 일시적인 것임을 이해하기. 강한 감정은 영원히 지속될 것 같지만, 때로는 두렵더라도 일시적인 것이다.

감정을 느끼는 것과 그 감정에 따라 행동하는 것은 다르다는 것을 깨닫기. 감정에 대한 수치심과 죄책감, 그리고 감정에 대한 도덕주의적 관점이 우리 모두가 느끼는 지극히 인간적인 특성인 감정을 가지고 살아가는 것을 얼마나 어렵게 만드는지 살펴볼 것이다. 우리 중 누구도 성인(聖人)이 아니며, 우리 모두는 완벽하지 않으며, 무엇이든 할 수 있는 존재이다. 감정은 행동이나 도덕적 선택과는 다르다는 것을 배울 것이다.

자신의 감정을 이해하기. 때때로 자신의 감정이 이해되지 않을 수 있고, 이러한 생각은 수치심, 고립감, 반추로 이어질 수 있다. 하지만 부러움, 분노, 절망감, 질투와 같은 감정도 적응적 기제가 있다. 중요한 것은 이러한 감정을 이해하고 적절한 균형을 찾는 것이다.

감정을 두려워하지 않기. 자신의 감정이 통제 불능이고 감정을 느끼면 끔찍한 일이 일어날 것 같다는 생각 때문에 두려울 수 있다. 감정에 따라 행동하거나, 감정 때문에 자신을 해치거나, 미쳐버릴 것 같거나, 의학적 문제가 생길까봐 두려울 수 있다. 이 책을 통해 모든 것이 악화되는 것 같은 느낌을 다루는 기법을 배울 것이다.

상충되고 양가적인 감정을 정상화하는 방법을 배우기. 자신, 타인 또는 자신의 경험에 대해 한 가지 방식으로만 느껴야 한다는 믿음을 가지고 있을 수 있다. 하지만 양가감정을 느낀다고 해서 선택을 할 수 없다는 뜻은 아니다. 사실 양가감정은 혼란이라기보다는 감정의 풍부함이나 현실적인 것으로 볼 수 있다. 상충하는 감정을 위한 마음의 공간을 확보하면 반추를 줄일 수 있고, 도움이 되는 선택을 할 수 있으며, 복잡한 현실의 삶을 살아가는 데 도움을 받을 수 있다.

감정이 핵심적인 가치를 어떻게 반영하는지 알아보기. 우리의 성격과 개인적인 목표는 우리의 감정에 영향을 미친다. 만약 우리가 얕고 피상적인 사람이라면 이런 것들이 중요하지 않겠지만, 우리는 그렇지 않다. 우리는 로봇도 아니고 공허한 사람도 아니다. 인생이 때때로 롤러코스터 같다고 해도 그 속도를 늦출 수 있고 자신이 소중히 여기는 것을 향해 나아갈 수 있다. 감정은 그 여정을 함께할 것이다.

소중한 사람들과 더 잘 소통하기. 다른 사람의 감정에 대한 믿음과 반응에 대해 살펴보자. 소중한 사람들과 의미 있고 자비로운 방식으로 소통하는 방법을 배우자.

감정에 대처할 수 있는 적응 전략을 개발하기. 감정을 없애야 한다고 믿기보다는 다양한 감정을 온전히 받아들이며 살아가는 데 도움이 되는 기술을 배울 것이다. 이를 통해 감정에 휩쓸리지 않고 고통스러운 감정을 받아들이며, 이를 관찰하고 수용하면서 보다 효과적으로 대처할 수 있게 될 것이다. 또한, 실망과 좌절, 심지어 불공평함도 그 여정의 일부라는 것을 깨닫는 동시에 원하는 삶을 향해 나아가는 방법을 배울 것이다. 우리의 목표는 부정적인 감정이 없는 삶을 사는 것이 아니라 **실제 삶**을 사는 것이다. 목표는 감정적 완벽주의(즉, 긍정적인 것만 느껴야한다는 완벽주의), 냉소주의, 환멸이 아니라 **풍요로움, 개방성, 균형**이다.

때때로 "이건 나에게 너무 힘들어."라고 말할 수도 있다. 하지만 "나는 힘든 일을 겪어내는 사람이야."라고 말하는 법도 배울 수 있기를 바란다. 인생의 모든 소음과 잡음을 알아차리고 받아들이며 살아가는 법을 배우면 감정에 대한 두려움을 극복할 수 있을 것이다. 그럴 때 오히려 여러분의 삶은 더욱 완전한 삶에 가까워질 것이다.

요약

- 감정은 우리가 살아있다는 것을 의미한다.
- 생각과 감정은 다르다.
- 생각이 감정을 이끌 수도 있고, 감정이 생각을 이끌 수도 있다.
- 자신의 감정을 기록하고, 가장 긍정적이거나 부정적이었던 감정을 관찰해 보자.
- 감정을 유발하는 요인을 기록해 보자.
- 감정은 다섯 가지 요소(감각, 신념, 목표, 행동, 대인관계 성향)로 구성된다.
- 감정의 다섯 가지 요소는 변화를 위한 목표가 될 수 있다.

제2장

감정 타당화

제2장
감정 타당화

신생아가 처음으로 내는 소리는 울음소리이다. 이는 마치 우리가 놀라고, 불안하고, 압도당하는 느낌을 가지고 태어나는 것과 같다. 우리의 작은 목소리는 정적을 뚫고 주변 사람들을 향해 외친다. “날 일으켜줘! 날 달래줘!” 아이가 우는 것은 누군가 자신의 고통을 들어 주기를 바라며, 누군가 자신을 쓰다듬어주고, 안아주고, 달래 주기를 바라며 누군가에게 손을 내미는 것이다. 아무도 듣지 않는 곳에서, 아무도 공감하지 않는 곳에서 혼자 우는 것보다 더 외로운 것은 없다. **우리는 우는 법을 배우는 것이 아니라 울기 위해 태어난 것이다.**

이것은 보편적인 현상이다. 한 연구에서 다양한 국가의 684명의 엄마들이 아기의 울음소리에 반응하는 모습을 한 시간 동안 관찰했다(Bornstein et al. 2017). 엄마들의 국적에 관계없이 아기를 안고 달래고 말을 거는 등의 반응은 매우 비슷했다. 엄마들의 뇌를 MRI로 촬영한 결과, 움직임, 말하기, 언어 처리와 관련된 동일한 뇌 영역이 활성화된 것으로 나타났다.

다른 연구에서 과학자들은 여성이 울음소리에 주의를 기울이고 반응할 가능성이 더 높은 반면, 남성은 ‘마음이 분주해지는 형상(mind wandering)', 즉 완전히 주의를 기울이지 않을 가능성이 높다는 사실을 발견했다(De Pisapia et al. 2013). 이러한 결과는 실제로 경험이 많은 부모와 경험이 없는 부모 사이에 차이가 없었다. 이러한 결과는 부모의 반응의 차이가 대부분 선천적인 것임을 시사한다.

연구에 따르면 다양한 종의 어미 동물은 울음에 반응할 뿐만 아니라 배고픔, 고립, 위험 등 다양한 종류의 울음을 구별할 수 있는 것으로 나타났다(Lingle et al. 2012). 눈물과 울음에 대한 우리의 반응은 진화적 적응과 관련이 있으며, 울음에 빠르게 반응한 엄마의 영아는 성장하여 다음 세대에도 살아남는 아기를 낳을 가능성이 더 높다.

이러한 행동은 50년 전 영국의 정신과 의사 존 보울비(John Bowlby)가 처음 제안한 애착 이론으로 설명할 수 있다. 그는 부모(주로 어머니)와 아기 사이에 거의 뚫을 수 없는 유대감을 형성하는 선천적인 애착 '시스템'이 있다고 제안했다. 이 유대감은 아기를 안아주고, 아기를 위로하고, 아기가 울 때 아기를 보호하는 어머니(또는 아버지)의 빠른 반응이 특징이다. 그럼에도 불구하고 아기는 부모가 떠나면 떼를 쓰거나 따라가거나 우는 경향이 있다. 울음에 대한 반응이 없다면 아기는 배고플 때 음식을 얻을 가능성이 낮아지고, 위험에서 구조될 가능성이 낮아지며, 길을 잃었을 때 발견될 가능성이 낮아진다. 이 애착 유대감은 매우 강력하기 때문에 부모는 아기를 보호하고 구하고 돌보기 위해 자신의 안전까지 위협할 수 있다.

우리의 많은 감정은 위로, 진정, 이해, 배려를 갈구한다. 우리 안에 있는 아기의 본성은 이해받고, 감정을 표현하고 공유할 수 있는 안전한 공간이 필요로 한다. 따라서 우리가 울 때 우리는 정서적 고통을 겪는다. 외로울 때 우리는 가장 기본적이고 초기 형태의 애착 시스템을 활성화한다. 마치 우리는 누군가의 말을 듣고, 위로받고, 이해받고, 보호받고, 연결되기를 원하는 것과 같다.

예은의 이야기

예은은 이별 후 우울증으로 센터를 찾았다. 예은이 처음 우울증 증상을 경험한 때는 자신이 사랑받지 못하고, 사람들이 자신을 원치 않으며, 외롭다고 느꼈던 청소년기였다. 예은은 처음에는 강해 보이고 세심해 보였지만 결국 불성실하고 무례한 태도로 자기애적인 태도를 드러내는 남자들과 관계를 맺고 상처를 받은 경험이 있었다. 예은은 심리치료 시간에도 자신의 '부족함'에 대해 치료자에게 사과하면서 자신이 '더 강해져야 한다.'는 것을 알고 있다고 말했다. 마치 자신이 불행할 권리도 없다고 생각하는 것처럼, 자신의 불행이 치료자에게 짐이 되는 것처럼 보여 미안하다고 했다.

몇 달 간의 회기가 끝난 후, 예은은 "제가 자제력을 잃고 있는 것 같아요. 영화관에 있었는데 울기 시작했어요. 멈출 수가 없었어요. 제 감정을 통제할 수 없었어요."라고 말했다.

무슨 영화냐고 물었더니 '멜 깁슨(Mel gibson)이 나오는 〈위 워 솔저스(We Were Soldiers, 2002)〉.'라고 했다.

이 영화는 베트남에서 군대를 이끌고 전투에 나서는 육군 중위에 관한 이야기인데, 어떤 부분에서 울었는지 물어봤다.

"가족에게 작별 인사를 하는 장면이 있죠. 아내에게 키스하고 아이들을 쓰다듬고, 그리고 다시는 아이들을 볼 수 없다는 걸 아는 듯한 장면이요. 눈물을 멈출 수가 없었어요. 자제력을 잃었어요."

"극장에서 우는 게 왜 신경 쓰이세요?", "전 성인이잖아요. 좀 더 자제할 수 있어야죠. 부끄러워서, 통제할 수 없어서 우는 것 같다는 생각이 들었어요."

"저도 공공장소에서 눈물이 날 때가 있어요. 영화를 보거나 강연을 할 때도 눈물이 날 때가 있어요. 왜 그런 일이 신경 쓰일까요? 예은씨, 우는 게 그렇게 부끄러운 일이라는 건 어디서 배웠나요?"

“열다섯 살 때 아빠를 찾아갔던 기억이 나요. 부모님은 이혼하셨고 저는 아빠와 사이가 좋지 않았어요. 아빠에게 우울증과 외로움에 대해 이야기하고 울기 시작했어요. 그때 아빠가 저에게 ‘그만 울어. 너 그렇게 하면서 날 조종하려는 거잖아.’라고 했어요.”

“그 날 그 이후에 무슨 일이 있었나요?” 예은은 속삭이며 “그날 밤 자살하려고 했어요.”라고 말했다.

“만약에 예은 씨가 영화의 감독이고 저 장면에서 울고 있는 관객을 봤다면 어떻게 생각하실 것 같나요?”

예은은 다소 당황한 표정으로 쳐다보며, 정답이 무엇인지 알지 못하는 듯, “모르겠어요.”라고 말했다.

“감독은 ‘예은 씨가 저 장면을 잘 이해했구나.’라고 생각할 것 같아요.”

“그럴 것 같네요. 네, 아이들에게 마지막 작별 인사를 하는 건 상상할 수 없죠. 아무리 생각해봐도 도저히 상상하기 어렵네요...” 그녀는 눈물을 흘리며 아래를 내려다보았고, 목소리는 점점 부드러워졌다.

“회기 중에 예은 씨 자녀 분이 전화했을 때, 예은 씨가 얼마나 아이들에게 부드럽게 반응하는지 보았어요. 아이들을 위해 시간을 내고 곁에 있어 주는 모습도 보았어요.”

“네, 저는 아이들이 혼자 울지 않았으면 좋겠어요.”

“예은 씨만이 이런 감정을 느끼는 것은 아니예요. 이런 감정을 느낄 때 누군가 우리에게 울지 말고 정신 차리고 마음을 다잡으라고 말했을 수도 있어요. 이럴 때, 우리는 어쩌면 우는 것을 부끄러운 일이라고 생각하게 되었을 수 있어요.”

주변에서 우는 것에 대해 어떤 메시지를 받았는가? 다른 사람 앞에서 우는 것이 편하다고 느꼈는가? 다른 사람 앞에서 우는 것을 피했는가? 그때 기분이 어땠는가?

울음에 대해 어떤 메시지를 받았는지 생각해 보자. 이 중 익숙한 말이 있는가?

- □ 울지 마.
- □ 네 자신을 통제해.
- □ 상황을 너무 나쁘게만 받아들이지 마.
- □ 극복할 수 있을 거야.
- □ 네 울음소리가 나를 화나게 해.
- □ 어린애처럼 행동하지 마.
- □ 침묵

이서의 이야기

이서는 자살 시도, 알코올 남용, 자해, 우울증, 자기-파괴적인 관계를 겪어왔다. 심리치료의 첫 회기에서 이서는 여러가지 비극적인 일들을 이야기하면서도 얼굴에는 피상적인 미소를 띠고 있었다. 그녀는 "선생님이라면 불면증에 대처하는 요령을 가르쳐 주실 수 있을 것 같아요. 그 외에는 다 괜찮아요."라고 했다.

왜 그렇게 피상적이고 자기 부정적인(self-denying) 방식으로 이야기하는지 물어봤다.

"우리 가족은 항상 외모도 좋아야 하고 목소리도 좋아야 한다고 했어요. 우울증은 나약함의 표시였고, 창피한 일이었어요. 그래서 우리 가족은 모두 멋지게만 보이려고 노력해야 했어요."

"그런 경험이 이서 씨가 겪는 문제들을 사소하게 여기는 데 영향을 미친 것 같네요."라고 이야기했다.

이서는 열여섯 살 때 해외에서 휴가를 보내던 중에 연인과 전화로 헤어졌다고 이야기했다. 집으로 돌아온 날 밤에 이서는 약을 과다 복용했고 며칠 동안 일어나지 못했다. 이서의 어머니는 시차적응 때문일 거라고 했고, 곧 극복할 수 있을 거라고 말했다.

"가족 중에 앞에서 울 수 있는 사람이 아무도 없었나요?" 이서에게 물었다.

"사실 예전에는 고양이 앞에서 울 수 있었어요. 고양이에게 말을 걸면 고양이가 알아듣는 것 같아서 울곤 했죠. 고양이를 안아주고... 아무래도 고양이를 키워야 할 것 같아요."

수개월 동안 함께 심리치료 작업을 하면서 이서는 극적으로 변화했다. 술을 줄였고 연인과의 관계에서 보다 주체적으로 행동하고 우울 증상도 훨씬 덜 해졌다. 1년 후, 이서는 괜찮은 남자를 만났지만, 더 깊은 관계를 맺지 않고 방황했다.

이서에게 왜 좋은 관계를 만드는 데 망설이는지 물었다. "두려워요." 이서가 대답했다. "그 사람이 나를 거부하기 전에 내가 거부하고 싶어요."

"서로를 거부하는 것 말고, 서로를 수용하고 사랑하는 것은 어떨까요?" 라고 제안했다.

이서는 상대를 계속 시험하고 자신을 시험하기를 몇 달이나 지속했지만, 이 과정에서 이서는 관계로부터 안정을 찾는 것 같아 보였다. 상황이 눈에 띄게 좋아져 보였고, 행복해 보였을 때, 이서에게 어떤 부분이 가장 도움이 되었는지 물었다. 이서는 살짝 미소를 지으며 "고양이(나를 이해하는 사람)가 생겼어요."라고 말했다.

어린 시절이나 청소년 시절에 울었을 때 부모님은 어떻게 반응하셨는가? 누군가에게 도움을 요청할 것인가, 아니면 누군가를 피할 것인가? 그렇다면 왜 그런가?

____

____

____

____

____

타당화란 무엇일까?

누군가가 화가 났을 때 우리는 그 감정에 대해 다양한 반응을 보일 수 있다. 감정을 완전히 무시하고 침묵할 수도 있다. 그런 감정에서 벗어나라고 말할 수도 있다. 상황이 보이는 것만큼 나쁘지 않다고 말할 수 있다. 상대방을 놀리고, 조롱하고, 함부로 이름을 부를 수도 있다.

하지만 이러한 대응은 효과가 없고, 장기적으로는 상황을 악화시킬 뿐이다. 왜냐하면 이러한 방식으로는 상대에게 그 감정이 정당하지 않으며, 타당하지 않고, 그런 감정을 느낄 권리가 없으며, 감정이 이해되지 않는다고 전달하기 때문이다.

이런 사람을 상상해 보자. 자신이 혼자이고, 아무도 자신의 감정을 받아주지 않고, 자신의 감정에 대해서는 듣고 싶어하지 않으며, 심지어 주변인들이 짜증을 낼 수도 있다고 생각한다. 이렇게 생각하는 사람은 혼자서 고립되고, 두렵고, 혼란스럽고, 슬프고, 화나고, 절망적인 감정을 느낄 것이다. 연락할 사람도 없고 연결고리가 없다. 자신의 울음소리를 들어주는 사람도 없고, 충분히 관심을 가져주는 사람도 없다.

때로는 우리가 이 사람과 같은 생각을 하며 행동하기 때문에 이런 상황이 익숙할 수도 있다.

타당화는 누군가가 느끼는 감정에서 진실을 찾는 것이다. 그 순간을 존중하는 것이다. 그 감정이 무엇인지 이해하고, 그 사람이 그 감정을 자세히 설명하고 확장하도록 도우며, 그 사람이 느끼는 감정에 공감하고 연민을 가지고 귀를 기울이는 것이다.

다음은 이별을 겪고 있는 사람에게 좋은 타당화 반응의 예시이다:

“저는 여기에 OO님의 마음을 이해하기 위해 있습니다. 기분이 어떤지 말해 줄래요? 무슨 일이 있었나요? 슬픈 기분이신 것 같네요. 힘든 감정이겠지만, 사랑하는 사람을 잃었을 때, 유대감을 느꼈던 사람을 잃었을 때의 슬픔은 많은 사람들이 느끼는 감정입니다. 지금 마음 속에 다른 감정도 느껴지는 궁금합니다. 혼란스러움, 외로움, 절망감 같은 감정이 있나요? 그런 감정은 지금 이 순간에도 충분히 중요하고 현실적인 감정들입니다. 이러한 감정을 깊게 느끼는 이유는 OO님에게 중요한 일이고, 관계가 그만큼 중요하기 때문입니다. OO님은 다른 사람들과 연결되어 있는 사람이에요. 저는 지금 이 순간, OO님에게 중요한 감정, 그리고 저에게도 중요한 감정을 존중할 거예요. 그리고 지금 제가 OO님을 어떻게든 위로하려 하든, 지금 이 순간 OO님의 감정을 바꾸려하지 않을 것이고 감정들을 알아차리고 수용할 것입니다."

상대방의 감정을 확인하고 배려하는 방법들을 아래에 제시하겠다.

- 표현을 장려하기

  상대방이 자신의 생각과 느낌을 이야기하도록 격려해야 한다. "저는 OO님이 느끼는 감정을 알고 싶어요.", "OO님이 겪고 있는 일에 대해 말해주세요."라고 이야기할 수 있다. 이는 "나는 당신을 위해 여기에 있고 지금 당신의 말을 듣고 있습니다."라고 말하는 것과 같다. 누구나 자신의 이야기를 하고, 그 이야기가 상대방에게 전달되기를 원한다. 확인한다는 것은 상대방의 말을 경청하고 듣고 싶어한다는 뜻이다.

- 고통과 아픔을 반영하기

  상대방이 겪고 있는 고통을 이해하고 반영해야 한다. "OO님이 슬퍼하고 있다는 것을 알겠어요." 또는 "OO님이 화가 난 것을 이해할 수 있어요."라고 말한다. 상대방이 전하려는 감정과 그 감정에 들어있는 고통과 아픔을 반영한다.

- 감정을 이해하기

  상대방이 자신의 감정을 표현하도록 격려할 뿐만 아니라 현재 그 감정이 나에게 어떻게 이해되는지 전달해야 한다. "왜, 어떤 상황에서 무엇 때문에, 누구에게 화가 났는지 알겠어요.", "왜 낙담해 하는지 알겠어요.", "그 일로 인해 지금 겪고 있는 일이 힘들다는 것을 이해할 수 있을 것 같아요."라고 말할 수 있다.

- 고통을 정상화하기

보편적인 경험을 반영하여 이렇게 말할 수 있다. "다른 사람들도 이런 상황에서는 유사한 감정을 느낍니다.", "우리 중 많은 사람들이 때때로 힘들어 해요."라고 말할 수 있다. 실제 치료자가 유사한 경험을 했다면 "저도 그런 상황에서는 같은 감정을 느꼈기 때문에 어떤 기분인지 잘 알것 같아요."라고 말할 수도 있다. 이러한 표현은 상대방을 덜 외롭고, 덜 독특하며, 인간 경험의 일부가 아닌 일종의 특이한 사람처럼 느껴지지 않도록 도와줄 수 있다.

- 감정을 구분하고 확장하기

처음 느낀 감정뿐만 아니라 다양한 감정에 대해 이야기하도록 유도한다. "다른 감정들도 말해 보세요. 마음속에 또 어떤 감정이 있나요?"라고 말할 수 있다. 이렇게 하면 긍정적이든 부정적이든 감정에 대한 인식이 확장되고 상대방이 자신의 마음을 더 잘 이해받는다고 느낄 수 있다.

- 더 높은 가치와 연결하기

감정을 그 사람에게 중요한 가치와 연결시킬 수 있는 경우가 많다. 예를 들어, 상대방이 외로움을 느낀다면, 사람과 연결되는 느낌이 그 사람에게 중요한 가치라는 점을 일깨울 수 있다. 어떤 일에 대해 걱정하는 경우 그 일을 하는 것이 그 사람에게 중요한 가치일 수 있다는 점으로 연결할 수 있다.

- 순간을 존중하기

상대방의 말을 경청하고 대화할 때, 지금 이 순간 상대방이 느끼는 감정을 존중한다는 사실을 전달한다. "잊으세요." 라고 말하지 않고,

"지금이 힘든 시기라고 생각해요. 저는 OO님이 그 고통을 견디고 처리할 수 있도록 돕기 위해, 여기 있어요."라고 말할 수 있다. 다시 말해, 상대방의 말을 듣는다는 것은 그 사람을 위해 여기 함께 있다는 것이다. 여기는 상대와 있는 곳이고 지금은 두 사람이 있는 순간이다. 내담자와 치료자는 둘 다 현재의 순간에 있다.

- 타당화의 한계를 반영하기

치료자는 경청하고, 공감하고, 연민을 표현하고, 관심을 보이려고 열심히 노력하지만, 때로는 이러한 노력이 당장은 아무것도 바꾸지 못할 수도 있다는 것을 인식해야 한다. 자신이 하고 있는 일의 한계를 이해하는 것이 중요하다. "지금이 힘든 시기라는 것을 알기 때문에 지금 제가 하는 말이 도움이 되지 않을 수도 있다는 것을 알아요."라고 말할 수 있다. 내담자의 감정을 바꾸려고 고집하기보다는 현재 내담자가 자신의 감정을 받아들이도록 반영하고 돕기 때문에, 이 과정도 상대를 타당화하는 것이다.

사람들이 내 감정에 이런 식으로 반응해 준다면 좋지 않을까? 우리는 그러기를 바란다. 하지만 내 기대만큼 그런 반응을 해주는 사람을 찾기 힘들 수도 있다. 사실, 어떤 사람들은 오히려 반대로 이야기하며, 여러분이 감정을 표현하는 것을 방해하고 감정 따위에 신경쓰지 말고 앞으로 나아가라고 말할 수도 있다. 여러분이 느끼는 감정이 틀렸다고 말할 수도 있다. "너는 너무 신경증적이야.", "너무 감정적이야.", "통제 불능이야."와 같은 비난을 할 수도 있다. 이 모든 것은 잘못된 방식이며 감정을 더욱 상하게 만든다.

어떤 사람이 당신을 잘 타당화해주는가?

어떤 사람들은 자신을 타당화하는 데 그다지 능숙하지 않을 수 있지만, 어떤 사람들은 잘할 수도 있다. 당신은 어떤가?

먼저, 내 감정에 대해 비판적이고 내 감정을 무시하려는 사람과 계속해서 감정을 공유하려 한다면, 마치 활활 타는 불에 손을 대고 있어서 화상을 입게 되는 것과 유사하다. 당분간은 그들과 한 발짝 떨어져 거리를 유지하고, 내 감정을 그 사람들과 공유하지 않는 것이 필요하다.

둘째, 내 주변에 내 감정을 더 잘 타당화해 주는 사람이 있는지 스스로에게 물어보고, 그런 사람이 있다면 그 사람과 감정을 공유해야 한다.

셋째, 자신의 감정을 어떻게 공유하고 있는지 생각해 보고 사람들과 감정을 더 잘 나눌 수 있는 방법이 있는지 스스로에게 물어본다. 이에 대해서는 나중에 10장의 '사람들과 감정을 나누는 데 도움이 될 몇 가지 지침' 부분에서 자세히 설명할 것이다.

누가 나를 잘 타당화해 주는가? 이해받고 있다는 느낌과 보살핌을 받는다는 느낌을 주는 말이나 행동은 무엇인가?

____

____

____

누가 나를 타당화해 주는 데 서투른가? 어떤 말이나 행동이 여러분을 이해하지 못한다고 느끼게 하는가?

____

____

____

스스로를 타당화해 주기

우리를 잘 타당화해 줄 수 있는 사람이 있으면 좋겠지만, 때로는 믿을 수 있는 유일한 사람이 나 자신뿐인 경우도 있다.

이제 자신을 타당화해 보자.

스스로를 보상하기

스스로에게 보상하고, 스스로를 타당화하고, 스스로를 돌보는 것의 가장 큰 장점은 언제든 내가 그 일을 할 수 있다는 것이다. 우리는 언제든 스스로를 칭찬하고 스스로에게 공로를 돌릴 수 있다. 다른 사람을 기다릴 필요가 없다.

자기 타당화의 한 부분인 자신을 돌보고 자신의 감정의 중요성을 인식하는 것은 가능한 한 자신에게 보상을 주는 것이다. 부모에게 "자녀가 무엇을 잘하는지 찾아보세요."라고 말하는 것처럼, 우리도 "자기 자신이 잘하는 것을 찾아보세요."라고 말할 수 있다.

예를 들면, 돌아오는 주에는 어떤 것이든 좋으니 아주 작은 것이라도 당신이 한 행동 중에 긍정적인 것이 있다면 알아차려 보라. 구체적인 예시로는, 지금 당신이 스스로를 잘 돌보는 데 도움이 되는 책을 읽고 있는 것이다. 이런 식으로 스스로에게 칭찬을 해주는 것이다. 혹은 운동을 했거나 친구와 이야기를 나누었을 수도 있다. 이것에 대해서도 스스로에게 칭찬을 해주는 것이다.

자신의 감정에서 가치와 진실을 발견함으로써 자신을 타당화할 수도 있다. 예를 들어 "나는 내 감정에 귀를 기울일 수 있어.", "내 감정은 중요해.", "내 감정은 내 거야."라고 말함으로써 자신을 타당화할 수 있다. 우리의 감정은 우리에게 진짜이다. 슬픔에 귀를 기울이고 지금 느끼는 감정이 바로 사실이라는 것을 존중하는 것이다. 지금 이 순간이 힘들다면 힘들다는 사실을 인정하는 것이다. 스스로에게 "지금 힘든 시간을 보내고 있어. 나 자신을 위해 여기 머물러 있어야 해. 나 자신을 돌봐야 해."라고 스스로에게 말할 수 있다. 내 편을 들어주자. 자신의 편이 되려고 노력해 보자.

감정을 확장하기

지금 이 순간에 느끼는 모든 감정을 적어 보자. 예를 들어보면, 남희는 외로움과 슬픔을 느끼고 있으며 다양한 감정을 적어 보았다. "지금 정말 슬프고 외로워. 대화할 사람이 있으면 좋겠지만 아무도 없어. 낙담하고 있어. 내 삶에 대해 함께 나눌 누군가를 찾을 수 없을 것 같아 불안해. 막다른 관계에 너무 많은 시간을 낭비한 것 같아 화가 나." 남희에게는 많은 일이 있었고, 이 순간 자신이 힘든 시간을 보내고 있다는 것을 인식할 수 있었다.

자신을 가장 친한 친구라고 상상해 보자. 스스로를 위로하고 "나는 너를 위해 여기 있어. 네가 겪고 있는 일을 이해해."라고 말한다. "많은 사람들이 외로움, 슬픔, 불안, 분노로 어려움을 겪어."라고 스스로에게 말하면서 자신의 감정을 정상화(normalize)한다. 인간이기에 다양한 감정을 느낀다. '나도 다른 사람들과 마찬가지로 인간이야.'라고 생각해 본다. 우리는 감정을 가진 사람이라는 점에서 혼자가 아니다. 우리는 다른 많은 사람들과 같다.

자신의 감정이 자신의 가치와 관련되어 있음을 인식한다. 외로움을 느낀다면 외로움이 다른 사람들과 연결되고, 함께하고, 경험을 공유하는 가치와 관련이 있다는 사실을 인정하고 확인할 수 있다. 이를 통해 자신이 긍정적인 것을 열망하고, 내면이 얕지 않으며 이러한 가치들이 인생에서 중요한 가치라는 것을 깨닫는 데 도움이 된다.

때때로 나로 사는 것이 어렵다는 것을 깨닫기

인생은 때때로 기대했던 것과 다르며 실망, 혼란, 분노, 외로움, 관계에서 피할 수 없는 갈등과 상실을 겪어야 한다. 우리는 삶에서 일어나는 일들에 영향을 받는다. 누군가에게는 사소한 일처럼 보일 수 있는 일이 우리에게는 큰일일 수 있다.

격한 감정으로 가득 차고 주변 상황에 민감하며 미래에 일어날 일에 대한 생각으로 괴로워하는 나 자신으로 살아간다는 것은 힘든 일이다. 주변에 다른 사람들이 있어도 외로움을 느낄 때가 있고, 화가 나면 분노가 치밀어 오를 때도 있다. 또는 불안이 밀려오는데 도대체 왜 불안한지 이유를 알 수 없을 때도 있다.

우리는 이러한 고통스러운 감정들을 느끼며 온전히 살아가고 있다. 우리는 당황해하기도 하며 필사적으로 그 다양한 감정에 대처하려고 애쓰고 있다. 우리는 항상 행복하고 싶지만, 우리 중 누구도 로봇처럼 그렇게 만들어지지 않았다.

행복을 느끼고, 사랑을 느끼고, 누구보다 많이 웃고, 심지어 순간적으로 순수한 황홀경의 순간을 느낄 때도 있다. 우리는 이러한 다양한 감정을 느낄 능력을 지니고 있다.

때때로 우리를 괴롭히는 어두운 그림자와 잃어버린 꿈이 있다는 것을 알면서도 인생의 시와 음악에 맞춰 춤을 출 수도 있다. 어둠과 혼란이 우리를 끌어내리려고도 한다. 나로 사는 것은 쉽지 않다. 모든 것을 느낄 수 있는 인간이 된다는 것은 어려운 일이다. 하지만 우리는 유일한 '나'이다.

어떤 사람도 나처럼 내 삶의 순간순간을 살아가고 있지 않다. 그래서 때때로 그 누구도 나의 마음을 완전히 이해하지 못할 수도 있다.

하지만 외로움을 느끼고, 때로 감정의 롤러코스터를 타며, 어두운 골목, 인생의 구덩이, 감정의 용광로와 같은 삶을 사는 사람은 나만이 아니다. 어떤 사람도 나와 완전히 같은 삶을 살지는 않지만 우리는 다른 사람들과 완전히 다르지도 않다. 우리는 모두 때때로 길을 잃고, 길을 찾고자 한다.

모든 사람이 문제를 가지고 있음을 인식하기

가끔은 다른 사람이 되고 싶다는 상상을 하기도 한다. 페이스북, 인스타그램 또는 다른 소셜 미디어에서 다른 사람들의 멋진 삶을 보면서 '나는 왜 이렇게 불행하고 외롭고 불안한 걸까?'라는 생각이 들기도 한다. 다른 사람들은 모두 행복한 삶, 좋은 관계, 만족스러운 직장을 가지고 있는 것처럼 보일 수 있다.

그러나 우리가 소셜 미디어에서 얻는 메시지는 실제가 아니라 긍정적인 편향, 편견, 거짓된 이야기로 가득 찬, 선택된 삶의 순간을 보여주는 광고일 뿐이다. 사람들이 페이스북과 같은 소셜 미디어를 보는 시간이 길어질수록 우울감과 부러움을 더 많이 느낀다고 한다(Appe, Gerlach, & Crusius, 2016; Ehrenreich & Underwood, 2016). 소셜 미디어는 마치 인생이 멋진 순간, 멋진 휴가, 행복하고 완벽한 결혼 생활, 아름다운 자녀들로 가득 찬 것처럼 거짓된 그림을 보여주기 때문이다. 모두가 자신의 특권적이고 완벽한 삶을 '축하'하고, '감사'하고, '겸손'한 척 보여준다. 이러한 '겸손한 자랑'은 거짓 자아에 대한 소셜 미디어 광고의 가장 부정적인 특징 중 하나이다.

사실 누구나 문제를 가지고 있다. 미국 전역에서 실시한 조사와 인터뷰 데이터에 따르면, 사람들의 거의 50%가 정신과 질환의 병력을 가지고 있다고 했으며, 그 중 불안 장애와 우울증이 가장 높은 비율을 차지한다(Kessler et al. 2007). 누구나 실망한 적이 있고, 누구나 사랑하는 사람과 사별하고, 누구나 언젠가는 병에 걸리며, 항상 행복하다고 느끼는 사람은 없다. 우리 모두가 감정의 형용사들, 즉 슬프고, 불안하고, 외롭고, 무력하고,

절망적이고, 질투나고, 화나고, 분노하는 등의 단어의 의미를 이해하는 이유는 우리 모두가 한 번쯤은 그런 감정을 느꼈기 때문이다. 우리 모두는 불행을 알고 있다. 우리는 행복한 얼굴만 지닌 인종이 아니다.

은하의 이야기

스물여덟 살의 은하는 친절하고 관대하며 남을 배려하는 사람이었지만 슬픔과 외로움, 그리고 애인/파트너를 찾지 못할 것이라는 생각에 휩싸였다. 첫 상담에서 은하는 자신이 아는 모든 사람들을 이상화(idealize)했고, 모두가 멋진 삶을 사는 것처럼 묘사한 반면, 자신의 삶과 자신의 감정은 평가 절하하고 있었다.

그 다음 주에 은하가 들어와 다소 냉소적인 표정으로 회기를 시작했다. "글쎄요, 제가 모두가 행복할 거라고 생각했던 게 틀렸었나 봐요." 살짝 웃으며 말했다. "지난 주 회기를 마치고 길을 걸어가다가 빨간 드레스를 입은 아주 매력적인 여자를 보고 너무 질투가 났어요. '저 여자는 나보다 훨씬 더 예쁘고 저렇게 아름다운 빨간 드레스도 잘 어울리네.'라고 생각했어요. 애인/파트너도 좋겠지. 그러면서 혼자 있는 내가 한심하게 느껴졌어요. 그런데 두 남자가 뒤에서 다가와서는 그 사람을 잡는 거예요. 어깨에 손을 얹고 체포되었다고 말했어요." 은하는 다른 사람들이 겉으로 보이는 것과는 다를 수 있다는 걸 새삼 깨달았다며 웃었다.

때로는 비정상적으로 보이는 것을 정상화하는 것이 도움이 될 때도 있다. 고통, 실망, 슬픔이 온전히 살아 있기 때문이라는 것을 깨닫는다면 우리 자신을 인류의 일부로 간주할 수 있다. 우리 주변을 둘러보면 우리는 모두 함께 살아가고 있으며, 모두 일을 잘 해내기 위해 고군분투하고, 모두 실망에 직면하고, 사람들이 우리를 실망시킬 것이라는 사실을 깨닫고, 모두 사랑, 기쁨, 연민, 심지어 황홀감을 느낄 수 있는 능력으로 가득 찬 인간이라는 것을 알면서도 슬픔, 무력감, 불안, 외로움을 느낄 수 있다는 것을 알고 있다.

보편적인 연민을 알아차리기

자신의 감정에서 벗어나 다른 사람들의 감정과 연결되도록 노력해 보자. 나는 매일 뉴욕의 3번가를 따라 약 2킬로미터 정도는 걸어서 출근한다. 걸으면서 출근길에 서두르는 사람들, 유모차를 끌고 가는 사람들, 보행기와 지팡이를 든 노인들을 본다. 자전거를 타고 배달하는 사람, 휠체어를 타고 기부용 컵을 든 여성도 보았다. 나는 아침마다 다른 사람들에게 연민을 베풀기 위해 노력한다. 연민은 우리를 진정시키고, 위로하며, 다른 사람들과 연결하도록 돕는다(Gilbert, 2009).

어느 날, 길에서 유모차를 끌고 있는 사람을 만났다. 엄마 혹은 보호자의 다정한 모습이 눈에 들어온다. '저 분은 이 아기를 돌보고 있고, 매일 사랑을 주고 있구나.'라고 생각한다. 나는 그분의 사랑을 알아차리고 마음속으로 느낀다. 서로를 향한 그들의 사랑이 느껴진다. 그러다 교통 체증 속에서 자전거를 타고 자전거 뒤에 무거운 물건을 싣고 배달하는 배달원을 발견한다. 그 배달원은 아마도 경제적으로 어려움을 겪고 있을 수 있고, 공과금을 내기 위해 자전거를 타고 배달하고 있을 수 있다. 그 사람에게 연민의 감정이 느껴지고 그분이 잘 되기를 바라며 그가 안전하기를 바란다. 그분의 삶이 때때로 힘들 수 있다는 것을 알고 있으며, 그의 행복과 안전을 위해, 그의 삶이 더 나아질 수 있기를 바라는 마음을 갖는다. 그리고 내 마음이 성장하고 있다는 것을 느끼며 이 순간 나도 더 살아 있음을 느낀다.

이 순간 나는 나 자신에 함몰되어 있지 않고, 나의 밖에 있다.

산책 중인 강아지를 발견했다. 강아지를 자랑스러워하며 꼬리를 흔드는 강아지를 지켜보는 주인이 보인다. 주인이 이 작은 녀석을 사랑하고 아끼는 모습, 주인이 강아지를 사랑하고 강아지도 주인을 의지하는 모습이 보인다. 그리고 강아지가 냄새를 맡을 때마다, 누군가가 "정말 예쁜 강아지네." 라고 말할 때마다 흥분한다.

나는 출근길에 연민의 감정을 경험한다.

유난히 긴 하루를 보낸 어느 날 저녁, 집으로 향하고 있었다. 몇 블록을 걸어가다가 한 할머니가 연약하고 겁에 질린 채로 지나가는 차를 피해 길을 건너려고 불안하게 걷는 것을 보았다. 할머니에게 다가가 "같이 길을 건너도 될까요?"라고 물었다. 할머니는 고맙다는 말을 전했고 할머니와 함께 반대편 모퉁이까지 걸어갔다. 할머니는 "도와줘서 고마워요. 정말 친절하네요."라고 했다. 하지만, 할머니를 도와서 내 기분이 좋아졌고, 오히려 할머니께 감사했다.

다음 일주일 동안 매일 해볼 수 있는 연습을 소개하겠다. '눈에 띄는 친절의 예시'를 찾아보는 것이다. 유모차를 밀어주는 사람, 다른 사람을 위해 문을 잡아주는 사람, 다른 사람의 안부를 묻는 사람, 강아지를 산책시키는 사람 등이 있을 수 있다. 모두 친절함의 예시들이다. 친절함을 찾을 때, 친절을 인정하고 친절을 베푸는 것이 어떤 것인지, 친절을 받는 것이 어떤 것인지 상상해 보자. 이런 친절함을 발견할 때 어떤 기분이 드는가? '내가 본 친절의 예' 활동지는 부록 5(p.300)에도 수록되어 있다. 필요한 만큼 복사하여 일주일 동안 연습에 활용해 보자.

내가 본 친절의 예

친절의 예시	이러한 친절을 목격했을 때, 어떤 기분을 느꼈는가?

친절함을 알아차리면 더 낙관적으로 느껴지고, 다른 사람들이 관대하고 연민을 가지고 있다는 사실을 더 잘 인식하게 된다. 여러분이 스스로에게 친절함, 연민, 지지를 표현하기 시작했다고 상상해 보자. 슬픔, 외로움, 불안, 절망감, 시기, 분노 등 자신을 괴롭히는 감정들을 상상해 보자. 이제 세상에서 가장 친절하고 사랑스러운 사람이 내 옆에 서서 내 어깨에 손을 얹고 내 쪽으로 몸을 기울이며 가장 따뜻하고 사랑스러운 메시지로 속삭이는 모습을 상상해 보자. 어떤 얘기를 말하고 싶은가?

모든 사람의 삶이 자신보다 낫다고 생각했던 은하는 외로울 때 자신에게 이렇게 이야기할 수 있다. "외롭고 슬프다는 것이 힘들다는 걸 알아. 하지만 넌 사랑받고 있고 내게 소중한 사람이야. 넌 정말 행복할 자격이 있는 좋은 사람이야." 속상할 때 스스로에게 건넬 수 있는 따뜻하고 위로의 메시지에 대해 생각해 보자. 여러분은 스스로에게 자신만의 수호천사가 될 수 있다.

다음 활동지를 작성해 보자. 첫 번째 열에는 불쾌한 감정을 느낄 때 자신이 처한 상황을 간략히 기술한다(예: 소파에 혼자 앉아 있다.). 두 번째 열에는 현재 느끼는 감정을 적는다(예: 외로움, 슬픔). 세 번째 열에는 자기 자신에게 보내는 친절하고 따뜻한 응원 메시지(예: "너는 사랑받고 있어.", "너는 좋은 사람이야.", "나는 너가 돌봄을 받고 있다고 느끼길 원해.")를 써본다. '나 자신에게 친절하게 대하기' 활동지는 부록 6(p.301)에도 수록되어 있다. 필요한 만큼 복사하여 일주일 동안 연습에 활용해 보자.

나 자신에게 친절하게 대하기

상황	감정	나 자신을 향해 할 수 있는 친절한 말

요약

- 울음은 인간 존재의 일부이다.
- 고통받을 때 다른 사람들로부터 위로를 받을 수 있다.
- 인정받는 것은 다른 사람들이 우리를 신경 쓰고 있으며, 우리가 혼자가 아님을 깨닫게 해준다.
- 스스로를 인정할 수 있다.
- 현재와 과거에서 주변의 자비로운 행동을 찾아본다.
- 자신에게 자비를 베푼다.
- 자신이 느끼는 모든 감정은 인류 모두가 공유하는 것임을 깨닫는다.
- 다른 사람들의 친절한 행동을 주목한다.
- 자신에게 자비와 친절을 베푼다.

제3장

감정에 대해 생각하기

제3장
감정에 대해 생각하기

감정이 한번 느껴지면(예를 들어, 슬픔, 불안, 또는 분노를 느끼면) 우리는 그 감정을 어떻게 받아들일지, 그리고 어떻게 다룰지에 대해 생각한다.

아래 민수와 재훈 두 청년의 사례를 살펴보자. 공교롭게도 두 사람 모두 최근에 연인과 헤어졌다. 두 사람 모두 4개월간 연애를 했고, 애인/파트너와의 관계는 좋을 때도, 힘들 때도 있었으며 기복이 심했다.

민수와 재훈의 이야기

민수는 모든 일을 차분하게 받아들이며, 다양한 감정을 충분히 느끼는 사람이다. 애인/파트너로부터 '더 이상 너와 연락하고 싶지 않아.'라는 문자를 받았을 때, 민수는 순간 속상함을 느꼈다. 화가 나고, 불안하고, 혼란스럽고, 슬프기까지 했다. 문제를 해결할 수 있을 거라고 생각하기도 했지만, 두 달 동안 양가감정을 느꼈다. 처음에는 깊은 슬픔이 엄습하여 '너무 끔찍해. 이걸 어떻게 견디지?'라고 생각했다. 하지만 곧 이 슬픔이 오래가지 않을 거라는 사실을 깨닫기 시작했다. 민수는 스스로에게 '이 상황에서 이런 감정들은 누구나 겪는 거야. 슬프고 불안하고 화나는 건 당연한 일이지.'라고 되뇌었다. 민수는 자신이 사람이라는 사실을 받아들였다. 슬프고 불안했지만, 그 감정들이 두렵지 않았다. 그 감정이 자신을 압도할 거라고 생각하지 않았고, 감정 때문에 미칠 거라고 생각하지 않았다.

민수는 항상 자신의 편인 친구 태민에게 전화를 걸었고, 둘은 함께 맥주를 마시러 갔다. 민수는 자신의 감정을 솔직하게 털어놓았고, 태민은 다행이 민수가 감정을 표현하는 것을 격려해 주었다. 태민은 민수에게 느껴지는 감정들이 당연한 거라고 말하며, 민수가 진지한 관계를 원하고 언젠가 결혼을 꿈꾸고 있기 때문에 이별이 더 아플 수밖에 없다고 설명해 주었다. **상실이 고통스러운 이유는 그것이 중요하기 때문이다.**

며칠 후, 민수는 조금 나아졌지만, 여전히 슬픔과 혼란이 파도처럼 밀려올 때가 있었다. 회사에 가고, 친구들을 만나고, 운동하며 시간을 보냈다. 잠을 설치기도 했지만, 이 시기가 자신의 인생에서 하나의 전환점이며 결국 이겨낼 것이라고 생각했다.

민수는 자신의 감정을 두려워하지 않았고, 과음으로 그 감정을 피하려고 하지 않았다. 민수는 스스로에게 '이겨내기 위해서는 이 감정을 겪어나가야 해.'라고 다짐했다. 인생이 때때로 힘들어도 그 어려움은 언젠간 지나간다는 사실을 알았고, 감정의 롤러코스터를 기꺼이 받아들였다.

반면에 재훈은 애인/파트너로부터 헤어지자는 문자를 받았을 때 전혀 다른 경험을 했다. 재훈은 감정이 폭발하여 감정에 압도되었고, 때로는 마치 좀비가 된 것처럼 무감각해졌다. 현실이 아니라 꿈꾸고 있는 것만 같았고, 사실을 받아들이지 못하였다. 재훈은 방 안에서 서성이며 문자 메시지를 몇 번이고 다시 확인하며 고통 속에서 신음하고 전 애인/파트너를 원망했다. 분노, 슬픔, 혼란이 밀려오면서 마치 폭풍처럼 재훈을 감정의 소용돌이에 빠지게 했다. 재훈은 자신이 너무 불안한 것이 불안하였고, 이러다가 공황 상태에 빠질까 봐 두려웠다. 곧 몸이 떨리기 시작했고 '내가 미쳐가는구나.'라고 생각했다. 또한, 이 감정들이 영원히 지속될 것 같고, 통제할 수 없다는 두려움에 벽을 주먹으로 내리쳤다. 재훈은 느껴지는 감정들을 당장 없애야 한다고 생각했다. 감정들이 없어지기를 바라며, 독한 술을 잇달아 들이켰고 술로 잊고자 했다.

다음 날, 재훈은 슬픔에 압도되어 깨어났다. 자신의 감정이 왜 이렇게 강렬한지 이해할 수 없었다. 뒤이어 '나는 다 큰 어른인데, 왜 이렇게 나약하지?'라고 자책했다. 어린 시절에 아버지가 '남자는 울면 안 된다.'고 말했던 기억을 떠올라 눈물이 났다. 재훈은 눈물이 멈추지 않을까 봐 더 불안해졌고, 곧 바로 "울음을 멈춰야 돼."라고 중얼거렸다.

재훈은 친구 현우에게 얘기할까 고민했지만, 현우가 이런 일로 괴로워하는 자신을 보고 패배자라고 생각할까 봐 두려웠다. 재훈은 자신의 약한 모습이 창피하였고 감정에 압도당하는 느낌을 받아 출근하지 않기로 결정했다. 지금 이 상태로는 아무도 만나고 싶지 않아, 소파에 누워 텔레비전을 켰다. 재훈은 다른 남자들은 이렇게 슬퍼하지 않고 이런 힘든 상황을 잘 이겨낼 것이라 생각했다. 재훈이 생각하기에 다른 사람들은 이런 상황을 웃어넘길 것 같았다. 반면에, 자신의 슬픔은 사라지지 않고 오랫동안 우울하고 불안할 것이라는 생각이 들었다. 재훈은 자신의 슬픔을 계속 곱씹으며 '나한테 무슨 문제가 있나?'라고 생각했다. 자신의 감정을 받아들일 수 없고 모든 감정을 멈추게 하고 사라지고 싶은 마음뿐이었다. 재훈은 더 이상 아무것도 느끼고 싶지 않았다.

재훈은 스스로를 나약하고 통제 불가능한 사람이라고 여기며 점점 자기 혐오에 빠졌다. '전 애인/파트너가 나를 떠난 것도 당연하지. 난 패배자니까.'라는 생각이 들었다. 감정을 통제하기 위해서는 자신이 강해져야 한다고 생각했다. 재훈은 눈물이 났고, 울면서도 '대체 난 왜 이렇게 약하지? 다른 남자들을 울지 않을 텐데.'라고 자책했다.

재훈은 감정에 대한 두려움과 반추에 깊이 빠져들면서 더욱 우울하고, 무기력하고, 자신을 비난했다. 자신에 대해 연민을 베풀지 않았으며, 감정을 없애기 위해 더 많은 술을 마셨다.

정서도식: 감정에 대한 반응

위에서 소개한 민수와 재훈은 이별 과정에서 같은 초기 감정(슬픔, 분노, 불안, 혼란)을 경험했다. 하지만 두 사람이 자신의 감정에 반응한 방식은 달랐다.

민수는 '나는 슬프고, 불안하고, 외롭고, 낙담했구나.'라고 자신의 감정을 알아차리고 명명한다. 그런 다음 자신의 감정을 정상적인 것으로 받아들인다. 문제로 여기거나 당장 없애야 할 대상으로 생각하지 않는다. 자신의 감정을 받아들이며, 이 감정이 중요한 의미를 내포한다는 것을 이해한다. 즉, 감정은 자신에게 중요한 것(깊은 관계에 대한 가치)에 대한 메시지를 준다고 이해한다. 또한, 자신의 감정이 고통스럽지만 일시적인 것으로 보고 있으며, 비록 감정이 강렬하게 느껴지더라도 통제 불가능해지거나 스스로를 미치게 만들 것이라고 생각하지 않는다. 민수는 자신의 감정에 대해 부끄러워하지 않아, 신뢰하는 친구에게 털어놓을 수 있었다. 민수는 비록 현재 이 순간에는 감정들을 느끼고 있지만, 결국 이겨낼 것이라 믿으며, 그러한 과정을 받아들인다.

재훈의 경험은 매우 달랐다. 재훈은 자신의 감정에 대해 더 신경증적이고, 문제가 되는 신념을 지녔다. 재훈은 자신의 감정을 이해할 수 없고 문제가 있으며, 가능한 빨리 감정을 없애야 한다고 믿는다. 재훈은 자신이 강해야 하고 감정을 잘 통제해야 하며, 다른 남자들은 이렇게 강렬한 감정을 느끼지 않을 것이라고 생각한다. 재훈은 자신의 감정이 두려워, 술을 마시며 억누른다. 감정에 대해 부끄러움을 느끼며, 자신의 감정이 비정상적이고, 다른 사람들이 이러한 감정을 느끼는 자신을 판단할 것이라 믿는다. 재훈은 감정을 느끼는 것을 정상화하지 못하고, 오히려 자신의 감정에 대해 경멸감을 느낀다. 자신을 고립시키고, 반추하고, 친구들을 피하고, 직장에도 나가지 않았다. 재훈은 몇 달 동안 계속되는 우울에 빠져갔다.

감정이 생기면, 우리는 감정에 대해 다양한 신념과 전략으로 반응한다. 이러한 신념과 전략을 감정도식, 또는 정서도식(Emotional schema)이라고 한다. 민수와 재훈의 사례에서 보았듯이, 같은 상황이 같은 감정을 유발했으나, 각자가 감정에 반응하는 방식에 큰 차이가 있었다. 이러한 반응은 동일한 순환 주기를 따른다. 아래 민수의 정서도식(그림 3.2)을 살펴보고, 이를 재훈의 정서도식(그림 3.1)과 비교해 보자. 한 사람은 불안에 대해 문제를 일으키는 방식으로 대응해 더 많은 문제를 야기하고, 다른 한 사람은 불안을 받아들이며 다른 감정들도 함께 수용할 수 있는 적응적인 방식으로 대응하여 성장했다.

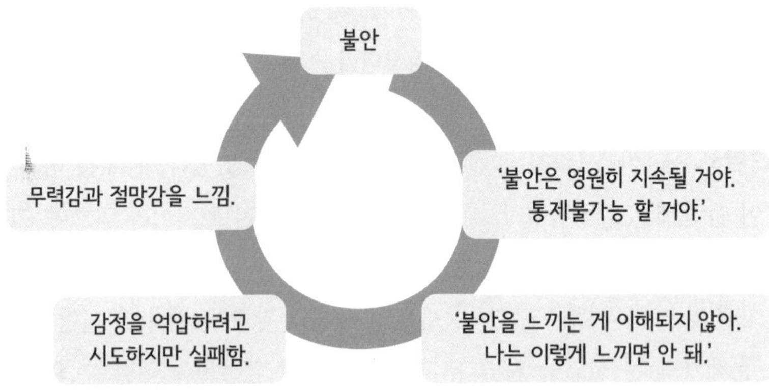

(그림 3.1) 재훈의 정서도식

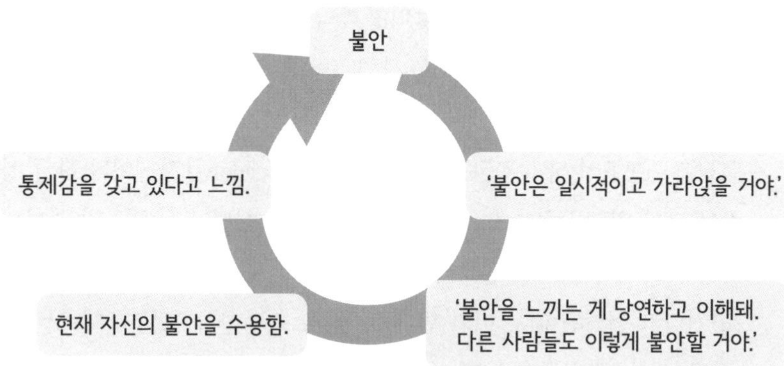

(그림 3.2) 민수의 정서도식

문제가 되는 정서에 대한 신념과 반응

우리가 감정에 대해 가질 수 있는 14가지 문제가 되는 신념과 반응을 소개한다.

- 비타당화(Invalidation)는 다른 사람들이 내 감정을 이해하지 못하거나 신경 쓰지 않는다고 믿는 신념이다. 이와 반대로, 친구나 애인/파트너가 내 감정을 어떻게 느끼는지 이해한다고 생각하는가?
- 이해하지 못함(Incomprehensibility)은 자신의 감정이 스스로에게 이해되지 않거나, 감정이 아무 이유 없이 생긴 것처럼 느껴지거나, 왜 불안하거나 슬픈지 이해할 수 없다고 믿는 신념이다. 이와 반대로, 내 감정이 이해할 만하고 지금을 느끼는 데 이유가 있다고 생각하는가?
- 죄책감(Guilt)은 이러한 감정들을 느끼면 안 된다고 믿는 신념이다. 예를 들어, 분노나 성적 감정을 느끼는 것이 잘못되었다고 생각할 수도 있다. 또는 다른 사람이 내가 어떤 감정을 느낀다는 사실을 알게 될 경우, 부끄러움을 느낄 수도 있다. 예를 들어, 다른 사람의 성공을 질

투하는 감정을 다른 사람이 알아챌까봐 부끄러울 수 있다. 이와 반대로, 자신의 감정을 인간적이고, 자연스럽고, 느껴도 괜찮은 것으로 보는가?

- 정서에 대한 단순화된 관점(Simplistic view of emotion)은 자신이나 다른 사람에 대해 양가감정을 느끼면 안 된다고 믿는 신념이다. 오로지 하나의 감정만 느껴야 한다고 생각하는 것이다. 여러 감정을 동시에 느끼는 것을 견디기 어려워한다. 이와 반대로, 삶은 복잡하기 때문에 때로는 서로 모순되는 감정들을 느끼는 것이 당연하다고 생각하는가?
- 가치 절하(Devalued)는 감정이 자신의 가치와 관련이 없으며, 감정과 관련된 타당한 목적이 없다고 믿는 신념이다. 이와 반대로, 고통스러운 감정이 인간관계나 삶의 의미와 같은 중요한 문제와 관련되어 있다고 생각하는가?
- 통제 결여(Loss of control)는 강렬한 감정이 통제 불가능해질 것이라는 신념이다. 그래서 감정을 억제해야 한다고 믿는다. 이와 반대로, 감정의 강도는 달라질 수 있고, 결국에는 감당 가능할 수 있게 될 것이라고 믿는가?
- 정서적 둔마(Numbness)는 다른 사람들이 느낄 수 있는 감정을 자신은 느끼지 못한다고 믿는 신념이다. 특히 강한 감정일수록 그렇다. 다른 사람들이 감동받는 일에 나는 영향을 받지 않는다고 느낀다. 이와 반대로, 자신의 감정을 충분히 인식하고 온전히 경험하고 있는가?
- 지나친 이성주의(Overly rational)는 반 정서적(anti-emotion) 믿음으로, 이성적이고 논리적인 게 가장 중요하며, 감정은 오히려 방해된다고 생각하는 신념이다. 이와 반대로, 세상에는 논리와 이성만으로 설명되지 않는 경험들이 있다고 생각하는가?
- 기간(Duration)은 자신의 감정이 오래 지속될 것이며, 일시적이지 않다고 믿는 신념이다. 이와 반대로, 감정은 들어왔다가 나가는 경험으로,

자연스러운 끝이 있다고 보는가?

- 낮은 동의(Low consensus)는 자신의 감정이 다른 사람들이 느끼는 감정과 크게 다르다고 믿는 신념이다. 때로는 이런 감정을 가진 사람은 자신뿐이라고 생각한다. 이와 반대로, 다른 사람들도 나와 같은 감정을 느낄 수 있다고 생각하는가?
- 비수용(Nonacceptance)은 자신의 감정을 견디거나 받아들일 수 없다고 믿는 것이다. 그래서 그 감정을 피하거나 감정으로부터 도망쳐야 한다고 생각한다. 이와 반대로, 자신이 느끼는 감정을 받아들이고 감내할 수 있다고 생각하는가?
- 반추(Rumination)는 어떤 생각에 집착하는 것을 말하며, '내가 왜 이러지?' 또는 '내가 이런 감정을 느끼는 게 이해되지 않아.'라는 생각에 사로잡혀 있는 것이다. 이와 반대로, 감정을 느끼면서도 거기에 사로잡히지 않을 수 있는가?
- 제한된 표현(Low expression)은 감정을 말하거나 표현하면 어색해지거나 불편해질 것이라는 믿음이다. 이와 반대로, 자신의 감정이 언제 어디에서나 다른 사람들과 공유될 수 있다고 믿는가?
- 비난(Blame)은 다른 사람으로 인해 내가 이러한 감정을 느낀다는 믿음이다. 이와 반대로, 다른 사람이나 자신을 탓하지 않고, 자신의 감정을 비판단적으로 받아들이는가?

이제 자신의 정서도식을 살펴보자. 나는 감정을 어떻게 생각하고, 감정에 어떻게 반응하는가? 우리 모두는 자신의 감정을 다루는 방식이 다르기 때문에 정답은 없다. 목적은 그저 감정에 대한 유용하지 않은 반응을 알아보는 것이다. 그래야 감정이 유발될 때 더 도움이 되는 반응을 선택할 수 있다.

정서도식 척도

각 감정에 대한 일반적인 믿음을 주의 깊게 살펴보자. 이는 14가지 범주로 구성된다. 각 문장 옆에 제공된 척도를 사용하여 지난 한 달 동안 자신의 감정 처리 방식이 어떠했는지 평가해 보자. '정서도식 척도'는 부록 7(P.302-304)에도 수록되어 있다.

(고려대학교 최기홍 교수 연구팀에서 국내 표본을 대상으로 타당화 한 단축형 정서도식 척도는 부록 8(p.305-306)을 참조.)

척도:

1=나와 매우 거리가 멀다

2=나와 어느 정도 거리가 멀다

3=나와 조금 거리가 멀다

4=나와 조금 비슷하다

5=나와 어느 정도 비슷하다

6=나와 매우 비슷하다

감정에 대한 신념	응답(1-6)
비타당화/비인정(Invalidation)	
1. 다른 사람은 내 감정을 이해하고 받아들이지 않는다.	
2. 아무도 내 감정에 대해 큰 관심이 없다.	
이해할 수 없는 태도(Incomprehensibility)	
3. 나 자신에 대해 나도 도무지 이해하기 어려운 부분이 있다.	
4. 나 스스로 내 감정이 이해가 되지 않는다.	
죄책감(Guilt)	
5. 느껴서는 안 된다고 생각하는 감정들이 있다.	
6. 나는 내 감정이 수치스럽다.	

감정에 대한 단순한 태도(Simplistic view of emotion)
7. 다른 사람에게 드는 느낌이나 감정은 아주 확실하고 정확한 것이 좋다.
8. 나 자신에 대한 느낌과 감정은 확실하고 정확한 것이 좋다.
가치를 낮추는 태도(Devalued)
9. 나의 고통스러운 감정은 나의 가치와 관련이 없다.
10. 내가 갖고 싶어하는 명확한 가치를 가지고 있지 않다.
통제력 상실(Loss of control)
11. 나 스스로 내가 어떤 감정들을 느끼게 내버려 두면 그것을 통제하기 어려워 두려움을 느낄 것 같다.
12. 나는 내 감정을 통제하지 못할까 봐 걱정된다.
정서적 둔마(Numbness)
13. 다른 사람들을 괴롭게 하는 것들이 나를 괴롭게 하지는 않는다.
14. 나는 종종 아무 느낌이 안 드는 것처럼 정서적으로 마비된 것 같다.
지나친 합리적 태도(Overly rational)
15. 내 감정에 대해 예민하고 개방적인 것보다는 합리적이고 실용적인 태도가 중요하다.
16. 거의 모든 것에 합리적이고 논리적인 것이 중요하다고 생각한다.
지속(Duration)
17. 만약 내가 강한 감정을 느끼도록 나 자신을 내버려 둘 때 이러한 감정이 사라지지 않을까봐 가끔 두렵다.
18. 강한 감정은 매우 긴 시간 동안 지속되는 것 같다.
낮은 일치도(Consensus)
19. 나는 내 감정을 받아들일 수 없다.

20. 나는 내가 특정한 감정을 가지고 있는 것을 허용할 수 없다.
반추(Rumination)
21. 기분이 좋지 않을 때, 나는 혼자 앉아서 얼마나 내가 기분이 좋지 않은지에 대해 계속해서 생각한다.
22. 나는 종종 '나에게 무슨 문제가 있나? 왜 이러지?'와 같은 생각이 든다.
적은 표현(Low expression)
23. 내 감정을 밖으로 내보내기 위해서는 우는 것이 중요하다고 생각하지 않는다.
24. 나 자신이 감정을 개방적으로 표현할 수 있다고 느껴지지 않는다.
책임 전가(Blame)
25. 만약 다른 사람들이 변한다면 내 기분은 훨씬 좋아질 것이다.
26. 다른 사람들로 인해 불쾌한 감정이 든다.

이제 자신의 정서도식 척도에 응답한 내용을 살펴보면서 가장 높은 점수를 받은 신념 범주는 무엇인지 확인해 보자. 5점(어느 정도 나에게 해당) 또는 6점(매우 나에게 해당)으로 평가된 범주는 무엇인가? 그 중에서 나를 가장 괴롭히는 것에 동그라미 표시를 해 보자.

감정을 다루는 문제적 전략

우리 모두는 때때로 불쾌하고 힘든 감정을 경험한다. 감정은 인간으로서 자연스러운 부분이다. 하지만 때로는 상황을 더 악화시키는 전략을 사용하여 감정에 대처하려고 한다. 예를 들어, 지현은 감정에 압도될 때 폭식을 하거나 마리화나를 사용(*미국의 문화적 측면을 이해해주기 바람.)하며 고통스러운 감정에서 벗어나려고 했다. 결국 폭식으로 인해 살이 찌게 되었고, 이를 보상하려고 구토나 배설을 유도하는 완하제를 사용하여 해결하려고 하였다. 하지만 이러한 행동이 상황을 더욱 악화시켰다. 마리화나에 의존하게 되면서 무언가 하려는 동기를 잃어버렸고, 점점 더 위축되었다.

장기적으로 상황을 악화시키는 문제가 되는 전략들이 여러 가지 있다. 다음 활동지를 보면서, 자신이 이러한 전략들을 사용하고 있는지 확인해 보자.

감정을 다루기 위한 문제해결 전략

지난 한 달 동안 자신의 감정을 어떻게 대처했는지 떠올려 보자. 아래 전략 중 일부를 사용한 적이 있는가? 아래 척도를 사용해 가운데 열에 점수를 매겨 보자. 그런 다음, 맨 오른쪽 열에 실제 예시를 적어 보자. '감정을 다루기 위한 문제해결 전략'은 부록 9(p.307-308)에도 수록되어 있다.

척도:

1 = 전혀 그렇지 않다.

2 = 거의 그렇지 않다.

3 = 약간 그렇지 않다.

4 = 약간 그렇다.

5 = 거의 그렇다.

6 = 매우 그렇다.

감정을 다루는 방법	응답 (1~6점)	예시
상황을 피함.		
상황에서 벗어나거나 도망침.		
술을 마심.		
폭식을 함.		
약물을 복용함.		
끊임없이 안심을 구함.		
미래에 대해 걱정함.		
과거에 대한 감정에 집착함.		
다른 사람을 탓함.		
불평함.		
위험한 성행동에 참여함.		
인터넷이나 텔레비전에 몰두함.		
과도하게 잠을 잠.		
머리카락을 뽑거나 피부를 뜯음.		
자해 행동을 하거나 스스로를 해침.		
기타:		
기타:		

사용하는 전략들에 대한 자신의 응답을 다시 한번 살펴보고, 이러한 전략들이 자신에게 미치는 영향을 생각해 보자. 이 전략들이 상황을 더 나아지게 하고 있는가, 아니면 오히려 악화시키고 있는가?

문제가 되는 대처 전략

문제가 되는 대처 전략은 불쾌한 감정을 순간적으로 줄이거나 없애는 데 도움이 될 수 있지만, 오히려 새로운 문제를 야기한다. 예를 들어, 만약 회피나 도피 전략에 의존한다면, 삶의 경험이 크게 제한될 것이다. 회피는 종종 우울증의 전조가 되기도 한다. 알코올이나 약물에 의존하게 되면 물질에 대한 의존성이 생길 수 있으며, 이는 불안, 우울, 대인 관계의 어려움을 악화시킬 수 있다.

다른 사람들에게 끊임없이 안심을 구하게 된다면, 스스로 결정을 내리는 능력을 기르지 못할 뿐만 아니라, 다른 사람이 잘못된 조언을 줄 위험도 있다. 미래에 대해 지나치게 걱정하거나 과거에 연연한다면, 때로는 실제로 존재하지 않는 세상을 사는 자신을 발견할 것이다. 부정적인 면에만 계속 집중하게 되고, 현재 삶을 온전히 누리지 못할 것이다. 다른 사람의 탓을 하면, 또 다른 감정(예를 들면, 분노)이 더해질 수 있고, 이는 인간관계를 해칠지도 모른다.

불평하는 것은 다른 사람들에게 이해받는 느낌을 줄 수 있지만, 오히려 사람들을 멀어지게 만들 수도 있다. 성적인 행동에 의존하여 감정을 해결하려 하면 순간적으로 즐겁고 흥미로울 수 있지만, 오히려 문제를 증가시키는 관계에 연루될 위험이 있다. 인터넷에 빠져 있거나 텔레비전을 지나치게 보는 것도 즐거울 수 있지만, 이는 온전한 삶을 누리지 못하게 하며 사람들과의 연결을 약화시킬 수 있다. 과도하게 잠을 자며 불쾌한 감정을 피하려 하면 수동성과 고립감이 증가하고, 의미 있는 삶에 온전히 몰입할 기회가 줄어든다. 사실, 수동성, 고립감, 회피는 우울증의 특징이기도 하다.

많은 사람들이 머리카락 또는 피부를 뜯거나 손톱을 물어뜯어 스스로 진정하려고 한다. 이러한 전략은 잠깐 동안 감정으로부터 주의를 분산시키고 짧은 쾌감을 줄 수 있지만, 머리카락이 빠지거나 피부가 손상될 수 있으며, 머리카락이나 손톱을 삼킬 경우 건강에 문제가 생길 수 있다. 때로는 감정에 압도되어, 자해를 시도할 수도 있다. 이것은 위험할 뿐만 아니라, 스스로 통제력을 잃었다는 믿음을 가중시킬 수 있다.

다행히도, 감정을 다루는 데 도움이 되는 다양한 전략들이 있다. 우선, 문제가 되는 전략들에 대해 솔직하고 현실적으로 받아들이는 것이 중요하다. 그러면, 문제가 되는 전략들을 없앨 수 있을 것이다.

요약

- 감정을 느꼈을 때 우리가 어떻게 생각하고 행동하는지가 상황을 더 나아지게 하거나 악화시킨다.
- 정서도식은 감정에 대한 우리의 믿음과 감정에 대처하는 우리의 전략이다.
- 부정적인 감정이 끝없이 지속될 것이라고 믿는다면, 통제력을 잃게 된다. 혹은 자신의 감정이 이해되지 않거나 다른 사람들과 다르다고 생각한다면, 더 불안하고 우울해질 가능성이 높다.
- 다른 사람들도 나와 같은 감정을 느낀다고 믿고, 감정은 왔다가 가는 것이며, 양가감정도 견딜 수 있다고 생각한다면, 감정에 대해 덜 불편할 것이다.
- 감정에 대해 문제가 되는 대처 전략을 사용하면, 부정적인 감정은 더 악화한다.
- 이러한 문제가 되는 전략들은 걱정, 회피, 비난, 약물 남용, 폭식, 불평 등이 포함된다.
- 감정의 다섯 가지 요소는 변화를 위한 목표가 될 수 있다.

제4장

정서도식 접근법

제4장

정서도식 접근법

지난 15년 동안 나는 사람들이 자신의 감정을 다루는 데 도움을 주기 위한 접근법을 개발해 왔다. 이것을 정서도식 치료(Emotional schema therapy)라고 부른다. 이 치료는 각자가 감정에 대해 가지고 있는 이론과 감정을 다루는 방식에 대해 강조한다(Leahy, 2015; Leahy 2018). 예를 들어, 우리 중 일부는 특정 감정을 '나쁜 것'으로 여기고, 그 감정에 대해 부끄러움을 느낀다.

이전 장에서 배운 것처럼, 어떤 사람들은 질투, 분노, 외로움을 느끼는 것이 '나쁘다'고 생각하는 반면, 다른 사람들은 이러한 감정을 느끼는 것이 괜찮다고 생각한다. 어떤 사람들은 강한 감정을 느끼면 그것이 끝없이 지속되어, 자신을 무력하게 하고, 돌이킬 수 없는 해를 입힐 것이라고 믿는다. 반면에, 다른 사람들은 강한 감정도 시간이 지나면 사라질 것이라고 생각하며 이를 받아들인다. 감정에 대한 문제가 되는 이론은 감정에 대한 문제가 되는 대처 전략들로 이어진다. 예를 들어, 약물이나 알코올을 사용하거나, 감정을 불러일으키는 상황을 회피하거나, 다른 사람을 탓하거나, 자신의 경험을 반추하고 오래 곱씹거나, 미래에 대해 걱정하거나, 끊임없이 안심을 구할 수 있다.

정서도식 치료는 삶을 단순히 기분 좋게 바라보는 접근법이 아니다. 이 치료는 힘든 감정과 즐거운 감정 모두가 우리의 풍부한 삶의 일부라는 **현실적인** 접근법이다. **좋은 기분**을 목표로 삼기보다는, **모든 감정을 느끼고** 그 과정에서 성장할 수 있는 능력을 기르는 데 초점을 맞춘다. 목표는 삶의 의미에서 풍요로움을 찾도록 돕는 것이다. 깊은 감정을 느낄 수 있는 능력을 앗아가는 피상적이고 무시하는 접근이 아니라, 감정을 있는 그대로 받아들이고, 견디며, 이를 건설적으로 활용할 수 있도록 하는 것이다. 감정을 두려워하고 억누르기보다는, 감정을 수용하고 다룰 수 있는 법을 배우게 될 것이다.

정서도식 치료의 다섯 가지 원칙

많은 사람들은 자신의 감정에 대해 부적응적인 신념을 가지고 있다. 즉, '지금 느끼는 감정을 느껴서는 안 된다.'고 생각하거나, '다른 사람들은 나와 같은 감정을 느끼지 않는다.'고 생각하거나, '감정이 통제 불가능하다.'라고 믿거나, '불쾌한 감정을 즉시 없애야 한다.'라고 여기는 것들이다. 이러한 신념들은 비현실적이기 때문에 문제가 된다. 또한, 감정을 다루기 위해 사용하는 특정 전략들이 오히려 상황을 악화시키기도 한다.

오늘부터 실천할 수 있는 도움이 되는 전략을 살펴보기 전에, 감정에서 도망치거나 그것을 없애려 하기보다는 감정을 수용하며 살아가는 데 도움이 되는 정서도식 접근법의 다섯 가지 원칙을 살펴보자.

- 힘들고 불쾌한 감정은 모든 사람의 경험의 일부이다.
- 감정은 우리에게 경고해 주고, 우리의 욕구를 알려주며, 삶의 의미와 연결해준다.

- 강한 감정은 우리를 이끌 수도 있고, 잘못된 방향으로 인도할 수도 있다.
- 감정에 대한 신념은 우리가 감정을 견디기 어렵게 만들 수 있다.
- 감정을 다루기 위한 전략은 상황을 더 나아지게 하거나 악화시킬 수 있다.

힘들고 불쾌한 감정도 모든 사람이 가지는 경험의 일부이다.

만약 불안해선 안 된다고 믿으면, 불안감을 느끼는 것에 대해 불안해할 것이다. 분노를 느끼는 것에 대해 죄책감을 느낀다면, 분노와 죄책감, 불안, 혼란이 동시에 밀려올 것이다. 그리고 다른 사람의 성공을 질투해서는 안 된다고 생각한다면, 일상에서 마주하는 불공평한 상황을 받아들이기가 어려워질 것이다.

인간은 삶의 위험, 갈등, 그리고 요구에 적응하기 위해 온갖 감정을 느끼도록 진화해 왔다. 우리의 선사 시대 조상들은 굶주림, 결핍, 다른 사람들의 위협, 그리고 위험한 동물들에 맞서야 했다. 삶은 종종 고통스럽고, 갑작스러운 죽음과 상실로 가득했으며, 우리의 감정은 이러한 위험을 알려주고 경계심을 유지하도록 진화했다.

고통스럽고 부정적인 감정은 보편적이다. 나 혼자만 그런 것이 아니다. 누구나 내가 경험하는 모든 감정을 느낄 수 있다. 우리가 분노, 불안, 슬픔, 외로움, 무기력함, 그리고 혼란에 대해 다른 사람들과 이야기할 수 있는 이유는 그 누구라도 한 번쯤은 그런 감정을 경험했기 때문이다. 감정은 우리를 연결해 준다.

이것이 왜 중요할까? 다른 사람들과 감정을 공유한다는 사실을 알게 되면, 스스로를 덜 이질적으로, 덜 결함이 있는 사람으로 여기고, 덜 외롭게 느낄 수 있다. 수백 년, 수천 년 전으로 돌아가 문학을 읽어보면, 고대 중동에서 4500년 전 익명의 작가가 영웅 길가메시(Heroic Gilgamesh)에 대해 이렇게 썼다. '그는 모든 것을 보았고, 행복에서 절망에 이르기까지 모든 감정을 경험했으며, 위대한 신비, 비밀의 장소, 대홍수 이전의 태초의 날들을 보았다.'(Miller 2004).

우리는 고전 문학 호메로스의 『오디세이아*(Odyssey)*』와 버질의 『아이네이스*(Aeneid)*』에 등장하는 그리스 전사들이 눈물을 흘리고, 슬퍼하고, 두려워하고, 복수를 꿈꾸며 고향을 그리워했다는 것을 안다. 셰익스피어는 오셀로의 질투, 햄릿의 복수심, 리어왕의 굴욕감과 배신감을 묘사했다. 모든 문화에서 사람들은 사랑하는 사람의 죽음 앞에서 슬퍼하고, 남성이든 여성이든 공공연히 눈물을 흘리는 것을 안다. 우리가 듣는 노래들은 사랑, 이별, 욕망에 대해 이야기한다. 어디를 봐도 감정들은 우리에게 들리기를 원한다. 우리가 감정을 느끼는 이유는, 지금 이 순간 삶이 우리에게 무언가를 말하고 있기 때문이다.

거의 모든 사람이 한 번쯤은 모든 감정을 느낀다. 완전한 삶을 살기 위해서는 다양한 감정을 경험하지 않을 수 없다. 나만이 분노, 외로움, 절망, 무력함, 수치심, 죄책감, 질투, 복수심을 느끼는 게 아니다.

만약 모든 사람이 내가 경험하는 모든 감정을 느낄 수 있다는 사실을 깨닫는다면, 어떤 생각과 느낌이 드는가?

____

____

____

____

감정은 우리에게 경고하고, 우리의 욕구를 알려주고, 삶의 의미와 연결시켜준다.

높은 곳, 닫힌 공간, 낯선 사람에 대한 두려움 같은 감정들은 우리에게 앞에 위험이 있을 수 있음을 알려준다. 이러한 감정들은 우리를 그 상황으로부터 도망치거나 피할 수 있도록 도와준다. 이러한 감정의 강렬함과 긴박감이 없었다면, 우리의 조상들은 결코 생존할 수 없었을 것이다. 두려움과 분노는 위험한 동물과 위협적인 적으로부터 도망칠 때 조상들에게 긴박감을 주었다. 마치 배고픔이 우리가 음식을 필요로 한다고 알려주듯이, 외로움은 우리가 연결을 필요로 하고, 다른 사람과 접촉하고 싶은 욕구가 있음을 알려준다.

분노는 우리에게 부당함, 공정함의 의미, 명예와 품위를 지키고자 하는 욕구를 알려준다. 사랑의 감정이나 상실의 감정에 마음이 움직일 때, 우리의 감정은 그 사람이나 대상이 우리에게 얼마나 의미 있는지 알려준다. 상실, 실망, 어쩌면 환멸을 경험하지 않고서는 연결감, 사랑, 우정이 주는 의미를 깨달으며 인생을 살아간다는 것이 사실상 불가능하다.

우리는 무언가가 우리에게 중요하기 때문에, 우리의 경험에 의미를 부여하기 때문에, 우리가 관심을 가지기 때문에 감정을 가진다. 감정이 없다면, 삶은 공허할 것이고, 기계적이며, 무의미할 것이다.

감정이 나의 욕구, 권리, 가치에 대해 무엇을 알려주고 있는가? 예시를 작성해 보자.

____

____

____

____

강한 감정은 우리를 이끌 수도 있고, 잘못된 방향으로 인도할 수도 있다.

감정은 우리에게 무엇이 중요한지 알려주고, 우리의 의사 결정을 돕기 때문에 필요하다. 감정은 우리에게 '이게 맞는 것 같아.' 혹은 '이건 위험해.'라고 알려줄 수 있다. 하지만 때로는 우리를 잘못된 방향으로 이끌 수도 있다. 예를 들어, 단지 불안을 느낀다는 이유로 어떤 것이 위험하다고 결론지을 수 있다. '너무 불안한 느낌이 드니까, 이 비행기는 위험해.'가 예시가 될 수 있다. 이러한 현상을 우리는 **감정적 추론**(Emotional reasoning)이라고 부른다. 감정적 추론은 아주 사소한 불편을 재앙처럼 생각하게 할 수 있다.

우리는 강렬한 감정에 휩싸여 충동적으로 행동하고, 나중에 후회할 수 있다. 예를 들어, 화가 나서 애인/파트너나 친구에게 적대적으로 대했다가 나중에 상황을 오해했음을 깨닫고, 장기적인 이익에 반하는 행동을 했다는 사실을 깨달을 수 있다. 외롭고 슬퍼서 그 고통을 술이나 약물, 혹은 음식으로 달래려고 하다가 후회하는 경우도 있다. 강한 감정은 종종 우리가 과잉 반응하고 있음을 나타내며, 한 걸음 물러서서 상황을 다시 생각해 보고 장기적인 결과를 고려해야 한다는 신호가 될 수 있다. 어떤 것에 대해 강렬하게 느낀다고 해서 그것이 반드시 옳다는 보장은 없다. 그럴 수도 있지만, 그 순간의 감정에 반응하는 것일 수도 있으며, 더 큰 그림을 보지 못하고 그 순간의 감정에 반응하는 것일 수 있다.

감정적 압도(Emotional hijacking)가 어떻게 우리에게 통제할 수 없는 느낌이 들게 하고, 후회할 만한 행동을 유발하는지 살펴보자. 감정이 압도되는 순간을 알아차리고, 분노, 불안, 슬픔, 절망감에 압도되고 있음을 깨닫는 것은 한 걸음 물러서야 한다는 것을 알 수 있는 좋은 신호이다. 그리고 이 책에서 설명하는 기술을 사용해야 한다는 좋은 신호이다.

어떻게 감정으로부터 압도되었는지 알아차릴 수 있을까? 감정에 압도되었을 때 말하거나 행동했던 것이 나중에 후회된 적이 있는가? 아마 나만 그런 경험을 한 것이 아닐 것이다. 후회는 경험으로부터 배울 수 있는 유용한 도구이다. **실수를 아까워하지 말자**. 미래의 나 자신을 바로잡기 위해 실수를 유용하게 사용하자. 감정에 압도된 나 자신을 알아차리고, 스스로를 돕기 위해 더 나은 도구들을 사용하도록 하자.

강한 감정으로 인해 나중에 후회할 말을 하거나, 행동을 한 적이 있는가? 그 결과는 어떠했는가?

____

____

____

____

감정에 대한 신념이 감정을 견디기 어렵게 만들 수 있다.

만약 자신의 감정이 영원히 지속될 것이라 믿는다면, 강렬한 감정이 생길 때마다 불안해질 것이다. 만약 감정이 우리를 무력하게 할 것이라고 믿는다면, 아마 그러한 감정을 즉시 없애려고 할 것이다. 이 두 경우 모두, 감정에 대해 불안하게 하고, 이는 더 강렬한 부정적인 감정의 소용돌이에 빠지게 한다.

감정이 이해되지 않는다고 생각한다면, '내가 왜 이런 감정을 느끼지?'라고 계속해서 되새기거나, 다른 사람에게 계속해서 안심을 구하려 할 것이다. 만약 누군가에 대해 딱 하나의 감정만 느껴야 한다고 믿는다면, 양가감정을 견디기 어려울 것이다. 이러한 감정은 다른 사람들도 흔히 경험하는 것임에도 불구하고, 죄책감이나 부끄러움을 느낄 수 있다.

자신의 감정에 대해 어떠한 신념을 가지고 있는가? 감정에 대한 신념은 바뀔 수 있다. 변화된 신념은 우리를 감정의 소용돌이에 휘말리지 않도록 도와줄 수 있다.

감정이 오래 지속되거나, 나 자신을 압도하거나, 견디기 어려운 것이라고 생각해본 적이 있는가? 만약 그렇다면, 어떻게 그 신념이 후회하게 될 생각이나 말, 행동으로 이어진 적이 있는지 생각해 보라.

____

____

____

____

감정에 대한 대처 전략은 상황을 더 좋게 만들 수도, 더 나쁘게 만들 수도 있다.

우리 모두는 힘든 감정을 다루기 위해 나름의 방식을 가지고 있다. 도움이 되는 전략도 있지만, 도움이 되지 않는 전략도 있다. 도움이 되지 않는 전략으로는 '불편함을 느끼게 하는 상황을 회피하기, 과음하기, 감정에 대한 반추('대체 나는 뭐가 문제지?'), 다른 사람을 탓하기, 폭식하기, 인터넷에 몰두하기, 수동적인 태도를 보이기, 스스로를 고립시키기' 등이 있다.

이러한 유용하지 않은 대처 전략의 문제는 장기적으로 상황을 더 악화시킨다는 점이다. 술을 마시거나 폭식을 하면 처음에는 불안이 줄어드는 것 같지만, 그 후에는 숙취나 통제 불능의 느낌과 같은 추가적인 문제를 경험하게 될 것이다.

이러한 유용하지 않은 대처 전략들이 익숙하게 느껴지는가? 다시 말하지만, 이것은 인간의 자연스러운 반응 중 하나이며, 유용하지 않은 대처 전략의 사용을 인식할 때 스스로를 더 따듯하게 바라보는 것이 필요하다. 지금까지의 대처 방식은 그 순간 스스로를 '돌보는' 방법이었을 것이다. 이제 더 도움이 되는 전략을 배워서 감정을 다룰 수 있는 법을 익히게 될 것이다. 새로운 방식으로 감정을 바라보고 대처하는 법을 배우면, 감정을 덜 두려워하게 될 것이다.

감정에 대처하기 위해 사용했던 도움이 되지 않은 전략은 무엇인가? 그 전략이 어떤 영향을 주었는가? 그 대처 전략이 또 다른 문제를 불러왔는가?

____

____

____

____

여섯 가지 현명한 전략

현대 사회는 많은 소비자가 행복과 삶의 편안함을 제공해줄 자기계발서를 찾는다. 하지만 이 책은 그런 책이 아니다. 이 책은 보다 현실적인 접근법을 제시하고 있으며, 더 진정성 있고 독자의 삶의 경험과 일치한다고 느낄 만한 내용이라고 생각한다. 나는 여러분의 삶을 쉽게 만들려고 하는 것이 아니다. 왜냐하면 나는 삶이 항상 쉽지 않다는 것을 알고 있기 때문이다. 나는 여러분이 **현실적인 삶을 살아갈 수 있도록 돕고자 한다.**

이 전략들을 '현명한 전략'이라고 부르는 이유는, 우리가 현실 세계에서 잘 대처할 수 있게 도와주기 때문이다. 그리고 현실 세계의 일부는 바로

우리의 감정이다. 여기 그 전략들이 있다:

- 정서적 사실주의(Emotional Realism)
- 불가피한 낙담(Inevitable Disappointments)
- 건설적인 불편함(Constructive Discomfort)
- 반대 행동하기(Do what you don't want to do)
- 성공적인 불완전(Successful Imperfection)
- 유연한 만족(Flexible Satisfaction)

정서적 사실주의(Emotional Realism)

우리는 가끔 우리의 감정이 좋고, 행복하고, 편안하고, 기쁘고, 명확해야만 한다고 믿는다. 이것을 우리는 정서적 완벽주의(Emotional Perfectionism)라고 부른다. 마치 우리의 삶이 언제나 순조롭고, 웃는 얼굴로 가득하며, 모든 것이 축제 같은 분위기여야 하고, 항상 편안하길 기대하는 것 같다. 이런 삶을 가진 사람은 아무도 없다. 행복에 대한 대중적인 강조와 스크린에서 쏟아지는 웃는 얼굴을 보다 보면, 항상 웃으며 다니지 않는 자신에게 무엇이 잘못된 것인지 의문이 들 수 있다. 정서적 완벽주의는 우리의 감정이 좋아야 하고, 행복해야 하고, 복잡하지 않아야 한다는 잘못된 믿음을 반영한다. 이러한 믿음은 우리로 하여금 슬픔, 좌절, 질투, 외로움을 견디기 어렵게 한다.

정서적 완벽주의는 자신의 선택에 대해 완벽한 만족감을 느끼고자 하기 때문에 의사 결정을 내리는 것도 어렵게 한다. 이러한 신념으로 인해 양가감정, 상충관계, 좌절감을 견디지 못하고, 결국에는 '내가 왜 이렇게 느끼는지 이해할 수 없어.'라고 생각하며 감정에 대해 계속 반추할 것이다. 정서적 완벽주의는 부정적이고 힘든 감정이 어떤 깊은 결함의 신호라는 비현실적인 기대를 갖게 만든다. 불안, 원망, 질투, 혼란, 슬픔, 혹은 외로움을 느껴서는 안 된다고 생각하게 된다. 그 결과, 현실적인 삶에서 불가피하게 겪게 되는 감정들이 추가적인 부담이 되어버린다.

나는 다른 접근법을 제안한다. 나는 이를 **정서적 사실주의**(Emotional realism)라고 부른다. 정서적 사실주의는 모든 감정을 받아들이고, 감정들을 수용하고, 비정상적으로 보이는 감정을 정상으로 여길 수 있도록 하고, 누구나 겪는 힘든 감정을 견딜 수 있게 한다.

정서적 완벽주의를 포기하고 정서적 사실주의를 받아들인다면, 그것이 자신에게 어떻게 도움이 되는가? 어떤 변화가 일어나는가?

____

____

____

____

불가피한 낙담(Inevitable Disappointments)

정서적 사실주의는 우리가 때때로 실망할 수밖에 없다는 사실을 인식하는 것이다. 어떠한 자기계발서, 치료, 혹은 약물도 풍부한 삶에서 불가피하게 따라오는 실망감에서 완전히 벗어나게 해줄 수는 없다. 이 모델에서 행복은 **상대적인** 개념이며, 현실적인 희망은 현재보다 더 자주 행복할 수 있다는 것이다. 하지만 목표가 완전한 행복이나 모든 실망에서 벗어나는 것이 되어서는 안 된다.

일이 항상 계획대로 흘러가지는 않기 때문에, 우리는 좌절과 실망을 받아들이는 법을 배워야 한다. 다시 말해, 우리는 넘어지더라도, 친구들이 항상 우리를 이해해 주지 않더라도, 일이 완전히 만족스럽지 않더라도, 우리는 계속 나아가야 하는 법을 배워야 한다. 불가피한 실망이 관계가 암울하다는 것을 의미하지는 않는다. 우리가 사랑하는 사람들 역시 우리와 마찬가지로 인간적이어서 실수를 저지르게 된다는 것을 의미한다. **중요한 것은 균형을 찾는 것이다.**

어떻게 낙담을 받아들이는가? 친구가 나를 실망시킬 때, 그것을 개인적인 배신이나 재앙, 혹은 자신에게만 일어나는 일로 생각하는가? 아니면 우정에서 종종 실망이 동반될 수 있다고 생각하는가? 예를 들어, 우리가 친구들을 실망시키는 일도 흔하지 않은가? 직장이나 상사, 동료가 내가 원하는 방식으로 행동하지 않을 때, '저 사람들이 어떻게 그럴 수 있지?'라고 생각하는가? 삶이 자주 '사람들이 왜 그런 행동을 하는지 이해할 수 없다.'는 생각으로 가득 차 있는가?

만약 낙담에 대한 관점을 바꾸어서, 사람들이 내가 기대하는 것의 절반만 해줘도 만족할 수 있다고 생각한다면 어떨까? 때로는 소심하게 굴기도 하고, 서로를 실망시키기도 한다. 만약 이러한 것들을 정상적인 기대치로 받아들인다면 어떨까?

날씨가 화창할 때도 있고, 폭풍우가 치거나 변덕스러울 때도 있는 것처럼 우리의 삶도 그런 것일 수 있다. 이것은 그저 삶의 일부일 뿐이다. 이것이 나를 냉소적으로 만든다고 할 수는 없다. 그저 일어날 수 있는 상황에 대비하는 것뿐이다. 오늘이 폭풍우 치는 날일 수도 있지만, 날씨는 언제든 변할 수 있다.

삶에서 실망이 있을 수 있다는 것을 현실적으로 기대할 수 있다면, 그러한 실망이 닥쳤을 때 포기하거나 절망에 빠질 필요가 없다.

때때로 실망하는 것을 정상으로 받아들인다면, 어떤 생각과 감정이 느껴지는가?

건설적인 불편감(Constructive Discomfort)

인생에서 성취한 중요한 일, 예를 들어 어떤 기술을 배운다거나, 프로그램을 졸업한다거나, 어려움에 처한 친구나 가족을 돕는다거나, 거의 불가능해 보였던 장애물을 극복한 일을 생각해 보자. 그 과정에서 얼마나 많은 불편함이 있었는가? 추측하기로 만약 어떤 기술을 습득했다면(예를 들어, 언어를 배우거나, 악기 연주를 익히거나, 운동 능력을 기르는 것.), 그것은 많은 시간과 좌절, 불편함을 수반했을 것이다. 하기 어려운 일을 해야 할 때가 있다. 사실, 불안을 극복하는 것도 마찬가지이다. 불안을 극복하려면 가치 있는 목표를 추구하면서 불안이 주는 불편함을 견뎌야 한다. 비행기 공포증을 극복하고 싶다면, 불안감을 느끼면서도 비행기를 타야 한다. 의미 있는 친밀한 관계를 맺고 싶다면, 어느 정도의 불편함, 실망, 좌절을 견뎌야 한다. **항상 자신의 뜻대로 되지는 않는다.**

'나는 이미 불편한데, 왜 더 많은 불편함을 감수해야 하죠?'라고 의문을 던질 수 있다. 이런 궁금증이 드는 게 당연할 지도 모른다. 하지만 여기서 말하는 것은 마조히스트처럼 불편함을 감수하라는 것이 아니다. 가치 있는 목표를 이루기 위해 불편함을 감내하라는 것이다. 상황을 더 나아지게 하기 위해서는 불편한 감정이 종종 따라올 수 있다는 것을 인정하는 것이 건설적이다. 발레를 배우는 사람에게 이런 질문을 할 수 있다. "요즘 운동하는 건 어때?" 대답은 다음과 같을 것이다. "좋아, 아프긴 하지만." 즉, 이는 적당한 불편함이다. 힘든 운동을 통해 스스로를 더 강하게 밀어붙이고 있다는 느낌을 반영한 불편함이며, 이를 느낄 수 있다. 또한, 이는 목적이 있는 불편함이다. 따라서, **건설적인 불편함**(Constructive Discomfort)이다.

불편함을 어떤 목적을 이루기 위한 수단으로 생각해 보라. 목표를 달성하기 위해서는 불편함을 견뎌야 할 것이다. 불편함을 자기 자신에게 투자하는 것으로 생각하라. 나의 미래를 위해 불편함을 참을 수 있을 것이다. 불편함을 도구로서 생각해봐라. 삶에서 내가 원하는 것을 얻기 위해 이 불편함을 활용할 것이다.

불편함을 감수할 준비가 되어 있는가? 어떻게 할 수 있는가? 감수할 수 있는 불편한 일들은 어떤 것들인가?

가치 있는 삶을 추구하여 불편함을 견딜 수 있다면, 삶이 어떻게 더 나아질 것 같은가?

반대 행동하기(Do what you don't want to do)

삶에서 진전을 이루기 위해서는 우리는 종종 원치 않은 일을 해야 한다. 예를 들어, 체중감량의 문제를 생각해 보자. 수많은 다이어트 방법과 이론이 있지만, 결국은 더 적게 먹고 더 많이 소모하는 것에 달려 있다. 목표를 이루기 위해 나는 무엇을 할 준비가 되어 있는가? 필요한 일을 기꺼이 할 준비가 되어 있는가?

위의 질문이 '내가 하고 싶은 것이 무엇인가요?'가 아니다. 질문의 의도는 '내가 **기꺼이 할 의향이 있는** 것은 무엇인가요?'이다. 만약 솔직하게 말한다면, 많은 음식을 먹고, 소파에 누워서 패스트푸드를 먹고, 맥주를 마시며, 영상을 보고 싶다고 말할지도 모른다.

하지만 진전을 이루기 위해서는, **하고 싶지 않은 일을 해야만 원하는 것을 얻을 수 있다**. 우리는 종종 하고 싶지 않은 것에 고집을 부린다. '공부하기 싫어.', '운동하기 싫어.', '위험을 감수하고 싶지 않아.', '이 책에서 말하는 어떤 것도 하고 싶지 않아.' 라고 생각할 수 있다. 마치 우리가 하고 싶은 일만 하면, 우리의 삶이 멋지고, 충만하고, 의미 있게 될 것이라고 생각하는 것처럼 말이다. 하지만 진정한 성취와 실제 삶은 하고 싶지 않은 일을 하는 데서 비롯된다. 더 나은 삶은 저절로 일어나지 않는다. 우리가 선택해서 하는 일, 또는 하지 않는 일의 결과일 뿐이다.

왜 하고 싶지 않은 일을 해야 할까? 그것이 **목표를 달성하는 방법이기 때문이다**. 스스로를 단련하면, 즉 목표를 달성하고 가치 있는 삶을 살기 위해 해야 할 일을 기꺼이 선택하고, 스스로를 책임지게 되면, 당신은 힘을 얻게 될 것이다.

나는 우리가 "나는 어려운 일을 해낸다."라고 자부심을 가지고 말할 수 있는 사람이 되기를 바란다.

하고 싫지 않은 것을 기꺼이 할 준비가 되어 있다면, 어떤 생각과 마음이 드는가?

____

____

____

____

성공적인 불완전(Successful Imperfection)

진전을 어렵게 하는 부적응적인 신념 중 하나는 진전을 이루기 위해서는 완벽해야 한다는 생각이다. 몇 년 전, 한 내담자가 나에게 익명의 알코올 자조모임에서 중요한 원칙 중 하나가 '완벽이 아닌 진전을 이뤄라.'라는 것이라고 말했다. 이 생각은 매번 최선을 다하지 않아도 점점 더 나아질 수 있다는 것을 깨닫게 해주었다. 예를 들어, 아마도 좋은 몸매를 만들기 위해 일주일에 4일, 하루 1시간씩 운동해야 한다고 생각할 수 있다. 이 생각대로 되면 정말 좋지만, 지금 당장은 일주일에 운동하는 시간이 1분도 되지 않을 수도 있다. 만약 매주 3번 정도 20분의 가벼운 운동을 목표로 삼아 불완전하게 진전을 이룬다면, 불완전하게 진전을 이루는 것이다. 올바른 방향으로 이끄는 모든 것이 진전이다. 완벽하지 않더라도 앞으로 나아가게 하는 것이 성공으로 이어질 수 있다. 한 걸음씩 나아가는 모든 단계가 모두 진전으로 여겨진다. 우리 중 많은 사람들이 가지고 있는 문제는 그것이 완벽해야만 진전으로 여긴다는 생각이다.

여러 해 동안 나는 여러 출판사와 함께 일해 왔는데, 여러 출판사에서는 책을 쓰기 위한 계약을 맺었지만 결국 책을 쓰지 않는 사람들이 있다고 말한다. 그 사람들 역시 학문적으로 뛰어나고 중요한 이야기를 가지고 있는 연구자들이지만, 이들도 마찬가지로 책 쓰는 것을 완성하지 못한다. 그들은 종종 정확하고 완벽한 내용을 글로 옮기지 못해 미루고 미룬다. 그래서 결국 아무것도 완성되지 않는다. 그들은 영감을 받을 때까지, 준비가 될 때까지 기다리곤 한다.

그 얘기를 들은 나는 편집자 중 한 명에게 "이해가 안 돼요. 그분들은 책을 쓰고 싶어 했던 것 아닌가요?"라고 말했다. 편집자는 "그분들은 책을 쓰고 싶다고 말하지만, 사실 그 의미는 책이 써져 있었으면 좋겠다는 뜻이에요."라고 대답했다.

한 성공한 예술가는 "매일 작업실에 나가는 일처럼 그림을 그려야 한다."라고 말했다. 한 성공적인 극작가는 "뮤즈가 찾아오기를 기다리며 진전을 이룰 수는 없다."라고 말했다. 목표를 향해 매일 노력하고, 불완전하게 일을 진행하며, 이미 한 작업을 수정하고, 최선이 아닌 더 나은 것을 목표로 삼는 것이 진전을 이루는 데 도움이 된다. **성공적인 불완전함이란 바로 성공하는 사람들이 지닌 사고방식이다.**

불완전한 일을 추구한다면, 무엇을 할 수 있는가?

____

____

____

____

유연한 만족감(Flexible Satisfaction)

우리는 모두 관계, 직업, 수입, 신체적 건강, 생활 방식에 대해 나름의 기대를 가지고 있다. 그러나 우리는 이러한 기대를 마치 필수적인 것처럼 받아들인다. 예를 들어, '나는 반드시 완전히 만족스러운 직업을 가져야 한다.' 또는 '나는 지금쯤 더 앞서 있을 거라고 기대했어.'라는 생각이 들 수 있다. 이러한 일, 관계, 생활 방식에 대한 기대에 얼마나 사로잡혀 있는가?

어떤 사람들은 매번 모든 것이 뛰어나고, 훌륭하며, 최고여야 한다고 기대하는 **기준이 매우 높은 사람**(maximizers)이다. 또 다른 사람들은 좋은 상황을 기대하지만 완벽하지는 않더라도 **기꺼이 만족하는 사람**(satisfier)이다. **기준이 매우 높은 사람**과 **만족하는 사람**에 대한 연구에 따르면, **기준이 매우 높은 사람**은 결정을 내리기 어려워하고, 결과에 덜 만족하며, 더 많이 후회한다. 기대와 요구가 오히려 자신을 불행하게 한다면, 그것이 얼마나 '최고'일 수 있을까?

우리는 종종 기대를 마치 삶의 **필수조건**(requirements) 또는 **살기 위한 법칙**(laws for living)으로 여긴다. 누군가는 "나는 지금 쯤이면 결혼할 줄 알았어."라고 말하며, 예상대로 되지 않아서 낙담하거나 좌절감을 느낄 수 있다. 혹은 '이 시점에서 내 경력이 더 나아가 있을 줄 알았어.'라고 느낄 수도 있다. 한 내담자에게 "이런 기대가 어디서 생겨났나요?"라고 물었을 때, 내담자는 내 질문이 이상하다는 듯 쳐다보았다. 내담자는 기대가 **임의적으로** 생겨났다고 생각해본 적이 없었다. 사람은 태어날 때부터 관계나 직업에 대한 기대를 가지고 있지 않다. 이런 기대는 부모나 친구들로부터 배운 것일 수 있으며, 이런 기대들은 완전히 임의적인 것이다.

만약 기대가 임의적이라면, 언제든지 기대를 바꿀 수 있다. 이 개념을 이해하는 한 가지 방법은, 현재의 상황에 맞춰 기대를 조정했을 때 어떻게 느낄지 생각해보는 것이다. 예를 들어, 한 내담자는 실직 상태였고, 6주 이 내 다른 직장을 구할 것이라고 기대했다. 나는 내담자에게 몇 달의 시간을 더 주는 등 시간을 더 유연하게 생각해 볼 가능성을 제안했다. 그 후, 내담자는 부담이 줄어들었고, 스스로에게 더 많은 시간을 허용할 수 있게 되었다.

기대에 대해 생각하는 또 다른 방법은 이미 가지고 있는 것에 만족할 수 있는 방법을 상상하는 것이다. 우리는 종종 부유하고, 아름답고, 유명한 사람들의 이미지에 압도당하지만, 거의 누구도 그러한 기준에 도달하지 못할 것이다.(부유하고, 아름답고, 유명한 사람들이 정말 행복한 것도 아니다. 중요한 것은 내가 가진 것이 아니라, 내가 필요하다고 생각하는 것, '반드시 가져야 한다고 믿는 것.'이 나를 불행하게 만든다는 것이다.) 하지만 만약 지금 가지고 있는 것에 만족할 수 있다면 어떨까? 예를 들어, 독신이면서, 부유하지 않으며, 유명하지도 않고, 아름답지 않으며, 파티의 주인공이 아닌 사람들 중에도 만족을 느끼는 사람이 있지 않을까? 만약 내가 현재 삶에 있는 것에 대해, 바로 지금 만족하는 법을 배우기로 결심한다면 어떨까?

만족할 수 있는 것에 대해 유연해지면, 많은 감정적 혼란에서 벗어날 수 있다.

만약 내가 만족할 수 있는 것에 대해 더 유연해진다면, 어떤 생각과 감정이 드는가?

____

____

____

____

요약

- 힘들고 부정적인 감정은 모든 사람의 경험의 일부이다.
- 감정은 우리에게 경고해 주고, 우리의 욕구를 알려주며, 우리를 삶의 의미와 연결시켜준다.
- 강렬한 감정은 우리를 올바르게 이끌 수도 있고, 잘못된 방향으로 인도할 수도 있다.
- 감정에 대한 신념은 감정을 견디기 어렵게 만들 수 있다.
- 감정에 대처하는 전략들은 상황을 더 좋게 만들 수도, 더 나쁘게 만들 수도 있다.
- 정서적 사실주의(Emotional Realism)는 언제나 완벽하고 행복한 감정만을 느끼는 것이 아니라는 것을 의미한다.
- 불가피한 실망은 모두가 겪는 것이다. 이를 정상으로 받아들이자.
- 건설적인 불편감은 불편함을 견딜 수 있을 때 진전을 이루게 된다는 것을 의미한다.
- 원하는 것을 얻으려면 하고 싶은 일만 해서는 안 된다.
- 성공적인 불완전함은 불완전하게 행동해도 진전을 이룰 수 있다는 것을 의미한다.
- 유연한 만족감은 만족을 경험하기 위해 다양한 가능성에 마음을 열어야 한다는 것을 의미한다.

제5장

영원히 지속될 것 같은 나의 감정

제5장

영원히 지속될 것 같은 나의 감정

공황 발작을 경험한 적이 있다면, 그것이 얼마나 무서운지 잘 알 것이다. 심장이 빠르게 뛰기 시작하고, 숨이 가빠지며, 몸이 떨리기 시작하고, 이 강렬하고 무서운 감각이 영원히 계속될 것 같으며, 결국 자신을 죽이거나 미치게 할 것이라는 생각이 든다. 강렬한 불안은 종종 영원히 끝나지 않을 것 같은 메시지를 준다. 오랜 세월 동안 공황 발작을 겪는 내담자들을 치료해 오면서, 공황 발작 중에 치료를 받으러 온 내담자는 한 명도 없었다. 모든 공황 발작은 끝이 난다. 스스로 한계를 지닌다. 올라간 것은 반드시 내려오기 마련이다.

그리고 우리가 경험하는 다른 감정들도 마찬가지이다.

예를 들어, 분노를 생각해 보자. 분노는 또 다른 강렬한 감정으로, 종종 통제 불가능하고 우리를 완전히 휩싸는 듯한 느낌을 준다. 하지만 지금까지 느꼈던 가장 격렬한 분노를 떠올려본다면, 지금 이 순간에는 그 분노가 많이 사라졌거나 완전히 사라졌다고 확신한다. 마치 우리를 집어삼켰던 거대한 파도가 물러가고 이제는 물결이 잔잔해진 것처럼 말이다.

감정에 대해 다음과 같은 생각을 해 본 적 있는가?

- 나는 영원히 외로울 거야.
- 이 슬픔은 사라지지 않을 거야.
- 나는 이 일에 대해 영원히 화가 날 거야.
- 다시는 행복을 느끼지 못할 거야.
- 이 절망감은 끝없이 지속될 거야.
- 이 일로 인해 나는 울음을 멈추지 않을 거야.

이러한 생각은 강렬한 감정에 대해 흔히 가질 수 있는 신념이다. 우리는 그 감정이 영원할 것이라고 믿을 수 있다. 이제 이러한 사고방식이 우리에게 어떤 영향을 미치며, 어떻게 절망감을 더해주는지 살펴보자.

우리는 왜 우리의 감정이 영원할 것이라고 생각할까?

우리의 감정은 우리를 보호하고, 우리의 유전자를 다음 세대에 전달할 수 있도록 진화해 왔다. 우리의 감정은 행복하거나 만족스럽거나 다른 사람들과 쉽게 어울리기 위해 진화한 것이 아니다. 높은 곳, 물, 낯선 사람, 밀폐된 공간에 대한 두려움은 그러한 상황이 우리를 죽일 수 있기 때문에 이에 대한 두려움이 진화했다. 절벽에서 떨어질 수도 있고, 호수에 빠지거나, 낯선 사람에게 해를 입거나, 포식자에 의해 밀폐된 공간에 갇힐 수 있다. **두려움**은 우리를 보호한다.

슬픔은 우리에게 무의미한 일에 집착하지 말고 우리가 추구하는 방식이 가치가 없다는 것을 깨닫고 다른 방법을 찾아야 한다고 알려준다.

이 감정들이 설득력 있는 메시지를 전달하려면, 우리를 겁주어야 한다. 무언가를 하도록—도망가거나, 회피하거나, 공격하거나, 더 노력하도록—동기를 부여해야 한다. 감정은 우리가 주의를 기울일 만큼 충분히 경고음이 크고, 강렬해야 한다. 그래서 우리의 머릿속 목소리로부터 듣게 되는 명확하고, 논리적이며, 설득력 있는 재앙적인 메시지는 다음과 같다.

'이건 영원히 지속될 거야!'

'끔찍한 일이 벌어질 거야!'

그리고 그 경고에 붙어 따라오는 또 다른 강렬한 메시지는 다음과 같다.

'지금 당장 뭔가 하지 않으면 안 돼!'

이 메시지는 우리가 반드시 주의를 기울이도록 만드는 것이다. 진화는 모호함이나 애매함에 의존할 수 없다. 분명하고, 논리적이며, 설득력 있고, 재앙적인 메시지를 보내야만 한다. 그 메시지는 '여기서 나가지 않으면 죽을 거야.', '저들을 물리치지 않으면 너의 분노는 영원히 지속될 거야.', '이 오염된 느낌은 씻어내지 않으면 영원히 사라지지 않을 거야.'일 수 있다.

반면에, 만약 우리의 뇌가 모든 것에 있어서 매우 차분하고, 이성적이고, 합리적이고, 침착하도록 진화했다고 상상해 보자. 만약 우리의 조상이 사바나를 가로지르는 들판에서 멀리 있는 사자를 지켜보고 있다고 상상해 보자. 매우 평온하고, 고요할 것이다. 만약 위험 경보가 울릴 때마다 긴장을 풀고, 정신적으로 한 걸음 물러서서 '이 또한 지나갈 것이다.'라고 명상한다고 상상해 보라. 경고를 무서운 일로 여기지 않았다고 상상해 보라. 그들은 침착하고, 식은땀도 나지 않고, 소화가 안 되는 느낌도 없을 것이다. 하지만 사자에게 먹히거나, 낯선 이로부터 해를 입거나, 호수에서 익사할지도 모른다.

'안전한 게 낫다.'라는 전략은 목숨이 위태로울 때 더 나은 전략이 된다. 강렬한 공포, 슬픔, 분노의 유일한 단점은 일상적인 고통일 수 있지만, 그것은 생존을 위한 대가이다. 결국, 고통스럽고, 불안하고, 전전긍긍할 수 있지만, 무사히 생존하여 이러한 특성을 가진 아이를 낳고 키울 것이다. 과민하고 걱정을 많이 할 수 있지만, 살아남을 것이다. 행복하다고 해서 생존이 보장되는 것은 아니지만, 두려움을 느끼는 것은 생존을 보장할 수 있다.

우리의 뇌는 느낌, 감각, 생각, 감정에 대해 즉각적으로 조치를 취하지 않으면 아주 오랫동안 지속될 것이라는 오경보 편향(False-alarm bias)을 갖고 있다. 사실, 우리의 감정은 탄산음료의 거품처럼 결국 가라앉는다. 그 순간에 우리는 감정이 끝없이 지속될 것이라고 생각하지만, 실제로는 그렇지 않다.

우리는 감정을 잘 예측하는가?

심리학자들은 우리의 감정을 예측하는 방법에 관심을 가져왔다. 이를 **정서적 예측**(affect forecasting)이라고 부르며, 쉽게 말해 '감정을 예측하는 것'이다. 예를 들어, "복권에 당첨되거나, 결혼하거나, 승진하거나, 항상 갖고 싶었던 새 집을 얻는다면, 얼마나 오랫동안 행복할 것 같나요?"라고 사람들에게 물으면, 사람들은 일반적으로 긍정적인 감정이 매우 오래 지속될 것이라고 생각한다. 반대로, 사람들에게 "직장에서 해고당하거나, 이혼하거나, 심각한 재정적 어려움이 생기거나, 팔다리를 잃게 된다면, 얼마나 오랫동안 불행할 것 같나요?"라고 물으면, 사람들은 역시 "아주 오랫동안이요."라고 답한다. 대다수의 사람들은 우리의 감정이 **오래 지속되고**(durable-that), 강렬한 감정이 생겨나면 계속해서 그 자리에 머무를 것이라고 믿는다.

하지만 연구 결과는 그 반대임을 보여준다. 우리는 긍정적인 일이 생기면, 잠시 동안 기분이 좋아지는 경향이 있지만, 긍정적인 감정은 결국 좋은 일이 생기기 이전의 수준으로 돌아간다(Gilbert, 1998; Wilson & Gilbert, 2003). 예를 들어, 원래 가지고 있던 아파트보다 더 큰 집을 사서 흥분한 상태라고 가정해 보자. 1년 정도 지나면, 집에 익숙해지고, 당연하게 느껴지며, 더 이상 그렇게 신나거나 특별하게 느껴지지 않는다. 게다가 집을 구매하기 위해 대출받은 이자나 집의 관리비, 세금을 내는 일이 즐거웠던 기분을 감소시킬 것이다. 우리는 좋은 것과 나쁜 것 모두에 익숙해진다. 심지어 복권에 당첨된 사람도 결국에는 복권에 당첨되기 이전의 행복 수준으로 되돌아간다. 그리고 추운 미네소타에서 따뜻한 캘리포니아로 이사하는 것과 같이 지리적 해결책을 찾는 사람들도 결국 미네소타에 살았을 때의 상태로 되돌아간다(Lyubomirsky, 2011).

마찬가지로, 부정적인 일이 생겼을 때도 잠시 동안 기분이 나쁘지만 결국 그 일이 있기 전의 상태로 되돌아간다. 예를 들어, 이혼하면 한동안 외롭고, 슬프고, 원망스러운 감정을 느낄 수 있고, 자신의 삶이 얼마나 나빠졌는지 생각할 수 있다. 하지만 일정 기간이 지나면, 부정적인 감정은 변한다. 더 이상 전 배우자와 다투지 않고, 이혼 과정에 대해 걱정하지 않으며, 친구 관계나 새로운 친밀한 관계에서 만족을 찾을 수도 있다.

우리의 감정은 **지속적**인 것이 아니라 대개 **일시적**이다. 우리는 다양한 경험을 겪으며, 강렬한 감정은 시간이 지나면서 사라진다. 하지만 불안하거나 슬프거나 외로움을 느낄 때는 그렇게 생각되지 않는다.

감정이 영원할 것이라고 생각하면 어떻게 될까?

감정의 지속성이나 영속성에 대한 신념은 우리가 느끼고, 생각하고, 행동하는 방식에 큰 영향을 미친다. 우리의 연구에 따르면, 이 신념 하나가 우울증을 예측하는 가장 중요한 요인이다. 다시 말해, 자신의 부정적인 감정이 무기한으로 지속될 것이라고 믿는다면, 우울하고 불안해질 가능성이 높다(Leahy, Tirch, & Melwani, 2012).

하지만 현재의 감정이 일시적이라고 여기면 어떨까? 부정적인 감정이 영원히 지속되지 않는다고 믿으면, 더 적응적인 행동을 할 가능성이 있다. 예를 들어, 친구와 연락하거나, 운동하거나, 자원봉사를 하거나, 자기 생각에 도전하기와 같은 적응적인 행동을 할 수 있다. 어떤 사람들은 우리의 감정이 확고하고 변하지 않는다고 믿는 것처럼 자신의 능력도 변하지 않는다고 믿는다. 스탠포드의 심리학자 캐럴 드웩(Carol Dweck)은 이러한 '능력'에 대한 관점을 고정된 것과 성장하는 것으로 나누어 설명한다. 능력은 변하고 발전할 수 있다는 '성장'의 개념이다(Dweck, 2006).

마찬가지로 긍정적인 감정을 느낄 수 있는 능력이 성장하고, 변화하며, 통제할 수 있다고 믿을 수 있다. 감정에 대한 신념은 관점에 따라 희망 또는 무력감이라는 또 다른 감정을 유발한다.

감정이 변하지 않는다고 생각하는가? 아니면 변할 수 있다고 생각하는가? 감정이 오랫동안 지속될 것이라고 생각했던 경험을 몇 가지 예로 들어 보자.

____

____

____

____

현재의 부정적인 감정이 영원히 지속될 것이라고 생각할 때, 어떤 결과가 발생하는가? 그때 어떤 생각을 하고, 어떤 감정을 느끼며, 어떻게 행동하는가?

____

____

____

____

우리는 불편한 감정이 영원할 것이라고 믿을 때, 처음부터 그 감정을 피하고 싶어하는 경향이 있다. 강박장애로 힘들어 하던 내담자 지민은 자신의 아파트 안의 물건을 만지는 것에 대해 심한 오염 공포를 가지고 있었다. 지민은 오염에 대한 두려움이 비합리적이며, 죽을 병에 걸릴 가능성이 극도로 낮은 것을 이해하고 있었지만, 여전히 물건을 만지는 것을 피했다. 왜냐하면 병에 걸릴 것이라는 불안이 무기한 지속될 것이라는 두려움이 있었기 때문이다. 나는 지민에게 그 물건을 만졌을 때 정확히 어떤 일이 일어날지 예측해 보라고 말했다. 지민은 물건을 만지면 며칠 동안 일을 할 수 없을 정도로 불안이 심해질 것이라고 예측하였다. 이어서 과거에 노출 치료(물건을 만지는 것.)를 시도하면 불안이 너무 심하게 증가해서 며칠 동안 일을 할 수 없을 것이라고 예측했었다고 한다. 나는 과거에 노출 치료를 시도했을 때 일을 쉬어야 했던 적이 있냐고 물었고, 지민은 "한 번도 노출 치료를 시도해본 적이 없다."고 말했다.

노출 치료는 어떤 모습일까? 간단히 말해, 노출은 피하고 있는 행동을 시험해보는 것이다. 예를 들어, 바닷가에서 차가운 물에 뛰어드는 게 무서웠던 적이 있는가? 주변에는 50명 정도의 사람들이 물에서 신나게 놀고 있는 모습을 보았을 것이다. 바깥의 온도가 35도보다 높으면 바다에서 수영하는 게 시원하고 기분 좋을 것이다. 하지만 처음에 물에 들어가는 게 너무 차가울 것 같아 걱정하다가, 결국 '좋아. 한 번 해 보자.'라고 결심한다. 물에 처음 들어간 몇 분 간은 차갑고 춥지만, 물속에서 헤엄치고 파도를 맞으며 놀다 보면 점점 더 편안해진다. 이것이 노출 치료이다. 두려움을 시험해 보는 것이다. 결과적으로, 불편함의 지속 시간은 짧았지만, 즐거움은 훨씬 오래 지속된다.

'내 감정이 영원히 지속될 것 같아서 내가 피하는 것들'을 작성하는 활동지를 살펴보고, 회피했던 행동과 상황을 작성해 보자. 예를 들어, 운동을 피하는 이유가 불편함이 너무 오래 지속될 것이라고 믿기 때문일 수 있고, 친구를 만나는 것을 피하는 이유가 친구와 함께 있는 내내 불안할 것이라고 믿기 때문일 수도 있다.

두 번째 열에는 회피의 결과로 인해 떠오르는 부정적인 생각과 감정을 적어 보자. 예를 들어, 자신이 무력하다고 생각하거나, 아무것도 해낼 수 없다고 생각하거나, 다른 사람들과 다르다고 느끼는 생각이 포함될 수 있다. 또한, 패배감, 절망감, 분노의 감정을 적을 수도 있다. 세 번째 열에는 불안했지만 피하지 않은 사건이나 행동의 예를 적고, 실제로 어떤 일이 일어났는지 작성해 보자. 부정적인 감정이 무기한으로 지속되었는가? '감정을 다루기 위한 문제해결 전략' 활동지는 부록 10(p.309)에도 수록되어 있다.

감정이 영원히 지속될 것이라는 생각으로 인해 회피하는 것

회피한 행동과 상황	회피의 결과로 생긴 부정적인 생각과 감정	회피하지 않은 행동과 상황, 실제로 일어난 결과

내 감정이 변할까?

예전에 만난 내담자 중 한 명은 딸이 감정 기복이 심해 걱정하였다. 내담자는 딸이 힘들어하는 것을 보며 마음 아파했다. 나는 내담자가 딸에 대해 많은 공감, 연민, 관심을 갖고 있는 것을 안다고 말하면서도, 내담자에게 오늘이나 내일 긍정적인 감정을 느낄 수 있다고 상상할 수 있는지 물어보았다. 내담자는 미소를 지으며 이렇게 말했다. "네, 그런 일이 너무나 많았어요. 딸이 울고 있다가도, 그날 밤에 제가 딸과 얘기하면 친구와 즐거운 시간을 보냈다고 하더라고요." 딸의 강렬한 부정적인 감정은 시간에 따라 변화하며 유동적이었다.

우리도 그것이 사실인지 확인해 볼 수 있다. 다음 한 주 동안, 감정 중 어떤 것이 변하고 어떤 것이 그대로 유지되는지 주의 깊게 관찰해 보자. '감정의 변화 살펴보기'의 활동지를 사용하여 자신의 부정적인 감정과 그 강도를 매시간 기록해 보라. 그 전에, 감정에 대해 무엇을 발견하게 될 것이라고 예상하는지 잠시 생각해 보라.

만약 일주일 동안 감정을 기록하면 무엇을 발견할 것 같은가? 매시간 부정적인 감정만 보게 되는가? 아니면 다양한 긍정적, 중립적, 부정적인 감정이 모두 나타나는가?

____

____

____

____

도현이 작성한 활동지를 살펴보자. 애인/파트너와의 이별로 힘들어하던 도현은 일주일 동안 자신의 감정을 기록했다. 도현은 외로움, 슬픔, 절망감이 매우 강하게 지속될까봐 걱정했다. 하지만 도현은 친구와 얘기할 때 자신의 외로움이 0으로 줄어들고, 미술관에 갈 때 슬픔이 3으로 줄어드는 것을 발견했다. 또한, 긍정적인 감정도 기록했는데, 친구들과의 친밀감, 호기심, 아름다운 예술 작품에 대해 감사함을 느꼈다. 운동하러 헬스장에 갔을 때 절망감이 줄어드는 것을 알게 되었다. 직장에서는 외로움, 슬픔, 그리고 절망감 같은 부정적인 감정이 훨씬 덜했다. 슬픈 감정은 고정된 게 아니라 매일, 몇 시간마다 변화했다. 도현은 자신의 감정이 부정적이기만 할 것이라고 예측하는 편향이 있었으나, 이러한 예측은 사실이 아니었다.

여러분은 도현과 비슷한가? 만약 감정이 시간, 상황, 활동에 따라 변한다면, 감정의 영속성에 대한 인식이 잘못되었을 가능성이 있다. 감정을 추적하여 확인해 보자. 집중하고 싶은 하나 이상의 감정을 선택하라. 예를 들어, 주요 관심사가 슬픔이라면, 표 상단에 '슬픔'이라고 적고, 그 감정의 현재 강도 수준을 0부터 10까지 평가해 보자. 여기서 0은 전혀 없는 상태이고, 10은 감당할 수 없을 만큼 강한 상태이다. 그 감정과 강도를 매시간마다 기록하여 일주일 동안 추적하라. 감정의 강도가 높을 때(7 이상)에는 두 번째 표에 그때 무엇을 하고 있었는지 적어라. 만약 긍정적인 감정이 5 이상인 경우에도 표에 기록하라. 예를 들어 월요일 오후 3시에 강도 5 수준으로 무언가에 '흥미'를 느낀다면 '흥미 5'라고 적자.

여러 감정을 추적하는 것을 권장한다. '감정의 변화 살펴보기' 활동지는 부록 11(p.310-311)에도 수록되어 있다. 필요한 만큼 복사하여 연습에 활용해보자. 감당하기 어려운 감정이 결국에는 가라앉는다는 것을 확인할 때, 불안과 두려움이 줄어들고 더 유용한 선택을 할 수 있다. 하루나 일주일 동안 감정의 강도가 어떻게 변하는지 확인해 보자.

감정의 변화 살펴보기

내가 걱정하는 감정: ______________________ 강도 평가: 0~10 으로 평정

	월	화	수	목	금	토	일
7-9시							
9-11시							
11-13시							
13-15시							
15-17시							
17-19시							
19-21시							
21-23시							
23-새벽 1시							
새벽 1-3시							
새벽 3-7시							

	부정적인 감정(강도 7 이상)과 현재 하고 있는 활동	긍정적인 감정(강도 5 이상)과 현재 하고 있는 활동
월요일		
화요일		
수요일		
목요일		
금요일		
토요일		
일요일		

감정이 어떻게 변하는지 보았을 때, 어떤 패턴이 보이는가? 혼자 있을 때 더 나빠지는가, 아니면 사람들과 함께 있을 때 더 나빠지는가? 자신의 감정에 대해 반추하고 머무를 때, 혹은 스스로를 고립시키고 수동적으로 있을 때 기분이 더 나빠지는가? 아니면 몸을 움직이게 하는 행동을 하거나, 활동적이거나 생산적인 일에 몰두할 때 기분이 더 나아지는가?

과거와 미래의 자신에게 귀 기울이기

현재 힘든 시간을 보내고 있다면, 어쩌면 외롭고 거절당한 느낌을 받거나, 슬프다고 느낀다면, 지금의 자신, 즉 **현재의 자아**(Present Self)만이 존재한다고 생각할 수 있다. 하지만 실제로 나는 시간 속에서 다양한 자아를 이어온 존재이다.

잠시 스물여덟 살이라고 한 번 가정해 보자. 이제 타임머신을 타고 다섯 살, 열 살, 열다섯 살, 스무 살, 스물다섯 살, 그리고 작년의 나로 돌아가 보자. 서로 다른 연령대에서 느꼈던 긍정적인 감정과 부정적인 감정은 무엇이었는가? 그때 긍정적인 감정을 느꼈던 때는 무엇을 하고 있었나? 무엇에 관심을 가졌고, 무엇이 싫었는가? 이제 지난 몇 년 동안의 다른 자아로 되돌아가면서 어떤 감정이 영원히 남아있었는지 생각해 보자. 삶을 경험하는 방식에 유연성이 있었는가?

다음 활동지에서 과거의 긍정적인 기억을 떠올려 보자. 1년, 5년, 10년 전, 그리고 어린시절로 돌아가 보자. 가운데 열에는 과거의 자신이 경험한 긍정적인 감정과 경험을 작성해 보자. 세 번째 열에는 그 당시 삶에서 무슨 일이 있었는지, 무엇을 느꼈고, 무슨 생각을 했는지 작성해 보자. '과거의 나에게 귀 기울이기' 활동지는 부록 12(p.312)에도 수록되어 있다.

과거의 나에게 귀 기울이기

과거의 나	과거의 나의 긍정적인 경험과 긍정적인 감정	그때 든 생각과 느낌
1년 전		
5년 전		
10년 전		
어린 시절		

삶의 과정에서 다양한 자아와 경험들을 되돌아보면 지금 어떤 기분이 드는가?

____

____

____

____

이제 타임머신에 올라타 보자. 이번에는 5년, 10년, 20년, 30년 후의 자신을 상상해 보자. 이 **미래의 자아**(Future Selves)들은 현재를 돌아보며 여러분에게 이야기하고 있다. 그 미래의 자신이 어떤 모습일지, 어떤 목소리일지 상상해 보라. 그 미래의 자신이 **현명한 자아**(Wise Self)라고 상상해 보

자. (물론 미래의 자신이 충동적인 모습일 수도 있다.) 이 현명한 자아는 삶의 모든 기복을 이해하고, 장기적으로 나 자신에게 가장 좋은 것이 무엇인지 알고 있다. 더 이성적이고, 자신의 가치관에 더 잘 부합하고, 더 통제력이 있는 존재이다.

도현은 5년 후의 자신의 현명한 모습을 상상하며 이렇게 말했다. '애인/파트너와의 이별에 너무 매달리지 마. 걔는 너랑 맞지 않아. 걔는 너를 이해하고 받아들이지 못했어. 어떤 감정을 가지고 있든, 내가 있는 미래에서 너는 걔를 떠올리지도 않을 거야. 스스로를 갉아먹는 전 연인/파트너가 더는 필요 없는 더 강한 내가 되자. 오늘부터 시작할 수 있어.'

이제 여러분의 차례이다. 지금으로부터 1년, 5년, 10년 후의 미래의 자아를 생각해 보자. 미래의 자아는 긍정적인 가능성을 가지고 있다고 상상해 보라. 미래의 자아는 차분하고, 만족스러우며, 사람들과 연결되어 있고, 나를 따뜻하게 대해주는 모습을 상상해 보자. 가운데 열에는 미래의 자아가 경험할 수 있는 긍정적인 경험과 감정을 작성해 보자. 세 번째 열에는 그 시점에서 나의 삶에 일어날 수 있는 일과 그때 느낄 감정과 생각을 작성해보자. 미래의 자아는 현재의 나에게 어떻게 조언할까? 미래의 자아가 나에게 보낸 위로하는, 연민의 메시지를 떠올려 보고 적어 보자. '미래의 자아를 만나기' 활동지는 부록 13(p.313)에도 수록되어 있다.

미래의 자아를 만나기

미래의 나	미래의 나의 긍정적인 경험과 긍정적인 감정	미래에 경험할 생각과 느낌
1년 후		
5년 후		
10년 후		
20년 후		

미래의 삶에서 겪게 될 다양한 자신과 경험들을 생각해보니 지금 어떤 기분이 드는가?

미래의 자아는 다양한 긍정적, 중립적, 부정적인 감정을 경험할 수 있다. 우리는 그 경험이 정확히 무엇일지 알 수 없다. 하지만 미래의 자아도 다양한 감정을 느낄 것이며, 지금 느끼는 어떤 감정이든지 변할 수 있다는 것을 안다.

미래에 대처하는 데 도움이 될 수 있는 것은 무엇일까?

우리가 감정의 지속성을 믿는 한 가지 이유는 현재 느끼는 감정에 집중하는 경향이 있기 때문이다. 이를 **닻을 내린다고**(anchoring) 한다. 마치 불안이나 슬픔이 우리를 밑바닥으로 끌어당겨, 앞으로 나아갈 다른 방향을 상상하지 못하게 하는 닻과 같다. 예를 들어, 지금 매우 슬픈 상황에 처했다고 가정해 보자. 아마도 지난 이틀 동안은 대부분의 시간 동안 슬픔을 느끼고, 지금 당장은 슬픔을 참을 수 없을 것처럼 느껴질 것이다. 다음 달, 내년, 남은 인생에 대해 생각하기 시작하고, '나는 외로움과 슬픔 속에서 살아갈 것이다.'라고 생각한다.

다음 연습은 감정이 실제로 얼마나 오래 지속되는지 살펴보는 것이다. '감정이 얼마나 오래 지속될까?' 활동지는 부록 14(p.314)에도 수록되어 있다. 필요한 만큼 복사하여 일주일 동안 연습에 활용해 보자. 첫 번째 열에는 지금 느끼고 있는 감정의 강도를 0에서 10까지 평가한다. 0은 전혀 없는 상태, 10은 압도된 수준이다. 두 번째 열에는 이 강도가 얼마나 오래 지속될 것이라고 예측하는지 적어보자. 예를 들어, '30분, 몇 시간, 하루, 일주일, 혹은 영원히'라고 적을 수 있다. 세 번째 열에는 하루나 일주일 후에 작성한 활동지를 다시 보고, 감정의 강도가 실제로 얼마나 지속되었는지 기록하자.

감정이 얼마나 오래 지속될까?

현재 느끼는 부정적인 감정과 강도(0-10)	날짜와 시간	감정이 얼마나 오래 지속될 것 같은가?	실제 결과
분노(　　)			
불안(　　)			
슬픔(　　)			
무력감(　　)			
좌절(　　)			
외로움(　　)			
기타: _____(　　)			
기타: _____(　　)			
기타: _____(　　)			

도현이 이 활동지를 작성할 때, 이별한 지 얼마되지 않아, 분노(8), 불안(8), 슬픔(9), 무력감(8), 절망(9) 등 여러 부정적인 감정을 느끼고 있었다. 도현은 자신의 절망감과 외로움이 몇 달 동안, 어쩌면 몇 년 동안 지속될 것이라고 생각했고, 도저히 벗어날 길이 없어 보였다. 하지만 다음 주에 실제 자신의 감정을 추적해 본 결과, 모든 감정의 강도가 점점 줄어드는 것을 깨달았다.

우리는 종종 과거의 부정적인 감정이 처음에는 강렬하게 느껴지지만 결국 시간이 지나면서 증발한다는 사실을 잊곤 한다. 예를 들어, 몇 년 전 나는 동료가 했던 일에 대해 매우 화가 났었다. 그때의 분노는 9에 달했다. 나는 그 일을 매우 개인적으로 받아들였고, 그 동료를 부정적으로 평가하며 그에 대한 분노가 사라지지 않을 것이라고 상상했다. 그러나 되돌아보면, 그 강렬한 감정은 한 번에 30분에서 60분 정도 지속되었고, 그 이후에는 그와 관련 없는 다른 일로 넘어갔다. 시간이 지나면서 그 감정은 점점 줄어들었고, 나는 그것이 개인적인 문제가 아니라는 것과 나에게는 다른 긍정적인 목표가 있다는 것을 깨닫게 되었다. 동료의 행동이 나의 현재와 미래의 행복에 관련이 없다는 것을 깨달았을 때 분노는 더욱 감소하였다. 요점은 강렬한 감정도 변한다는 것이다.

다음 활동으로 '과거의 감정은 어떻게 변했는가?'에서는 강렬한 부정적인 감정을 느끼게 했던 상황을 설명하라. 두 번째 열에는 그때의 강렬했던 감정과 그 강도를 0에서 10까지 작성한다. 0은 전혀 없는 상태, 10은 압도적인 상태이다. 여기에 적는 감정은 이전 활동에서 작성한 것과 동일한 감정일 수 있다. 세 번째 열에서는 그 감정이 그 강도로 얼마나 지속되었는지 기록하라. 네 번째 열에는 그 감정이 어떻게 변했는지 그 이유를 설명하라. '과거의 감정은 어떻게 변했는가?' 활동지는 부록 15(p.315)에도 수록되어 있다.

과거의 감정은 어떻게 변했는가?

경험한 상황	과거 부정적인 감정과 강도 (0-10)	얼마나 오래 지속되었는가?	감정이 변화한 이유

과거의 강렬했던 감정에 대해 어떠한 결론을 내릴 수 있는가?

요약

- 감정이 영원히 지속될 것이라고 생각하면 더 절망적이고 우울하며 불안해질 수 있다.
- 감정이 영원할 것이라는 믿음은 감정에 대처할 수 있는 경험을 피하게 한다.
- 우리는 감정의 강렬함과 지속성을 과대평가하는 경향이 있다.
- 진화적으로 우리가 위험에서 벗어날 수 있도록 돕기 위해 과장되어 예측하게 하는 경향이 생겨났지만, 우리는 더 이상 조상들이 직면했던 위험에 처하지 않는다.
- 타임머신을 타고 과거와 미래로 가서 자신의 감정이 어떻게 변하는지 살펴보자.
- 과거의 감정들을 되돌아보고, 그 감정들이 변한 이유를 생각해 보아라.
- 미래의 자아에 대해 상상해 보자. 미래의 자아가 현재의 내가 느끼는 방식에 대해 어떤 조언을 주겠는가?
- 미래에 더 잘 대처할 수 있도록 도와줄 수 있는 것은 무엇일까?

제6장

내 감정에 죄책감을 느낄 때

제6장

내 감정에 죄책감을 느낄 때

우리는 모두 어려운 감정을 많이 경험하지만, 때로는 우리가 느끼는 **감정을 느껴서는 안 된다**고 생각할 수 있다. 우리는 성적 환상에 대해 죄책감을 느끼거나, 자신보다 더 뛰어난 누군가를 부러워하는 것에 대해 수치심을 느낄 수 있다. 또는, 부모님이나 친구들을 향한 분노에 죄책감을 느끼고, 자신이 우울할 이유가 없다고 생각하면서 슬픔을 느끼는 것에 대해 부끄러움을 느낄 수도 있다. 이러한 수치심과 죄책감은 이미 우리가 가지고 있는 감정에 무거운 부담을 더 한다.

예를 들어, 서진은 대학 동창 중에 자신보다 훨씬 더 성공적인 경력을 쌓고 있는 친구인 하림에 대해 다음과 같이 말했다.

서진은 "제가 이런 감정을 느끼면 안 된다는 걸 알지만, 하림이 성공했다는 소식을 들을 때마다 정말 견딜 수가 없어요. 지난주에 하림이가 이혼한다는 소식을 들었는데, 솔직히 기분이 좋았어요."라고 털어놓았다. 또한, "그냥 하림이가 저보다 더 행복하고 성공했다는 사실이 마음에 들지 않는 거예요."라고 하였다.

서진은 하림을 부러워한다고 인정했지만, 한편으로는 부러워하는 마음에 대해 죄책감을 느꼈다. 나는 "왜 부러운 마음에 죄책감을 느끼나요?"라고 물었다. 서진은 마치 내가 다른 행성에서 온 것처럼 쳐다보았다. "다른 사람이 힘든 일을 겪을 때 기분 좋게 여기면 안 되잖아요. 다른 사람을 부러워해서도 안 되죠. 그런 건 좋은 감정이 아니잖아요."

죄책감처럼 우리가 무엇을 느끼고 생각해야 하는지에 대해 자신의 기준을 어긴다고 생각할 때, 우리는 감정에 대해 수치심을 느낀다. 또한 우리는 다른 사람들이 우리를 낮게 평가할 것이라고 생각할 때 수치심을 느낀다. 예를 들어, 사람들은 종종 자신의 성적 환상에 대해 수치심을 느낀다. 지안은 애인/파트너와의 성관계에 만족감을 느꼈다. 그들은 대화가 잘 통했고, 집 주변의 다양한 식당에서 외식하는 걸 좋아했고, 밤늦게까지 다양한 주제로 이야기를 나누곤 했다. 지안의 애인/파트너와의 지안에게 이전에 다른 남자들과의 성경험에 대해 얘기했고, 지안은 자신이 흥분되는 것을 느꼈다. 지안은 애인/파트너가 얘기한 상상 속의 남자들을 흥미롭게 느꼈고, 남자와 성관계를 하는 환상이 생겼다. 지안은 항상 자신을 이성애자로 생각해 왔기 때문에 이러한 환상에 대해 걱정하기 시작했다. 이러한 감정이 부끄러웠고, 이를 다른 사람이 알게 될까 봐 두려워 했다.

감정에 대한 가족의 오해(Family Myths): 그렇게 느껴서는 안 돼!

많은 죄책감과 수치심을 동반하는 감정들에 대한 생각은 우리가 자라면서 배운 것들이다. 어린 시절을 떠올려 보자. 어떤 감정들이 허용되지 않았는가? 화를 내는 것이 괜찮지 않았던가? 불안과 슬픔이 약함의 표시라고 배웠는가? 울 때 창피를 당한 적이 있었는가? 특정 성적 욕구와 환상이 나쁘다고 배웠는가? 특정 감정(예를 들어, 우는 것)을 느끼고 표현하는 것이 유치하거나, 약하거나, 성가시거나, 통제해야 한다고 배웠는가? 부모님, 선생님, 형제자매, 친구들로부터 배운 '감정 메시지'는 무엇이었는가?

하경의 이야기

내담자 중 한 명인 하경은 프로 축구 선수로 활동하다가, 어느 날 갑자기 특별한 이유 없이 걷거나 뛰지 못하게 되면서 갑작스럽게 선수 생활을 끝내게 되었다. 검사에서도 아무런 부상이 발견되지 않았다. 체격이 크고 신체적으로 건강했던 하경은 조용한 성격에 부드러운 목소리로 말하는 사람이었다. 독실한 기독교 신자로 매일 기도하며 살았고, 통제적이고 비판적인 어머니와 함께 살고 있었다. 둘은 어머니의 아파트에서 '좋은 가치'에 대해 얘기하는 TV 프로그램을 보며 시간을 보냈다.

하경은 나와 대화를 나누며 "바닥에 누워 있는 게 더 편해요."라고 말했다. 하경은 내 사무실 바닥에 몸을 뻗고, 자신의 분노를 완전히 없애고 싶다는 이야기를 이어갔다. "제 분노는 나쁘고 더러워요." 하경은 분노와 원망의 감정이 나쁘다고 생각하며, 이를 완전히 없애야 한다고 믿고 있었다. 어느 날 바닥에 누워 있던 하경은 어머니의 잔소리에 대해 원망하는 감정을 이야기했다. 하경은 분명 어머니에게 화가 나 있었지만, "어머니가 저를 위해 그러시는 걸 알아요."라고 말했다.

나는 하경에게 분노에 대해 더 이야기해 보라고 권했다. 그러자 하경은 계속해서 이야기를 하면서 바닥에서 일어나기 시작했고, 가끔 거의 들리지 않을 정도로 속삭였던 목소리가 점점 더 크게(엄청 큰 소리는 아니었지만) 나왔다. 내가 "어머니에 대한 분노를 얘기할 때 몸이 더 강해 보이고 일어나서 앉기 시작했다는 걸 알았어요. 왜 그런 건가요?"라고 묻자, 하경은 다시 재빨리 누웠고, 나는 왜 다시 바닥에 눕느냐고 물었다. 하경은 "저는 제 분노가 두려워요. 이런 식으로 느끼면 안 되잖아요. 더러운 분노예요."라고 말했다.

우리가 어렸을 때 어른들로부터 받은 감정 메시지에는 어떠한 꼬리표가 붙어있을 수 있다. 우리가 보여주었던 감정으로 인해 우리에게 꼬리표가 달린 것이다. 다음 중 익숙한 것이 있는가?

□ 우는 아이는 약한 거야.

□ 무서워하는 아이는 겁쟁이야.

□ 슬퍼하는 아이는 이기적인 거야.

□ 다른 아이들보다 더 좋은 환경을 가졌으니 속상해하면 안 돼.

□ 네가 울어서 내(부모님, 선생님 등 어른)가 화가 나잖아.

□ 다른 아이들은 잘 견디는데, 너는 왜 못 해?

□ 그냥 잊어버려.

□ 철 좀 들어라.

□ 이런 걸로 나를 귀찮게 하지 마. 나도 힘든 거 안 보이니?

□ 네 말은 이해가 안 돼.

□ 그냥 계속해서 해 봐.

□ 네 이야기를 듣는 게 참기 힘들다.

때때로 부모님과 친구들은 다음과 같은 말을 하면서 자신들이 지지해준다고 생각한다.

- 걱정 마. 다 잘 될거야.
- 이겨낼 수 있어.
- 별일 아니야.
- 다른 생각을 해봐.
- 다른 사람들은 더 힘들어.

이러한 '지지하는' 말의 문제는 그런 감정을 느끼는 것을 타당화해주지 못하고, 감정을 무시하는 것처럼 들린다는 것이다. 이러한 말들은 우리의 감정이 다른 사람들에게 중요하지 않은 것처럼 느껴지고, 다른 사람들이 우리에게 괜찮다고 말하기 때문에 기분이 나아져야만 할 것처럼 느껴진다. 비록 부모님과 친구들이 선한 의도를 가지고 있을지라도, 우리는 다른 사람들이 단순히 우리의 감정을 신경 쓰는 것에 그치지 않고, 우리와 그 감정을 공유할 수 있도록 시간과 관심을 가지고 있음을 느끼는 것이 중요하다.

어떤 말들이 감정에 대해 부끄러움이나 죄책감을 느끼게 했는가?

어떤 말들이 다른 사람이 나의 감정에 관심이 없다고 느끼게 했는가?

부모님이나 친구들이 해주는 '지지적인' 말들 중에서, 내가 속상할 때 가장 도움이 되지 않은 말은 무엇인가?

어떤 감정이나 욕구에 대해 부끄러움이나 죄책감을 느끼는가?

다해의 이야기

다해는 어떤 감정은 잘 견뎌냈지만, 어떤 감정은 그렇지 못했다. 다해는 좋은 직장과, 어린 자녀, 사랑스러운 배우자가 있었지만 우울함과 슬픔을 느끼는 것에 대해 죄책감을 느꼈다. 상담에서 나는 "왜 우울한 감정에 대해 죄책감을 느끼시나요?"라고 물었다.

"저는 제가 원하는 모든 것을 갖고 있으니까요. 남들은 저보다 형편이 안 좋은데... 제가 우울한 게 제가 이기적인 게 아닐까 싶어요."라고 대답했다.

"우울함을 마치 선택인 것처럼 생각하고, 슬퍼하는 자신이 이기적이라고 느끼는 거군요."

"네, 맞아요. 그런 것 같아요."

나는 다해에게 우울함의 원인은 여러 가지일 수 있다고 이야기했다. 다해는 아버지가 술을 많이 마셨고, 아마 우울증이 있었던 것 같다고 했다. 아버지는 감정에 대해 이야기하는 것을 싫어했고, 어머니는 항상 걱정이 많았지만 그것을 혼자서 감추려 했다고 덧붙였다. 또한, 다해의 삼촌 중 한 명도 우울증으로 병원에 입원한 적이 있었다고 했다. 나는 부모님 모두 심리적인 어려움을 겪었고, 가족 내에서 우울증이 유전적인 문제일 수 있다고 이야기했다.

"그럴 수도 있을 것 같아요. 하지만 저는 제 삶에서 다른 좋은 것들을 많이 가지고 있잖아요."라고 다해가 대답했다.

"제가 보기에 다해 씨는 가족들에 대한 부정적인 감정을 얘기하지 않는 것 같아요."라고 하자,

"글쎄요, 저희는 좋은 삶을 살았어요. 경제적으로 여유가 있었기 때문에 모든 사람에게 저희가 얼마나 잘 살고 있는지 보여줘야 한다는 생각이 있었어요. 항상 좋은 모습만 보여야 했죠."

"그래서 슬픔, 불안, 외로움 같은 감정을 드러낼 공간이 없었던 거군요?"

“그런 감정은 혼자서만 간직하고 있어야 했어요.”

“그렇다면 그런 감정에 대해 부끄러움이나 죄책감을 느끼도록 배운 것 같나요?”

“생각해 보니, 그게 맞는 것 같아요.”

“지금도 그때와 똑같은 상황인 거네요. 우울함에 대해 스스로 죄책감을 느끼고 있어요. 우울한 것도 힘든데, 우울함 자체에 대해 또다시 우울해하는 건 더 힘든 일이죠.”

다해는 자신의 삶이 괜찮다고 생각했기 때문에 슬픔을 느끼는 것에 대해 죄책감을 느꼈다. 또한, 다른 사람들이 자신을 재수 없다고 생각하고, 가진 것에 대해 감사해하지 않는 사람으로 볼 것 같아 수치심도 느꼈다. 이러한 죄책감과 수치심은 스스로에게 슬플 자격이 없다는 느낌을 더해주어, 다해를 더 깊은 우울에 빠뜨렸다.

우리는 다른 사람들이 우리의 감정을 판단할지 두려워할 수 있으며, 우리의 감정이 도덕적으로 잘못되었다고 믿을 수도 있다. 이러한 방식으로 생각할 때, 자신의 감정, 환상, 욕구가 어떤 영향을 받았을지 생각해 보자. 예를 들어, 누군가가 나보다 잘하고 있다는 사실에 부러움을 느낀다고 해 보자. 어쩌면 그 사람이 가진 장점이나 환경이 불공평하다고 생각할 수도 있다. 부러움은 불안, 슬픔, 심지어 분노와 같은 다른 감정들을 동반할 수 있다. 이런 어려운 감정들을 가지고 있어도 괜찮다. 하지만, 부러움에 대해 또 다른 생각을 가질지도 모른다. ‘부러워하는 사람은 소심하고 못된 사람일 뿐이야.’, ‘사람들이 내가 부러워한다는 걸 알면, 나를 별로라고 생각하겠지.’ 등이 있다. 부러움에 대해 죄책감이나 부끄러움을 느끼고, 이는 우리를 더 불안하고 우울하게 만든다.

아래 ‘부러움에 대한 생각과 감정’ 도표를 살펴보자. 도표는 부러움과 같은 어려운 감정을 가질 때, 부러움을 느끼는 자신에 대해 부정적인 생각이 드는 과정을 보여준다. 이는 **감정에 대한 감정**(Emotions about an emotion)이고, 이런 경우에 자신이 가진 감정을 더욱 견디기 어렵게 만든다.

부러움에 대한 생각과 느낌

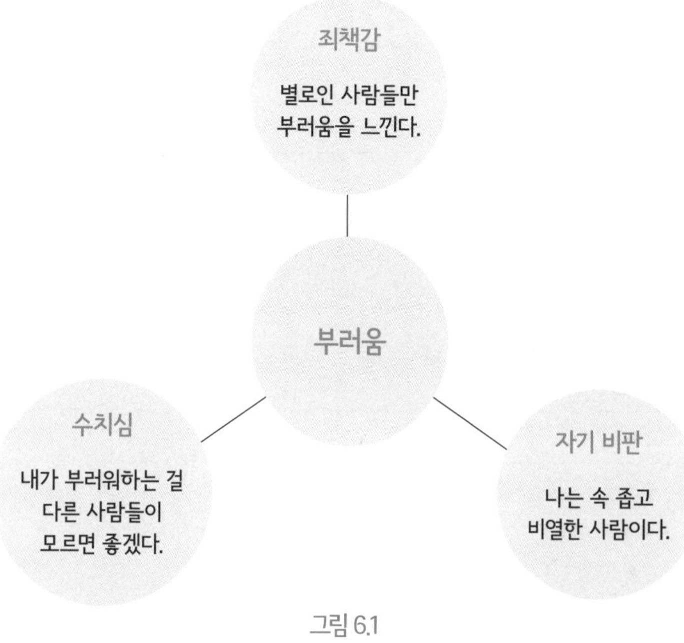

그림 6.1

우리는 종종 불쾌하게 느껴지는 많은 감정들을 가진다. 다음 활동에서 나열된 감정들 중에서 어떤 감정이 죄책감이나 수치심을 느끼게 하는지 표시해 보자. 그 다음, 세 번째 열에 그 감정에 대해 죄책감이나 수치심을 느끼는 이유를 적어 보자. '죄책감이나 수치심을 느끼는 감정' 활동지는 부록 16(p.316)에도 수록되어 있다.

죄책감이나 수치심을 느끼는 감정

감정	예/아니오	죄책감이나 수치심을 느끼는 이유
분노		
슬픔		
불안		
두려움(공포)		
외로움		
무력감		
절망		
질투		
부러움		
지루함		
무관심		
성적 욕구		
스트레스		
좌절		
혼란		
양가 감정		
기타:		
기타:		
기타:		

왜 감정을 느껴서는 안 되는가?

우리는 종종 감정에는 좋은 감정과 나쁜 감정이 있다고 생각한다. 예를 들어, 어떤 사람은 행복은 좋은 감정이고, 질투는 나쁜 감정이라고 여긴다. 마치 감정이 도덕적 결함인 것처럼 말이다. '나는 질투심을 느껴, 그건 나쁜 감정이야, 그러니까 나는 나쁜 사람이야.' 하지만 우리는 천식에 대해 그렇게 생각하지 않는다. '나는 천식을 가지고 있어, 천식은 나쁜 것이야, 그러니까 나는 나쁜 사람이야.'라고 말하지는 않는다.

또한 때때로 감정을 지니는 것과 그 감정에서 비롯된 문제 행동을 혼동할 수 있다. 예를 들어, 나윤은 질투가 나쁜 감정이라고 생각했고 질투심을 느끼면 자신의 애인/파트너를 비난하고 공격하게 될 것이라고 여겼다. 그러나 실제로 나윤은 애인/파트너를 비난한 적이 없었다.

감정(예를 들어, 분노)을 느끼는 것과 그 감정에 따라 행동하는 것(예를 들어, 적대적 행동)은 다르다. 우리는 사람들이 자신의 행동(적대적인 행동)에 대해 책임을 묻지만, 내적인 감정에 대해서는 책임을 묻지 않는다. 실제로 도덕적인 선택을 하는 것은 자신이 행동하고 싶은 욕구가 있음을 인식하고, 그 행동을 선택하지 않는 것을 의미한다. 예를 들어, 누군가를 말로 공격(행동)하고 싶은 욕구가 있다는 것을 인식할 수 있지만 그러한 행동을 하지 않기로 선택할 수 있다. 그 충동을 억제한 것이다.

감정에 대한 죄책감과 수치심의 결과는 무엇일까?

기분이 더 나빠지는 것이다. 그 이유는 이미 불안, 슬픔, 분노를 동반하는 질투심에 죄책감과 수치심을 더하기 때문이다. 감정을 느끼는 자신을 비판하면서, 그 감정에 주의를 기울이기 시작하고, '나는 또 부러워하고 있네.'라고 생각한다. 그러고 나서, 그 감정을 곱씹거나 반추한다. '내가 이런 감정을 느끼는 게 무슨 문제가 있는 건가?'라는 생각으로 자신의 감정에 대해 수치심을 느낄 때, 이러한 감정을 다른 사람들에게 숨기려 할 것이다. 그러면 '이렇게 느끼는 사람은 나밖에 없을 거야.'라는 생각으로 이어지고, 굴욕감, 수치심, 죄책감이 더해진다. 또한, '왜 나는 이런 감정을 느끼는 걸까?'라고 의문을 품게 된다.

질투의 감정을 마음속에 품고 계속해서 곱씹으면, 우리는 더 우울해지고 이러한 감정을 지닐 자격이 있는지 의심하게 된다. 그러면 자신은 다른 사람과 다르므로, 아무도 나를 이해할 수 없다고 생각하기 시작한다. 스스로에게 "이건 나쁜 감정이야."라고 말하면서, 자신이 또 다른 나쁜 감정을 가졌는지 계속 관찰하기 시작할 것이다. 그러고 나서 자신의 나쁜 감정에 지나치게 집중하기 시작하고, 결국 자신의 마음이 나쁜 감정으로만 가득 차 있는 것처럼 결론짓게 된다.

분노, 분개, 시기, 질투, 절망 등 과거에 느꼈던 감정에 대해 생각해 보자. 이런 감정에 휩싸여 행동하지 않았을 때가 있는가? 감정에 따라 행동하지 않은 이유는 무엇인가?

____

____

____

이런 감정을 가져서는 안 된다는 도덕적 규칙이 있는가? 그 규칙은 무엇이며 어디에서 생겨난 것인가?

감정을 갖는 것은 선택이 아니라 경험이다. 마치 소화불량 같은 것이다. 경험하는 것이 어떻게 비도덕적일 수 있는가?

감정을 부도덕한 선택이 아니라 단지 정신적인 사건으로 생각해보면 어떠한가? 감정이 단순히 뇌의 생화학적 사건이라고 생각하면 어떠한가? 이렇게 생각한다면, 수치심이나 죄책감이 덜 느껴지는가?

이제 다른 연습을 해 보자. 당신을 괴롭히는 감정, 즉 죄책감이나 수치심을 떠올려 보자. 그리고 이러한 죄책감과 수치심을 불러일으킨 감정들도 떠올려 보자. 이제 그 감정들을 첫 번째 열에 작성해 보자. 그런 다음, 두 번째 열에는 이 감정에 대해 죄책감을 느끼거나 수치심이 들 때 하는 행동에 동그라미로 표시해 보자. 세 번째 열에는 그 행동의 예시를 적어 보자. '나의 죄책감이나 수치심의 결과' 활동지는 부록 17(p.317)에도 수록되어 있다. 필요한 만큼 복사하여 다른 감정들에 대해서도 이 활동을 연습해 보자.

나의 죄책감이나 수치심의 결과

감정	행동	예시
	나 자신을 비판하기.	
	다른 사람을 비판하기.	
	사람들에게 내 감정을 숨기기.	
	사람들로부터 나를 고립시키기.	
	긍정적인 활동 줄이기.	
	내 감정을 반추하고 오래도록 머무르기.	
	미래에 대해 걱정하기.	
	폭식하기.	
	술 마시기.	
	약물 사용하기.	
	주의를 분산시키기.	
	다른 사람에게 안심시켜 달라고 하기.	
	다른 사람에게 불평하기.	
	기타 행동:	

죄책감과 수치심의 결과에 대해 어떤 생각이 드는가? 죄책감과 수치심이 당신을 더 불행하게 하였는가? 이에 대해 자세히 알아보기 위해 다음의 질문에 답하여 보자.

수치심이나 죄책감을 느낄 때 부정적인 감정에 더 집중하게 되는가? 부정적인 감정에 주의를 집중하는 게 나에게 어떤 영향을 미치는가?

다른 사람들과 자신의 감정을 나누려 하지 않는가? 그 이유는 무엇인가?

만약 감정을 공유하지 않는다면, 자신이 다른 사람들과 다르기 때문이라고 생각하는가?

왜 이런 감정을 느끼는지 깊이 생각하다가 기분이 더 나빠지는가?

____

____

____

____

왜 자신의 감정이 정당하지 않다고 생각하는가?

____

____

____

____

사람들은 다양한 감정, 환상, 욕구에 대해 수치심이나 죄책감을 느낄 수 있다. 어떤 사람들은 자신의 성적 환상에 부끄러워하고, 어떤 사람은 복수하고 싶은 욕망에 대해 죄책감을 느낀다. 많은 내담자들이 특정한 감정을 느낄 자격이 없다고 믿는다. 나는 사람들에게 "천식에 걸릴 권리가 있나요? 우울증이 천식과 같은 질병이라면, 질병에 걸릴 권리가 없는 건가요?"라고 묻는다.

우리는 감정이 정당하지 않다고 말하는 게 무엇을 의미하는지 물어볼 수 있다. 예를 들어, 우리는 천식, 고혈압, 소화불량이 정당하지 않다고 생각하지 않는다. "나는 소화불량에 걸릴 권리가 없다."라고 말하지 않는다. 이는 우리가 신체적인 질병을 도덕적 문제로 생각하지 않기 때문이다. 우리는 이를 신체적인 경험으로 생각한다. 우리의 감정을 '인식하고 있는 신체적 경험'이라고 생각하면 어떨까? '나는 지금 분노를 느끼는 있음을 알아차리고 있다.'처럼 말이다.

감정이 정당한 것인지에 대해 의문을 제기하는 것이 정말로 의미가 있는가? 그 이유는 무엇인가?

두통이 정당하지 않다고 생각하는가? 그 이유는 무엇인가?

감정을 그렇게 느끼는 데에는 타당한 이유가 있는가? 그 이유는 무엇인가?

만약 부정적인 감정을 느낀다고 판단하는 대신, 그 감정을 하나의 경험으로 받아들인다면 어떠한가? 무엇이 달라질 것 같은가?

왜 감정을 판단하는가?

우리는 스스로에 대해 판단하지 않거나, 최소한 판단하지 말아야 할 것들이 많다. 예를 들어, 우리는 보통 누군가가 왼손잡이라거나 키가 8cm 더 크거나 갈색 눈을 가졌다고 해서 판단하지 않는다. 그렇다면 감정을 판단해야 하는 이유는 무엇인가?

감정을 판단하는 것을 멈추고, 그저 자신이 느끼는 감정을 관찰하고 받아들인다면 얼마나 해방감을 느낄 수 있을지 생각해 보자. '친구의 성공을 질투하니, 나는 나쁜 사람인가봐.'라고 생각하기보다 '아, 지금 내가 질투하는 감정을 느끼고 있구나. 가끔 이런 기분을 느낄 수 있어.' 그리고 더 나아가 '거의 모든 사람들이 때때로 다른 사람을 질투하지.'라고 생각할 수 있다.

어쩌면 자신의 감정을 판단하지 않으면 통제력을 잃을 것이라고 생각할 수도 있다. 감정에 대해 스스로를 비판하지 않으면 도덕적으로 잘못된 행동을 하거나 해로운 행동을 하게 될 거라고 믿을지도 모른다. 하지만 이는 사실이 아니다.

예를 들어, 연봉 인상에 대해 상사와 협상 중이라고 가정해 보자. 상사가 고집을 부리는 것 같아 화가 나는 감정을 느낀다. 스스로 화가 난 것을 알아차리지만, 그 분노를 나쁘다고 판단하거나 자신을 나쁘다고 판단하기보다 지금 당장 그 감정을 느끼고 있다는 사실만을 인정하는 것이다. 그 느낌을 스스로 인정할 때, 그러한 분노를 '주어진 것'으로 지금 받아들이는 것이다. '나는 지금 화가 나고 있구나. 하지만 나는 상사와 전문적인 관계를 유지해야 한다는 것을 기억해야 해.'라고 스스로에게 말할 수 있다. 이 상황에서 분노를 느끼는 것이 괜찮다는 것을, 그리고 다른 사람들도 비슷한 감정을 느낄 수 있다는 것을 인정하면서도, 그 감정이 행동을 지배하지 않도록 하는 것이다. 지금 느끼고 있는 분노를 인정하면서도 적대적으로 행동하지 않을 수 있다.

또는 자신의 감정이나 자신을 판단하지 않으면, 스스로에게 무책임한 행동을 허용한다고 생각할 수도 있다. 결국 "도둑질해도 괜찮아." 혹은 "누군가를 때려도 괜찮아."라고 스스로에게 말하지는 않을 것이다. 하지만 감정에 대해 판단하지 않는 것은 무책임한 방식으로 행동해도 괜찮다는 의미가 아니다. 그저 자신이 느끼는 감정을 솔직하게 인식하는 것이다. 감정을 알아차리고, 관찰하고, 명명하고, 인식하는 것은 실제로 더 나은 통제력을 발휘할 수 있도록 도와주며, 다른 사람이나 자신에게 해를 끼치는 행동을 막을 수 있다.

다음 활동에서 자신이 판단하고 있는 감정에 대해 생각해 보고, 첫 번째 열에 적어 보자. 자신의 감정에 대해 죄책감을 느끼거나 부끄러워하는 이유에 동그라미로 표시해 보자. 세 번째 열에는 그 이유가 현재의 자신에게 어떻게 의미가 있는지, 또는 의미가 없는지를 적어 보라. 예를 들어, 우리가 자라온 방식에 따라 분노는 절대 가져서는 안 되는 나쁜 감정이라고 판단한다면, 이것이 어른이 된 지금 어떻게 이해되는지 혹은 이해되지 않는지 세 번째 열에 적어 보자. 우리는 성숙해지고, 다양한 경험을 겪으며 사물을 보는 관점이 달라질 수 있다. '감정을 판단해야 하는 이유' 활동지는 부록 18(p.318)에도 수록되어 있다.

감정을 판단해야 하는 이유

부정적으로 판단한 감정	감정을 판단한 이유	현재 관점에서 감정을 판단한 이유가 이해되는가? 혹은 이해되지 않는가?
	종교적 이유	
	자라온 방식이기 때문에	
	다른 사람들이 이런 식으로 감정을 판단하기 때문에	
	내가 옳은 일을 하는지 확신하기 위해	
	선택의 여지가 없기 때문에	
	나는 감정을 판단할 책임이 있기 때문에	
	나쁘거나 약한 사람이 이러한 감정을 느끼기 때문에	
	기타:	
	기타:	
	기타:	

만약 판단하지 않고 감정을 알아차린다면, 정말로 행동에 대한 통제력을 잃을 것 같은가? 그 이유는 무엇인가?

자신의 감정을 솔직하게 인정하는 것이 문제 행동을 피하는 첫걸음이 될 수 있다. 감정을 인정하고 받아들이는 것이 감정에 따라 행동하지 않는 데 도움이 될 수 있는가?

만약 모든 사람이 이런 감정을 느낀다면, 이는 우리가 인간인 것을 의미하는 것이지, 나쁜 것이 아닐 수 있다. 이러한 감정을 인간의 일부로 받아들인다면 기분이 어떠한가?

다른 사람이 특정한 감정을 느낀다면, 우리는 그 사람을 별로라고 생각하는가?

우리는 종종 다른 사람들에 대해선 더 이해심이 넓지만, 스스로에 대해선 그렇지 않은 경우가 많다. 예를 들어, 주원은 친구들이 질투하는 감정을 느끼는 게 괜찮다고 생각할 수 있었지만, 자신이 질투하는 감정이 들 때는 비판적이었다. "친구가 질투를 느끼는 건 이해해요. 그 애의 애인/파트너가 자주 다른 사람에게 플러팅을 하거든요. 하지만 그 애가 진심으로 그러는 건 아니라고 생각해요. 하지만, 제가 느끼는 질투심은 걷잡을 수 없을 것 같아요. 저는 질투하는 마음이 들 때 너무 불안해요."

주원이 걱정하는 것은 불안감이다. 주원은 다른 사람들이 자신과 같은 질투의 감정을 느낀다는 것을 이해한다. 하지만 주원은 **이중 잣대**(double standard)를 가지고 있다. 우리는 종종 다른 사람에게 적용하는 것보다 더 높은 기준을 스스로에게 적용한다. 이중 잣대는 우리에게 불공평하며, 스스로에게 죄책감과 수치심을 더할 뿐이다.

또 다른 예시로, 시현은 친구가 변호사 일을 그만두고 배우자를 내조하며 아이들을 키우기 위해 전업주부를 결심했다고 말했다. 시현은 친구가 슬프고, 외롭고, 무기력하고, 지루하고, 좌절감을 느끼는 것을 이해한다고 말했다. 시현은 지지적인 친구였다. "친구는 변호사가 되기 위해 그동안 열심히 노력했는데, 이제는 포기하고 전업주부로 살면서 고립감과 소외감을 느껴요. 아이들을 돌보고, 배우자를 응원하고 싶은 마음에 혼란스러운 마음이 드는 걸 이해해요. 하지만 친구도 그 애의 인생을 살아야 해요. 저도 같은 감정을 많이 느껴서, 그 애의 마음을 잘 알 것 같아요."

이제 (죄책감이나 수치심과 같은) 느꼈을지도 모를 감정들을 식별하고, 다른 사람이 이러한 감정을 가질 때 나는 어떻게 생각하는지 스스로에게 물어보자. 다음 활동지에 자신이 알고 있는 사람의 예시를 적어 보라. 그 사람들에 대해 어떻게 느끼고, 무엇을 말할지 적어 보자. '다른 사람의 감정에 대한 나의 생각' 활동지는 부록 19(p.319)에도 수록되어 있다.

다른 사람의 감정에 대한 나의 생각

감정	이런 감정을 느낀 사람은 누구이며, 그 사람에 대한 나의 감정은 어떠한가? 그 사람에게 내가 해줄 말은 무엇인가?
분노	
슬픔	
불안	
두려움(공포)	
외로움	
무력감	
절망감	
질투	
부러움	
지루함	
무관심	
성적 욕구	
스트레스	
좌절	
혼란	
양가감정	
기타:	
기타:	
기타:	

다른 사람이 내가 느끼는 감정을 느껴도 괜찮다고 생각하면서, 왜 자신에게는 다른 (더 엄격한) 기준을 사용하는가?

____

____

____

____

감정을 받아들이기: 감정은 그저 감정일 뿐이다.

만약 죄책감과 수치심을 없애고, 감정에 대해, 또는 자신에 대해 판단하지 않고 그 감정을 단순히 받아들인다고 상상해 보라. **그저 존재하는 것이다**. 감정을 지금 가지고 있는 경험으로 받아들일 수 있다. 스스로를 판단할 필요가 없다. 죄책감과 수치심에 도움이 되는 방법은 다음과 같다. 다른 사람들도 이런 감정을 가질 수 있다는 것을 정상으로 받아들이고, 감정을 가진다는 것이 반드시 행동으로 이어지는 것은 아니라는 것을 인식하며, 감정이 다른 사람에게 해를 끼치지 않는다는 것을 이해하는 것이다.

때때로 우리는 감정이나 생각에 대해 죄책감을 느끼거나 수치스러워 해야 행동을 통제할 수 있다고 생각한다. 이는 우리의 내적 경험과 행동을 혼동하는 것이다. 우리는 매일 어떤 것에 대해 느끼고 생각하며, 감정과 생각에 따라 행동하지 않도록 선택할 수 있다. 예를 들어, 체중 감량을 시도하고 있는데, 레스토랑에서 디저트 메뉴를 권한다고 가정해 보자. 초콜릿 케이크를 너무나 먹고 싶지만, '그 케이크를 먹으면 좋겠지만, 지금은 칼로리가 필요하지 않아.'라고 생각하여, 주문하지 않기로 선택한다. 케이크에 대한 욕구가 있었지만, 그 욕구에 따라 행동하지 않기로 선택한 것이다. 욕구, 생각, 감정은 행동하기로 선택하는 것과는 다른 것이다.

자신의 감정을 솔직하게 인정함으로써, 오히려 행동을 더 잘 통제할 수 있다. 이것 역시 다이어트하는 상황에서 명백하게 확인할 수 있다. 단순히 충동에 따라 행동하지 않으려면, 고칼로리 음식에 대한 욕구를 인식해야만 한다. 욕구와 식욕에 휘둘리지 않도록 하는 것이다.

민재가 살을 빼려고 할 때, 고칼로리 음식에 대한 욕구를 예상했고, 그러한 종류의 음식을 주변에 두지 않기로 하였다. 민재는 자신의 욕구에 휘둘릴 필요가 없다는 것을 스스로에게 상기시켰다.

'내 욕구에 대해 죄책감을 느끼면 더 많은 것을 통제할 수 있지 않을까?'라고 생각할 수도 있다. 그렇지 않다. 오히려 통제력이 더 줄어든다. 예를 들어, 케이크에 대한 욕구에 죄책감을 느끼면 더 불안하고 우울해지며, 이는 과식할 가능성을 높인다. 불안과 죄책감을 진정시키기 위해 케이크를 먹을 것이다.

감정에 대해 죄책감이나 수치심을 느끼기보다는, 이 장에서 다룬 여러 가지 기법을 실천할 수 있다.

- 감정을 알아차려라.
- 감정을 명명하라.
- 감정이 바로 지금 여기에 있음을 받아들여라.
- 다른 사람들도 같은 감정을 느낀다는 것을 인지해라.
- 감정을 느끼는 것이 감정에 따라 행동하는 것이 아니라는 것을 인식해라.
- 감정으로 힘든 시간을 보내는 자신에 대해 자비로운 마음을 보여라.

이 주제에 대해 마지막 연습을 해 보자. 다음의 활동지에 어렵다고 느껴지는 감정을 나열해 보자. 분노, 질투, 불안, 슬픔, 무력감이 포함될 수 있다. 이제 죄책감이나 수치심을 느끼는 대신, 어떻게 하면 자신을 비판하지 않고 그 감정을 받아들일 수 있을지 생각해 보자. '죄책감이나 수치심을 느끼지 않았다면?' 활동지는 부록 20(p.320)에도 수록되어 있다. 필요한 만큼 복사하여 연습에 활용해 보자.

죄책감이나 수치심을 느끼지 않았다면?

감정	자신의 감정에 대해 생각하는 유용한 방법

만약 자신의 감정에 대해 죄책감이나 수치심을 덜 느낀다면, 감정에 대해 덜 감정적으로 반응할 수 있는가?

자신의 감정에 대해 죄책감을 느끼지 않고 어떤 행동을 취할지 결정할 수 있는가?

____

____

____

____

요약

- 우리는 가족, 친구, 애인/파트너에게서 감정에 대해 배운다. 배워 온 감정에 대한 메시지와 믿음을 생각해 보자.
- 때때로 우리는 특정 감정을 느끼는 것이 나쁘다고 배웠다. 따라서 그 감정에 대해 수치심이나 죄책감을 느낄 수 있다.
- 감정과 선택은 동일하지 않다. 우리는 적대적으로 행동하지 않고도 분노를 느낄 수 있다.
- 감정에 대해 죄책감을 느끼면 그 감정이 더 강해지고, 불안이 증가하게 된다.

제7장

통제되지 않는 나의 감정들

제7장

통제되지 않는 나의 감정들

우리는 살아가면서 언제든지 불쾌하거나 부당한 일을 겪을 수 있다. 하지만 이런 일을 어떻게 받아들이느냐에 따라 상황이 더 나빠질 수도 있고, 오히려 좋아질 수도 있다. 어떤 사건을 단순히 불편하거나 기분 나쁜 정도가 아니라 극도로 끔찍한 일로 여기면 분노가 커질 수밖에 없다. 모든 사람이 나를 좋아해야만 한다고 생각한다면 자주 좌절하거나 거절당했다고 느끼게 될 것이다. 또한 미래가 어둡다고 확신하면 희망이 완전히 사라져버린 것처럼 느껴지기 마련이다.

마음이 상할 때는 그 뒤에 항상 감정을 자극하는 생각이 숨어 있다. 생각은 감정의 연료이자 우리가 삶에서 나아갈 길을 안내하는 지도와 같다. 결국 절벽으로 향하는 선택을 멈출 수 있는 사람은 우리 자신뿐이다. 우리는 언제든 다른 선택을 할 수 있는 힘을 가지고 있다.

감정을 더 잘 다스리고 싶다면 상황을 새로운 관점에서 바라보는 것이 큰 도움이 된다. 앞에서 살펴본 예처럼 우리의 감정은 특정한 사고방식에서 비롯되는 경우가 많다. 그러나 늘 다른 시각이 존재하며, 생각을 조금만 바꾸면 감정 역시 크게 달라질 수 있다.

영수의 이야기

영수는 상담 시간에 여자친구 수민이 헤어지자는 문자를 보냈다고 말했다. 두 사람의 관계는 처음부터 몇 달간 기복이 심했다. 영수는 수민에게 특별한 감정을 느꼈지만, 수민이 자주 비판적이고 믿음을 주지 못했으며 애정 표현도 부족했다고 털어놓았다. 수민이 보낸 이별 문자를 받고 나자 영수는 복잡한 감정이 한꺼번에 밀려왔다고 했다.

나는 영수에게 지금 어떤 감정을 느끼고 있는지 물었다. 영수는 "화도 나고 불안하고, 혼란스럽기도 해요. 그리고 슬퍼요."라고 답했다. 감정을 조금 더 깊이 들여다보니, 영수는 마치 롤러코스터에서 내린 것 같은 약간의 안도감도 느낀다고 했다. 하지만 시간이 지날수록 불안이 점점 더 커져 갔다.

나는 영수에게 물었다. "불안을 느낄 때는 보통 어떤 생각을 하고 있죠? 이 문장을 이어서 말해볼까요? '나는 불안하다. 왜냐하면 내가 생각하기에…'"

"… 나는 절대 내 애인/파트너를 찾지 못할 거야."

"그리고 내가 절대 애인/파트너를 찾지 못한다면, 그것이 불안한 이유는…(이유를 한번 생각해 보세요)"

"… 사랑할 사람이 없으면 나는 절대 행복할 수 없을 거야."

"그리고 내가 절대 애인/파트너를 찾지 못할 거라고 생각하는 이유는…"

"… 수민이 나랑 헤어졌어. 아마도 내게 뭔가 문제가 있는 것 같아."

"그리고 만약 내게 문제가 있다면…"

"… 아무도 나와 함께하고 싶어 하지 않을 거야."

영수가 하는 말들은 대체로 불안을 더욱 극대화시키는 내용들이었다. 자신은 절대로 좋은 사람을 만나지 못할 거라거나, 스스로 문제가 많아서 아무도 자신을 좋아하지 않을 거라고 믿고 있었다. 이런 생각은 누구든지 괴롭힐 수 있다. 그래서 나는 영수에게 이렇게 말했다. "사람이 어떤 생각을 한다고 해서 그게 항상 진실인 건 아니에요." 그리고 이렇게 덧붙였다. "예를 들어서, 내가 나 자신을 얼룩말이라고 믿는다고 해도, 거울을 보면 줄무늬도 없고 네 발로 걷지도 않는다는 걸 바로 알 수 있잖아요." 내 말을 들은 영수는 피식 웃음을 터뜨렸다.

그 알람이 나를 위한 걸까?

집에 있는데 갑자기 알람 소리가 들린다고 상상해 보자. 소방차 사이렌 소리처럼 들린다. 그러면 처음에 '우리 집에 불이 난 거 아니야?'라는 생각이 들고, 이어서 '큰일 났다. 불에 타 죽게 될지도 몰라!'라는 생각까지 할 수 있다. 그럴 때 어떤 기분이 들까? 아마 무섭고 당황스러울 거다. 이런 생각이 든다면, 여러분은 어떤 행동을 할 것 같은가? 아마 주방에 불이 났는지 보러 가거나, 바로 밖으로 뛰어나갈 거다.

그런데 만약 '여기서 약 200미터 떨어진 곳에서 불이 난 걸지도 몰라.'라고 생각한다면 어떨까? 그때는 어떤 기분이 들까? 조금 궁금해질 수도 있고, 아니면 아무 느낌도 안 들 수도 있다. 이런 생각이 든다면, 여러분은 어떤 행동을 할 것 같은가? 창밖을 내다보며 지나가는 소방차를 볼 수도 있고, 그냥 아무것도 안 하고 가만히 있을 수도 있다.

같은 사이렌 소리 하나가 이렇게 다른 반응을 만들 수 있다. 어떤 사람은 '우리 집에 불이 나서 불에 타 죽을지도 몰라!'라고 생각하며 무서워하고, 또 다른 사람은 '불이 200미터쯤 떨어진 곳에서 났나 보네.'라고 생각하며 별다른 감정을 못 느낄 수도 있다. 인지 치료에서는 내가 스스로에게 무슨 말을 하고 있는지 먼저 알아차리는 게 중요하다. 그 생각이 내 감정과 행동에 어떤 영향을 주는지 인정하고, 세상을 다른 시각으로 볼 수 있는 방법도 찾아볼 수 있다.

사물을 바라보는 또 다른 시각은 언제나 있다. 관점을 바꾸는 것만으로도 큰 변화를 만들 수 있다. 이번 장에서 소개할 기술들을 자주 실험하고 연습하다 보면, 감정을 다루는 능력이 조금씩 나아지는 걸 느낄 수 있을 것이다. 물론, 그렇게 되기까지는 시간이 걸리고, 연습과 꾸준한 노력이 필요하다.

우리의 편향된 생각

종종 너무 빨리 결론을 내리거나, 상황을 실제보다 훨씬 나쁘게 보거나, 일어나는 일들을 있는 그대로 받아들이기보다 '이래야만 해.'라고 생각해본 적 있는가? 그렇다고 해서 우리의 감정이 진짜가 아니라는 뜻은 아니다. 상황이 어렵다고 우리가 틀렸다는 것도 아니고, 도덕과 규칙이 중요하지 않다는 얘기도 아니다. 다만, 이런 식으로 생각하는 습관이 감정을 더 격렬하게 만들고, 불안이나 우울에 빠지기 쉽게 할 수 있다는 것이다.

감정을 바꾸는 가장 효과적인 방법 중 하나는 상황을 다르게 바라보는 것이다. 이것은 아론 벡(Aaron Beck)과 앨버트 엘리스(Albert Ellis)가 개발한 인지 치료의 핵심 원리다. 인지 치료는 우울증, 불안, 분노, 부부 문제, 약물 남용, 조현병 등 다양한 문제에 효과적이라고 알려져 있다(Beck et al. 1979; Ellis & Harper, 1975; Leahy, 2018). 인지 치료는 우리의 생각, 즉 '인지'에 초점을 맞춘다. 감정은 우리가 상황을 어떻게 해석하느냐에 따라 달라질 수 있다는 것이다. 우리가 자주 빠지는 부정적인 생각의 흐름을 '자동적 사고'라고 부르는데, 이는 저절로 떠오르면서도 굉장히 그럴듯하게 느껴진다. 특히 우울한 사람들은 자신, 경험, 그리고 미래에 대한 부정적인 시각을 가지고 있다. 이를 '**부정적 인지 삼재**(negative cognitive triad)'라고 한다. 예를 들어, '나는 실패자야.', '이건 나에게 끔찍한 경험이야.', '미래에는 희망이 없어.' 같은 생각들이다. 이런 부정적인 인지가 감정에 큰 영향을 미친다.

불안에 취약한 사람들은 항상 '위협 감지기'가 켜져 있어서 거절당하거나 실패하거나 위험에 빠질 가능성을 찾으려 한다. 예를 들어, '다른 사람들이 나를 싫어할 거야.', '과제에서 실패할 거야.', '불안이 심해져서 공황발작이 오고 결국 미치거나 죽게 될 거야.' 같은 생각을 하곤 한다. 반면, 분노에 민감한 사람들은 다른 사람들이 자신이 원하는 것을 방해하거나, 자신을 모욕하고 도발한다고 느끼기 쉽다(Beck, 1999; DiGiuseppe & Tafrate, 2007). 예를 들면, '저 사람이 나를 방해하고 있어.' 또는 '저 사람이 무례하게 굴고 있어.' 같은 믿음을 갖는 경우다. 갈등이 있는 부부는 종종 상대가 말하지 않아도 자신의 마음을 알아주기를 기대한다. 또한 모든 일이 항상 완벽해야 한다고 생각하거나, 굳이 타협할 필요가 없다고 믿기도 한다.

이런 패턴들 중 하나라도 자신에게 해당된다고 느낀다면, 나만 그런 건 아니라는 점을 기억하자. 우리 모두는 어느 정도 편향된 사고를 가지고 있다. 그것이 바로 인간의 본성이다. 때로는 세상이 끔찍한 곳처럼 보이거나, 우리 자신에게 근본적인 문제가 있다고 느껴질 수도 있다. 하지만 이런 편향된 생각들, 즉 왜곡된 사고를 차분히 검토하고, 그것이 과연 타당한지 살펴볼 수 있다.

이제 우리의 생각을 따라가면서 흔히 빠질 수 있는 편향들을 살펴보자. 먼저 스스로에게 이렇게 물어볼 수 있다. "내가 왜 화가 나는 걸까?" 그리고 이렇게 대답할 수도 있다. "상사가 나를 비판할 것 같아서." 그러면 다시 이렇게 생각해 볼 수 있다. '상사가 나를 비판하면, 해고될지도 모른다고 생각해서 기분이 나빠지는구나.' 그 다음에는 이런 생각이 떠오를 수도 있다. '해고된다면, 내가 실패자라는 뜻이니까 화가 나는 거야.' 그리고 생각이 더 이어져 이렇게 될 수도 있다. '내가 실패자라면, 아무도 나와 함께하고 싶어 하지 않을 거고, 결국 평생 혼자일 거야. 그러면 절대 행복할 수 없을 테고, 내 삶은 가치가 없어질 거야.'

물론, 모든 사람이 이런 부정적인 생각을 끝까지 이어가는 것은 아니다. 하지만 우울이나 불안에 취약한 사람들 중 많은 이들이 이런 식으로 생각이 흘러가곤 한다. 하나의 부정적인 생각이 또 다른 부정적인 결론으로 이어지면서 점점 더 부정적인 방향으로 치우칠 수 있다. 앞서 언급한 영수의 경우처럼 말이다. 인지 치료에서는 이런 생각들을 찾아내어 정리한 뒤, 논리와 사실, 그리고 경험을 바탕으로 그 생각이 맞는지 검증해 본다.

우리의 생각은 다양한 편향된 사고의 유형에 속할 수 있다. 여러분도 이런 생각들 중 일부를 가지고 있는가?

편향되고 왜곡된 사고의 유형들

독심술:
다른 사람이 무슨 생각을 하는지 충분한 증거 없이 안다고 믿는 것.
예: '그 사람은 내가 지루하다고 생각해.'

점쟁이 오류:
거의 아무런 증거도 없이 미래를 예측하는 것.
예: '나는 해고될 거야.' 또는 '그 사람은 나를 거절할 거야.'

재앙화:
어떤 일이 너무 끔찍하거나 파국적이라고 여겨서 도저히 견디지 못할 거라고 생각하는 것.
예: '그 사람이 나를 거절하면 정말 끔찍할 거야.'
또는 '너무 불안해서 나는 아마 죽게 될 거야.'

명명하기:
자신이나 타인을 전반적으로 부정적인 특성을 가진 존재로 보는 것.
예: '나는 실패자야.' 또는 '그 사람은 악하다.'

긍정적인 면의 평가 절하:
자신이나 타인의 긍정적인 경험이나 특성, 또는 인생에서의 긍정적인 측면을 무시하거나 중요하지 않게 여기는 것.
예: '그건 쉬운 일이었으니 중요한 게 아니야.'
또는 '그건 당연히 해야 할 일이니까 굳이 칭찬할 필요 없어.'

부정적 여과:
부정적인 부분에만 거의 집중하고 긍정적인 부분은 거의 보지 못하는 것.
예: '이곳엔 나를 좋아하지 않는 사람들만 있어.'

과잉일반화:
하나의 사건을 바탕으로 부정적인 경향을 전체적으로 해석하는 것.
예: '이런 일은 나에게 자주 일어나. 나는 많은 일에서 실패하는 것 같아.'

흑백 사고:
사건이나 사람을 전부 아니면 전무로, 즉 전적으로 좋거나 나쁜 것으로 보는 경향.
예: '모두가 나를 거절해.' 또는 '시간 낭비였어.'

당위적 진술:
현재 상황을 있는 그대로 받아들이기보다, 일이 반드시 어떻게 되어야 한다는 기준에 따라 해석하는 것.
예: '난 꼭 잘해야 해. 그렇지 않으면 나는 실패자야.'

개인화:
모든 일이 자신을 향한 것이라고 여기거나, 부정적인 사건에 대한 책임을 지나치게 자신에게 돌리는 것.
예: '내 결혼이 끝난 건 내가 실패했기 때문이야.'

책임 전가:
자신의 부정적인 감정의 원인을 다른 사람에게 돌리고, 자신을 변화시킬 책임을 거부하는 것.

예: '내가 지금 이렇게 느끼는 건 그 사람 때문이야.' 또는 '내 모든 문제는 부모님 탓이야.'

불공평한 비교:

자신보다 잘하는 사람들에게 초점을 맞추어, 비현실적인 기준에 따라 자신을 비교하고 열등하다고 판단하는 것.

예: '그 사람은 나보다 더 성공했어.' 또는 '다른 사람들은 나보다 시험을 잘 봤어.'

후회 지향성:

지금 무엇을 더 잘할 수 있는지보다는 과거에 더 잘할 수 있었을 거라는 생각에 집중하는 것.

예: '노력했더라면 더 좋은 직업을 가질 수 있었을 텐데.' 또는 '그 말을 하지 말았어야 했어.'

가정하기:

'만약에'라는 질문을 반복적으로 던지며, 그 어떤 답에도 만족하지 못하는 것.

예: '그래, 근데 만약에 내가 불안해지면 어쩌지?' 또는 '만약에 숨을 못 쉬면 어쩌지?'

감정적 추론:

자신의 감정을 근거 삼아 현실을 해석하는 것.

예: '내가 우울하니까 결혼 생활도 잘 안 되고 있는 거야.'

반증하지 못하는 사고:

부정적인 생각과 모순되는 증거나 주장을 전부 거부하는 것.

예를 들어:

'나는 사랑받을 수 없는 사람이야.'라는 생각을 가진 경우, 다른 사람들이 나를 좋아한다는 증거가 있어도 '그건 별로 중요하지 않아.'라며 무시해 버린다. 이렇게 되면, '나는 사랑받을 수 없는 사람이야.'라는 부정적인 생각을 반박하기 어려워진다. 또 다른 예로는, '그게 진짜 문제가 아니야. 더 큰 문제가 있어. 나한테 더 많은 문제들이 있는게 분명해.'라고 말하며 스스로 부정적인 생각을 유지하려는 경우다(다른 이유를 만들어내며 부정적인 사고를 강화하는 것이다.).

판단 초점:
자신과 타인, 사건을 단순히 묘사하거나 받아들이는 대신, 흑백 논리로 평가하는 것(좋다/나쁘다, 우월/열등). 이런 사고는 단순히 상황을 묘사하거나 받아들이기보다는, 다른 사람이 나를 어떻게 판단할지, 그리고 내가 나를 어떻게 판단하는지에 집중하게 만든다.
예: '나는 대학에서 잘하지 못 했어.', '내가 테니스를 시작하면 잘할 리 없어.', '저 사람은 정말 성공했는데, 나는 성공하지 못 했어.'

누군가의 부정적인 자동적 사고를 어떻게 분류할 수 있는지 살펴보자. 수민과 헤어진 영수의 이야기를 계속해 보자. 영수는 이번 경험이 정말 끔찍하다고 생각한다(재앙화). 영수는 이 관계가 끝난 것이 전적으로 자신 때문이라고 생각하고(개인화), 수민을 끔찍한 사람이라고 여긴다(명명하기). 또, 다른 사람들이 자신을 실패자라고 생각할 거라고 믿는다(독심술). 이제 다시는 행복해질 수 없을 거라고 생각하고(점쟁이 오류), 모든 관계가 결국 망할 거라고 단정짓는다(과잉일반화). 자신의 삶에는 긍정적인 것이 하나도 없다고 여기며(긍정적인 면의 평가 절하), 수민이가 더 노력해서 문제를 해결했어야만 한다고 생각한다(당위적 진술).

여러분의 편향은 무엇인가?

우리 모두는 생각에 왜곡이나 편향을 가질 수 있다. 특히 강렬한 감정을 경험할 때 그렇다. 강한 감정을 느낄 때, 스스로에게 무슨 말을 하고 있는지 생각해 보는 것이 도움이 될 수 있다. 다음 한 주 동안, 강한 감정을 느끼는 순간을 알아차리기 위해 시간을 가져 보라. 아마 외로움, 슬픔, 절망, 불안, 분노, 무력감을 느낄 수도 있다. 그런 다음, 그때 하고 있던 생각들을 적어 보라. 생각을 관찰하고 기록함으로써 감정에 대한 통제력을 더 갖게 되고, 사건과 그에 대한 해석에 휘둘리지 않고 감정을 바꿀 수 있을 것이다. 이는 우리가 틀렸거나 감정을 가질 권리가 없다는 의미가 아니다. 우리에게는 그 감정을 더 효과적으로 다룰 권리가 있다!

'다양한 감정에 대한 편향 예시' 목록을 보라. 그런 다음, 오늘부터 '다양한 감정에 대한 나의 편향' 활동지에 자신의 감정과 편향된 생각들을 적어 보라. 이후, 편향되고 왜곡된 사고의 유형을 참고하여 자신이 하고 있는 생각의 유형을 분류해 보라. 앞으로 한 주에서 두 주 동안 강한 감정을 느낄 때마다 이 활동지를 다시 확인해 보자. '다양한 감정에 대한 편향' 활동지는 부록 21(p.321)에도 수록되어 있다. 필요한 만큼 복사하여 연습에 활용해 보자. 이렇게 하면 스스로 편향된 사고 습관을 가지고 있는지 점차 알아차릴 것이다.

다양한 감정에 대한 편향 예시

감정	일반적인 생각	유형
불안	• 00이가 그렇게 말한 거는 정말 끔찍한 일이야. • 내 인생이 무너지고 있어. • 나는 시험에 합격하지 못할 거야. • 나는 아무것도 제대로 할 수가 없어.	→ 재앙화 → 재앙화 → 점쟁이 예언 → 과잉일반화 또는 긍정적인 면의 평가 절하
슬픔	• 나는 너무 슬퍼서 견디기가 어려워. • 나는 영원히 슬플 거야. • 나는 무력해서 더 나은 상황을 만들 힘이 없어.	→ 재앙화 → 점쟁이 예언 → 긍정적인 면의 평가 절하
외로움	• 혼자있는 것은 끔찍한 일이야. • 나한테 문제가 있기 때문에 나는 혼자인거야. • 사람들은 내가 어떤 것도 해내지 못할 거라고 생각하는게 분명해.	→ 재앙화 → 개인화 또는 긍정적인 면의 평가 절하 → 독심술
분노	• 누군가가 나를 존중하지 않을 때 정말 끔찍해. • 그들은 항상 나를 존중해야만 해. • 00이는 나를 열등한 존재로 생각하는 게 분명해. • 나는 이런 식으로 나를 대하는 그녀에게 복수해야만 해.	→ 재앙화 → 당위적 진술 → 독심술 → 당위적 진술
질투	• 내 애인/파트너가 다른 사람을 매력적이라고 생각한다면 정말 끔찍할거야. • 내 애인/파트너는 00이를 나보다 더 흥미롭다고 생각하는게 분명해. • 00이는 다른 사람을 더 생각하고 있기 때문에, 나한테 관심을 기울이지 않는게 분명해. • 내 애인/파트너는 항상 여기저기에 추파를 던져.	→ 재앙화 → 독심술 → 개인화 및 독심술 → 과잉일반화

다양한 감정에 대한 나의 편향

감정	일반적인 생각	유형

상황을 균형 있게 바라보는 방법

우리는 강한 감정을 느낄 때 흔히 상황을 실제보다 더 과장하거나 비현실적으로 받아들여서, 이성적으로 판단하기 어렵게 된다. 그렇다고 감정 자체가 잘못되었다거나 느끼면 안 된다는 뜻은 아니다. 다만 감정이 지나치게 강해지거나 감정에 휘말려서 충동적인 행동으로 이어질 때 문제가 된다. 앞서 이야기한 이러한 왜곡된 생각들은 인지치료 기법을 통해 다룰 수 있다. 인지치료 기법은 간단하면서도 지금 당장 실천할 수 있는 방법들이다. 이를 활용하면 감정을 더욱 효과적으로 조절하고 통제하면서, 감정의 강도를 줄이는 데 도움을 받을 수 있다.

한번 시도해 보자. 어떤 일이 '정말 끔찍해.'라고 느껴지거나 '절대 참을 수 없어.'라고 생각될 때, 머릿속에 어떤 생각이 떠오르는지 살펴보자. 예를 들어, 연인과의 이별을 생각해 보자. 이별은 감정이 격해지는 순간이고, 온갖 부정적인 생각이 몰려올 수 있다. 하지만 감정이 강하다고 해서 그 생각들이 모두 옳은 것은 아니다. 이별할 때 사람들이 흔히 하는 생각들을 예로 들어 보자:

- 우리가 헤어진 것은 끔찍하다.
- 나는 이걸 견딜 수 없을 것이다.
- 나는 영원히 혼자일 것이다.
- 나는 다시는 행복하지 못할 것이다.
- 이것은 내가 사랑받을 수 없다는 의미다(또는 실패자라는 의미다).
- 아무도 다시 나를 원하지 않을 것이다.

첫 번째 생각을 살펴보자: '우리가 헤어진 건 정말 끔찍해.' 우리는 부정적인 일이 생기면 그것을 재앙처럼 느끼고 도저히 참을 수 없다고 여기기 쉽다. 하지만 그 순간 아무리 힘들어도, 조금 덜 끔찍하고 덜 재앙적으로 받아들일 수 있는 방법이 있는지 생각해 보자. 사랑하는 사람과 갈등이 있을 때, 아래 활동지를 사용해 그 갈등이 정말 그렇게 끔찍한지 다시 생각해 보자. 직장에서의 어려움, 시험에서의 실패, 그 외 다양한 스트레스 상황에서도 이 연습을 해볼 수 있다. '무언가가 끔찍하다는 생각에 도전하기' 활동지는 부록 22(p.322-323)에도 수록되어 있다. 필요한 만큼 복사하여 연습에 활용해 보자. 다양한 상황에서 자신의 생각을 점검하며, 과장된 생각에서 벗어나는 연습을 해 보자.

지금 겪고 있는 일이 결코 의미 없거나 사소하다는 건 아니다. 다만, 스스로 느끼는 것만큼 끔찍하거나 재앙적인 상황은 아닐지도 모른다.

무언가가 끔찍하다는 생각에 도전하기

관계에서의 갈등이나 부정적인 사건을 한번 설명해 보자. 예를 들어, 누군가와 갈등이 있었다면 그 상황을, 직장에서 문제가 있었다면 그 일이 어떻게 일어났는지 구체적으로 설명해 보자.

____

____

____

____

이게 사실이라고 해도, 여전히 할 수 있는 일들을 모두 나열해 보자. 예를 들어, 친구를 만나거나, 출근을 하고, 운동을 하며, 배우고 성장하는 것을 계속할 수 있을지 생각해 보자.

____

____

____

____

이 사건이나 경험이 있기 전에 내가 무엇을 즐겼는지 한번 떠올려 보자. 그리고 이 사건이나 상황과는 상관없이 의미 있었던 경험들은 무엇이었는지도 생각해 보자.

다른 사람들도 이런 상황을 극복하고 다시 좋은 경험들을 이어갈 수 있을까? 그들이 어떻게 그런 일을 해낼 수 있을 것 같은지 한번 생각해 보자.

지금 느끼는 감정에 너무 집착하고 있지 않은가? 가끔 우리는 시간이 지나면 감정이 어떻게 변할지 생각하지 않고, 지금의 감정만으로 상황이 얼마나 나쁜지 판단하곤 한다.

지금 즐길 수 있는 새로운 기회는 무엇이 있을까? 변화는 종종 새로운 문을 열고, 새로운 기회를 가져다주기도 한다.

____

____

____

____

이번 주에 할 수 있는 보람 있고 의미 있는 활동은 어떤 것들이 있을까? 몇 가지를 떠올려 보고 적어 보자.

____

____

____

____

이제 부정적인 일이 마치 모든 것이 끝난 것처럼 느껴졌던 순간을 떠올려 보자. 예를 들어, 연인과의 이별, 실직, 대학 입학 실패, 또는 내 삶에서 일어날 수 있는 다른 일들 말이다. 이런 일이 생기면, 영원히 혼자일 것 같거나, 직업도 없고 학위도 없이 살아가야 할 것 같은 생각이 들 수 있다. 이런 생각에 도전해 볼 수 있도록, 아래 활동지를 활용해 보자. "'영원히'라는 생각에 도전하기" 활동지는 부록 23(p.324-325)에도 수록되어 있다. 필요한 만큼 복사하여 여러 상황에서 연습해 보자.

'영원히'라는 생각에 도전하기

여러분에게는 다른 친구나 가족이 있는가? 여러분의 전문 기술은 무엇인가? 지원할 수 있는 다른 학교는 어디가 있을까? 몇 가지 예를 들어 보자.

새로운 친구를 사귀거나 새로운 관계를 시작해 본 적이 있는가? 예전에 직장에 지원해서 합격한 적이 있는가? 다른 학교나 수업에 등록한 적이 있는가? 몇 가지 예를 들어 보자.

많은 사람들이 이별이나 실직, 대학 입학 거절을 겪고 나서도 새로운 관계를 시작하고, 직업을 얻고, 학교에 다니곤 한다. 이런 경험을 한 사람들의 예가 있는가? 한 번 생각해 보고 예를 들어 보자.

이전에 끝난 관계, 직장, 또는 수업이 있었던 적이 있는가? 그리고 그 후에 새로운 사람을 만나거나, 새로운 직장에 지원하거나, 다른 수업을 들었던 경험이 있는가? 몇 가지 예를 떠올려 보자.

____

____

____

____

새로운 사람들과 어떻게 관계를 맺을 수 있을지, 새로운 일에 지원하거나 다른 학교에 지원할 수 있을지에 대해 한 문단으로 이야기해 보자. 이를 위해 무엇을 해야 할까? 이 방향으로 나아가기 위한 계획을 세워 보자.

____

____

____

____

갈등이 생기면 우리는 자신을 탓하고 부정적인 꼬리표를 붙이면서, 그런 생각 때문에 미래에 대해 우울하고 절망적인 감정을 느낄 때가 있다. 이제 이별이나 실직, 대학 입학 실패 같은 일이 '내가 부족하거나 결함이 있거나 사랑받을 수 없다는 의미'라는 생각에 도전해 보자. 이런 상황을 다른 시각에서 바라볼 수 있는 방법이 있을지 생각해 보자. '나에게 결함이 있다는 생각에 도전하기' 활동지는 부록 24(p.326-327)에도 수록되어 있다. 필요한 만큼 복사하여 연습에 활용해 보자.

나에게 결함이 있다는 생각에 도전하기

혹시 갈등이 모두 내 탓이라고 생각하고 있지 않은가? 사실 갈등은 양쪽 모두의 역할이 있어야 생긴다. 그렇다면 상대방은 어떤 방식으로 문제를 만들었을까? 구체적으로 한번 떠올려 보자.

____

____

____

____

갈등이 생긴다고 해서 내가 사랑받지 못하거나 결함이 있다는 의미는 아니다. 단지 특정한 상황이 오래 지속되지 않았거나, 의견이 맞지 않았을 뿐이다. 이게 내 경험에 어떻게 적용될 수 있을지 생각해 보자.

____

____

____

____

누군가 갈등을 겪었다고 해서 그 사람이 사랑받지 못하거나 결함이 있다고 단정 짓지는 않을 것이다. 왜 그럴까? 구체적인 예를 들어 보자. 왜 다른 사람에게는 덜 엄격하고, 나 자신에게는 더 가혹할까?

____

____

____

____

모든 사람은 좋은 점과 부족한 점을 함께 가지고 있다. 그리고 우리는 그런 다양한 면을 가진 사람들을 좋아하고 사랑한다. 그래서 누군가가 사랑받을 수 없거나 결함이 있다는 말은 맞지 않다. 좋은 애인/파트너/직장인/학생/한 사람으로서 내가 가지고 있는 긍정적인 점은 무엇일까? 구체적으로 떠올려 보자.

____

____

____

____

누군가가 나를 사랑했다가 그 사람과 헤어졌다고 해서 내가 갑자기 사랑받지 못할 사람이 되는 건 아니다. 직장을 잃었다고 해서 내 능력이 없어지는 것도 아니다. 대학에 떨어졌다고 해서 갑자기 멍청한 사람이 되는 것도 아니다. 나와 내 상황은 단순히 '나쁘다.', '결함이 있다.', '사랑받지 못한다.'라고 정의할 수 없을 만큼 훨씬 더 복잡하다. 그렇다면, 이걸 어떻게 이해할 수 있을까? 예를 들어 생각해 보자.

____

____

____

____

갈등을 일으킨 게 내 실수라면, 그 실수에서 무엇을 배울 수 있을까? 그 배운 것을 앞으로 어떻게 활용할 수 있을까? 이 경험을 통해 어떻게 성장할 수 있을지 고민해 보자.

____

____

____

____

점쟁이 예언에 도전하기

점쟁이 예언을 하려는 습관을 한번 살펴보자. 이런 생각들은 종종 충분하지 않은 정보에 근거해 미래를 예측하는 것을 포함한다. 예를 들면, 다음과 같은 말들이 있다:

"나는 다시는 행복해질 수 없을 거야."

"난 평생 혼자일 거야."

"그 사람들은 나를 거절할 거야."

"나는 그 일에서 실패할 거야."

"나는 미쳐버릴 거야."

우리 중 많은 사람은 매일 미래를 예측하며 살아간다. 좋은 일이든 나쁜 일이든 상상하고, 그 상상을 마치 현실인 것처럼 받아들이는 것은 인간의 본성이다. 하지만 우리의 예측은 언제나 사실이 아닐 수 있다. 만약 계속해서 최악의 결과만 예측한다면, 불안하고 슬프며 무력감과 절망을 느끼게 될 가능성이 크다.

미래를 예측하는 습관은 현재와 미래의 감정에 큰 영향을 미치기 때문에, 이런 생각을 한번 점검하고 다른 시각에서 미래를 바라볼 수 있는지 살펴볼 필요가 있다. 지금 하고 있는 예측이나 과거에 했던 예측들을 되돌아 보자. 그리고 아래 활동지를 활용해 예측을 다시 점검해 보자. '부정적인 예측에 도전하기' 활동지는 부록 25(p.328-330)에도 수록되어 있다. 필요한 만큼 복사하여 연습에 활용해 보자.

부정적인 예측에 도전하기

내가 예측하고 있는 것이 무엇인지 구체적으로 생각해 보자. 그리고 그 일이 실제로 일어날 가능성이 얼마나 될지 0에서 100까지 백분율로 적어 보자. 가능한 한 구체적으로 써보자.

내가 예측하고 있는 것	백분율 (0~100%)

이 일이 일어날 거라고 생각하는 근거는 무엇인가? 반대로, 이 일이 일어나지 않을 거라고 생각하는 근거는 무엇인가?

- **일어날 거라고 생각하는 근거:** ______________________________

____

____

- **일어나지 않을 거라고 생각하는 근거:** ______________________________

____

____

과거에 했던 부정적인 예측 중에서 실제로 맞지 않은 것이 있었는가? 무엇을 예측했으며, 실제로는 어떻게 되었는가?

____

____

____

____

가장 나쁜 결과, 가장 좋은 결과, 그리고 가장 가능성이 높은 결과는 무엇인가?

- 가장 나쁜 결과: ______________________________
- 가장 좋은 결과: ______________________________
- 가장 가능성이 높은 결과: ______________________________

왜 '가장 가능성이 높은 결과'가 '가장 나쁜 결과'보다 더 가능성이 클까?

____

내가 가장 두려워하는 결과에 대해 구체적으로 적어 보자.

____

이 결과가 실제로 발생하려면 어떤 일이 잘못돼야 하는지, 모두 나열해 보자.

____

____

____

____

이 결과가 일어나지 않도록 막아줄 수 있는 모든 것들을 나열해 보자.

____

____

____

____

긍정적인 결과 세 가지를 구체적으로 적어 보자.

____

____

____

____

감정에 휩싸이면 상황을 객관적으로 바라보거나 다르게 생각하고, 스스로의 생각에 도전하며, 더 적응적이고 유연하며 현실적인 생각을 떠올리기가 쉽지 않다. 이럴 때 다음 활동지에 있는 10가지 질문이 큰 도움이 될 수 있다. 감정에 휘말려 무엇을 해야 할지 모르겠을 때, 답을 적어보며 스스로 방향을 잡아 보자.

'부정적인 생각에 도전하고 검토하는 10가지 질문' 활동지는 부록 26(p.331-333)에도 수록되어 있다. 필요한 만큼 복사하여 일주일 동안 적어도 세 번 이상은 연습에 활용해 보자.

부정적인 생각에 도전하고 검토하는 10가지 질문

1. 화가 났을 때, 나는 어떤 생각을 하는가?

2. 이런 식으로 생각하는 것의 손해와 이익은 무엇인가?

3. 이 생각을 덜 믿는다면 나는 어떻게 느끼고, 어떻게 행동하게 될까?

4. 내가 사용하고 있는 자동적인 사고의 왜곡은 무엇인가? (예: 독심술, 점쟁이 예언, 재앙화하기, 개인화하기 등)

5. 친구에게 조언을 해 준다고 하면, 어떤 말을 할 수 있을까?

6. 이 생각을 뒷받침하는 증거와 반박하는 증거는 무엇인가?

7. 만약 이 생각이 사실이라면, 그게 나에게 어떤 의미이며, 그 다음엔 어떤 일이 일어날까?

8. 7번에서 예측한 일이 실제로 일어날 가능성은 얼마나 될까? 왜 그런가?

9. 만약 부정적인 일이 실제로 일어난다면 나는 어떻게 대처할 수 있을까?

10. 이 상황을 더 현실적으로 바라볼 수 있는 방법은 무엇인가?

요약

- 우리 모두는 생각이 편향되거나 왜곡될 때가 있다.
- 이런 편향은 불안, 슬픔, 분노 같은 힘든 감정을 더 쉽게 느끼게 만든다.
- 나를 화나게 하는 내 생각을 알아차려 보자.
- 이런 식으로 생각할 때의 손해와 이익이 무엇인지 생각해 보자.
- 이 생각을 덜 믿게 된다면 내가 어떻게 느낄지 생각해 보자.
- 사물을 다르게 보는 방법은 항상 존재한다.
- 친구에게 해줄 조언이 있다면 무엇일지 고민해 보자.
- 성급하게 결론을 내리고 있는건 아닌지 확인해 보자.
- 상황을 좀 더 객관적으로 바라볼 수 있다.
- 내 생각을 뒷받침하는 증거와 반박하는 증거를 찾아 보자.

Don’t Believe Everything You Feel

제8장

견디기 힘든 복합적인 감정들

제8장

견디기 힘든 복합적인 감정들

사람이나 상황에 대해 단 하나의 감정만 느껴야 한다고 생각하는가? 장단점을 모두 고려하다 보니 결정을 내리기 어려운가? 사실, 양가감정, 즉 복합적인 감정은 우리 삶의 현실적인 일부다. 이를 받아들이지 못하면 삶의 모순적이지만 풍요로운 면을 놓치게 될 수 있다.

양가감정을 받아들이기 어려운 이유 중 하나는 '순수한 마음'을 믿기 때문이다. 이는 무엇이 옳고 진실한지 명확히 알 수 있는 이상적인 상태가 있다고 여기는 생각에서 비롯된다. 그래서 끊임없이 상황을 곱씹고 안심하려 하며, 모든 경우의 수를 따져보면서 모든 것이 하나로 연결되는 갑작스러운 통찰을 기대하게 된다. 하지만 이는 신화일 뿐이다. 현실은 복잡하고 모순적이며 끊임없이 변화한다. 우리의 마음 역시 그 현실의 일부다.

이 '순수한 마음'이라는 개념은 4장에서 배운 감정적 완벽주의의 연장선에 있다. 감정적 완벽주의란 우리가 행복하고 만족스럽고 충족된 감정만 느껴야 하며, 좌절 같은 부정적인 감정은 느껴선 안 된다고 믿는 것이다. 순수한 마음이란 우리의 마음이 혼란스럽지 않고 명확해야 한다는 생각이다. 그러나 현실에서는 마음이 종종 혼란스러운 것이 사실이다.

이번 장에서는 양가감정을 다루며, 특히 그것을 어떻게 받아들일 수 있을지 살펴보려 한다. 삶에는 타협이 필요하며, 때로는 어떤 것들은 그냥 받아들여야 한다는 사실을 알게 될 것이다. 사실, 문제는 양가감정 자체가 아니라 그것을 문제로 생각하는 데서 시작된다. 몇 가지 사례를 통해 이를 살펴보자.

상미는 몇 달 동안 철수를 만나왔고, 최근 들어 철수에 대한 자신의 감정을 반복적으로 되짚어보았다. "저는 철수에 대한 제 감정을 잘 모르겠어요. 철수와 함께 있을 때 좋을 때도 있지만, 가끔은 짜증이 나요. 자주는 아니지만, 가끔 그래요. 우리는 정말 잘 맞고, 함께 시간을 보내는 것도 좋아요. 철수는 정말 좋은 사람인데, 가끔 철수랑 대화하는 게 지루하게 느껴져요. 철수가 자꾸 자기 일에 대해서만 이야기 하는데, 솔직히 저는 그 일에 큰 관심이 없거든요. 제가 정말 어떻게 느끼는지 잘 모르겠어요. 철수를 좋아하는 걸까요, 아닌 걸까요?"

양가감정 때문에 상미는 철수와의 대화에서 느꼈던 몇몇 지루했던 순간에만 집중하게 되었다. '내가 왜 이러는 걸까? 우리 관계에 무슨 문제가 있는 걸까?'라는 생각이 들면서, 철수가 자신에게 '딱 맞는 사람'이 아닐지도 모른다는 걱정이 생겼고, 헤어짐에 대해 고민하게 되었다. 상미는 이전에 만났던 사람들보다 철수와 함께 있을 때 더 편안함을 느꼈지만, 여전히 의심이 가득했다. '복합적인 감정을 느끼면서 어떻게 헌신할 수 있지? 확신이 있어야 하지 않나?' 상미를 더 힘들게 한 건 철수가 너무 많은 장점을 가지고 있다는 사실이었다. 철수는 여러 면에서 훌륭한 애인/파트너가 될 수 있는 사람이었고, 상미는 철수가 자신에게 완전히 헌신적이라는 것도 알고 있었다. 하지만 철수에 대한 상미의 양가감정은 상미를 끊임없이 괴롭혔다.

미연도 비슷한 상황에 처해 있었지만, 미연의 양가감정은 직장과 관련된 것이었다. 미연은 작은 IT 회사에서 일하고 있었는데, 근무 시간이 길고 예측하기 어려운 일을 맡고 있었으며, 팀장이 가끔 비합리적인 태도를 보이곤 했다. 하지만 미연은 자신의 일 자체는 좋아했고, 많은 것을 배우고 있으며 성장 가능성도 크다고 느꼈다.

"잘 모르겠어요. 사람들은 꿈을 따라야 한다고 말하는데… 저도 이게 제 꿈이라고 생각하긴 해요. 그런데 가끔 지루함을 느끼기도 하고, 때로는 좌절감도 들어요. 이 일에 대해 제가 어떻게 느껴야 할지 잘 모르겠어요."

미연은 직장에 대해 이런 양가감정을 느껴서는 안 된다고 생각했다. 이 일이 자신의 꿈이어야 한다고 믿었기 때문이다. 미연은 계속해서 이 일이 꿈의 직업이어야 하고, 직장에서 지루함을 느껴선 안 되며, 그렇지 않다면 자신에게 문제가 있거나 이 일이 자신에게 맞는 직업이 아니라고 여겼다. 미연은 이런 복합적인 감정을 견디기 힘들어했다.

이제 질문해 보자. 문제는 철수에게 있는 것일까, 직장에 있는 것일까, 아니면 양가감정을 견디기 어려운 데 있는 것일까? 우리는 인간관계, 직장, 외모, 거주지, 심지어 먹는 것에 대해서도 복합적인 감정을 가질 수 있다. 어떤 사람들은 양가감정을 느낄 때 명확한 확신이 있어야만 결정을 내릴 수 있다고 생각한다. 그러나 이런 태도는 후회로 이어질 수 있으며, 상황을 넓은 시각에서 바라보지 못하게 한다.

우리는 종종 복합적인 감정을 문제로 여긴다. 중요한 것에 대해 의심하는 것이 나쁘다고 생각할지도 모른다. 하지만 만약 복합적인 감정이 삶의 풍요로움과 복잡성의 일부라면, 무엇이 문제일까? 문제는 그 복합적인 감정을 문제로 여기는 태도와, 그로 인해 생기는 반복적인 고민, 불필요한 안심 추구, 결정을 미루는 행동 등에 있을 수 있다. 이는 감정적 완벽주의의 또 다른 측면인 '순수한 마음'이라는 신화와도 연결된다.

양가감정을 받아들이지 못할 때, 그로 인해 우리가 선택하는 해결책이 문제를 더 악화시키는지를 살펴볼 필요가 있다.

양가감정 점검표

지금 당신의 양가감정이 어떤 상태인지 점검해 보자. 중간에 제시된 문장을 읽고, 아래 척도를 사용해 각 생활 영역에 대한 자신의 생각을 가장 잘 나타내는 숫자를 적어보면 된다. 여기에는 정답이나 오답이 없다. '양가감정 점검표'는 부록 27(p.334-335)에도 수록되어 있다.

척도:
1 = 매우 동의하지 않음
2 = 약간 동의하지 않음
3 = 조금 동의하지 않음
4 = 조금 동의함
5 = 약간 동의함
6 = 매우 동의함

삶의 영역	나의 신념	점수 (1~6)
직업	나는 복합적인 감정을 다루는 것이 힘들다.	
	나는 종종 내가 복합적인 감정을 느낀다는 사실에 집착한다.	
	나는 내 감정이 명확해야 한다고 생각한다.	
	나는 복합적인 감정을 느끼면 뭔가 잘못된 것이라고 생각한다.	
	나는 복합적인 감정을 느낄 때 결정을 내리기가 어렵다.	

연인 관계	나는 복합적인 감정을 다루는 것이 힘들다.
	나는 종종 내가 복합적인 감정을 느낀다는 사실에 집착한다.
	나는 내 감정이 명확해야 한다고 생각한다.
	나는 복합적인 감정을 느끼면 뭔가 잘못된 것이라고 생각한다.
	나는 복합적인 감정을 느낄 때 결정을 내리기가 어렵다.
우정	나는 복합적인 감정을 다루는 것이 힘들다.
	나는 종종 내가 복합적인 감정을 느낀다는 사실에 집착한다.
	나는 내 감정이 명확해야 한다고 생각한다.
	나는 복합적인 감정을 느끼면 뭔가 잘못된 것이라고 생각한다.
	나는 복합적인 감정을 느낄 때 결정을 내리기가 어렵다.
내가 살고 있는 곳	나는 복합적인 감정을 다루는 것이 힘들다.
	나는 종종 내가 복합적인 감정을 느낀다는 사실에 집착한다.
	나는 내 감정이 명확해야 한다고 생각한다.
	나는 복합적인 감정을 느끼면 뭔가 잘못된 것이라고 생각한다.
	나는 복합적인 감정을 느낄 때 결정을 내리기가 어렵다.

각 삶의 영역에 대한 내 대답들을 한 번 돌아보자. 아마 어떤 부분에서는 복합적인 감정을 더 쉽게 받아들이고 있다는 걸 알게 될지도 모른다. 예를 들어, 연인 관계보다 내가 살고 있는 곳에 대해 복합적인 감정을 더 수용하고 있다면, 그 이유는 무엇일까?

연인과의 관계나 선택에는 복합적인 감정이 없어야 한다고 생각하는가? 직장에서 하는 일로 인해 절대로 좌절감이나 지루함을 느껴서는 안 된다고 생각하는가? 그렇다면 왜 그런가?

복합적인 감정 때문에 가끔 실망감이나 좌절감을 견디는게 더 힘들어지곤 하는가? 양가감정으로 인해 결정 내리는 것이 어려운가? 설명해 보자.

내 삶에서 양가적인 감정을 받아들일 수 있는 부분을 생각해 보자. 예를 들어, 어떤 친구에게 복합적인 감정을 느끼고, 그 친구도 나에게 비슷한 감정을 가질 수 있다. 그게 나에게 괜찮은가? 그렇다면 왜 그런지 생각해 보자.

____

____

____

____

잠시 상미와 철수의 이야기로 돌아가서, 나는 상미에게 철수에 대해 복합적인 감정을 가지는 것이 왜 어려운지 물어봤다. 상미는 놀란 표정으로 나를 바라보며 "제가 뭘 느끼고 있는지를 정확히 알아야 하지 않나요?"라고 말했다. "맞아요." 내가 대답했다. "전 상미 씨가 자신의 진짜 감정을 알고 있다고 생각해요. 상미 씨는 지금 복합적인 감정을 느끼고 있어요. 그게 바로 상미 씨의 감정이에요. 양가감정인 거죠."

상미는 이 말에 웃었다. 하지만 여전히 복합적인 감정을 가지면 안 된다고 느꼈다. 상미는 "제가 뭘 느끼고 있는지를 정확히 알아야 하지 않나요?"라고 되물었다. 나는 상미가 자신의 감정을 제대로 알고 있으며, 그것이 복합적이라는 점을 알려줬다. 우리는 상미가 오랫동안 특정 친구들에 대해 복합적인 감정을 느껴왔던 점과 상미가 그러한 사실을 받아들이고 있으며 철수에 대해서도 같은 감정일 가능성에 대해 이야기했다.

"아마도 사람을 알아가는 과정에서는 복합적인 감정이 자연스럽게 생겨나는 건지도 몰라요." 내가 말했다.

"하지만 누군가를 사랑한다면 복합적인 감정을 가지면 안 되는 거 아닌가요?"라고 상미는 물었다.

"그건 너무 이상적으로 들려요. 그리고 현실적이지 않아요. 아마도 누군가를 사랑한다는 것은 복합적인 감정을 받아들이는 것일지도 몰라요.

사랑은 더 큰 그림을 보는 것일 수도 있죠."라고 나는 답했다.

스스로의 양가감정에 대해 어떻게 생각하는가? 나 스스로 어떤 감정을 가져야 한다는 규칙 같은 것이 있는가? 해당하는 문항에 표시해 보자.

□ 나는 절대 양가감정을 가져서는 안 된다.
□ 양가감정을 느낀다면, 그 복합적인 감정을 없애기 위해 계속해서 그 문제에 대해 생각해야 한다.
□ 다른 사람들은 내가 가진 양가감정을 없애도록 도울 수 있다.
□ 나는 복합적인 감정을 느끼는 모든 것을 바꿔야 한다.
□ 복합적인 감정을 느끼면 결정을 내릴 수 없다.
□ 신경질적이고 불안하며 우울한 사람들만 양가감정을 느낀다.
□ 거의 모든 사람들은 자신이 느끼는 감정에 대해 명확히 알고 있다.

내 삶에서 양가감정을 받아들이기 가장 어려운 부분은 어디일까? 그리고 어떤 부분에서는 양가감정을 더 쉽게 받아들이고 있을까?

___

___

___

___

___

___

___

___

___

___

양가감정을 느낄 때, 그 감정을 없애야 한다고 생각하는가? 왜 그런 생각이 드는 걸까?

복합적인 감정을 없앨 수 없다면, 그것이 나에게 어떤 의미일까? 만약 그런 감정을 안고 살아가야 한다면 어떻게 느낄 것 같은가?

복합적인 감정을 가져서는 안 된다고 여긴다면, 그런 감정과 함께 살아가는 일은 더 힘들어질 수 있다. 아마도 그 감정을 계속 곱씹으며 걱정하고, 안심을 얻으려 하며, 결정을 내리고 그 결과를 받아들이는 데에도 어려움을 겪게 될 것이다. 선택하지 않은 대안을 더 좋게 생각하고 과거를 돌아보며 후회하는 일도 많아질 것이다. 복합적인 감정을 받아들이지 못하면 우리가 일상에서 경험하는 것들의 가치를 의심하게 될 수도 있다. 가치를 의심하게 되고, 혹은, 현재 가진 것에 대해 감사하는 마음을 방해할 수 있다.

그렇지만 양가감정을 다른 시각으로 바라본다면 어떨까? 만약 양가감정에 대해 아래와 같은 생각을 더 많이 해보면 어떨까?

- 양가감정은 당연한 것이다. 왜냐하면 삶에는 항상 기복이 있기 때문이다.
- 나는 양가감정을 곱씹기보다는 받아들일 수 있다.
- 모든 선택에는 대가가 따른다.
- 누구나 자신에게 솔직하다면 복합적인 감정을 느끼기 마련이다.
- 나는 복합적인 감정을 가지고도 결정을 내릴 수 있다. 왜냐하면 어떤 결정을 내릴 때는 늘 다른 대안들을 비교하면서 복합적인 감정을 갖게 되는 것이 자연스럽기 때문이다.

기준이 매우 높은 사람들(Maximizers)

몇 년 전, 나는 동료와 함께 식당에서 점심을 먹었다. 동료는 메뉴를 꼼꼼히 살피더니, 웨이터를 불러 약 10가지 요리에 대해 하나하나 비교해 달라고 물었다. 솔직히 나는 좀 짜증이 났고, 웨이터도 귀찮았을 것이다. 내 동료는 굉장히 똑똑한 사람이었지만, 최고의 메뉴를 고르기 위해 모든 비교가 필요하다고 생각했던 것이다.

이게 사소한 예처럼 보일 수도 있다(사실 그렇다). 하지만 인생의 모든 결정을 내릴 때마다 반드시 최고의 것을 얻어야 한다고 생각하며 접근한다고 상상해 보라. 그런 사람들은 차선의 것으로는 만족하지 않는다. 반드시 최고여야만 한다. 심리학자들은 이런 사람들을 기준이 매우 높은 사람들(maximizers)이라고 부른다. 기준이 매우 높은 사람들은 무언가를 결정할 때 완벽함을 추구한다. 더 낮은 선택에는 만족하지 않고, 완벽한 애인/파트너, 직업, 친구를 찾기 위해 끊임없이 노력한다. 그 과정에는 끝이 없다.

물론, 이렇게 하는 것이 좋은 생각처럼 들릴 수도 있다. 하지만 기준이 매우 높은 사람들에게는 단점도 있다. 우리는 이 주제를 4장에서 간략히 다뤘다. 연구에 따르면, 기준이 매우 높은 사람들은 결정을 내리는 데 시간이 더 오래 걸리고, 더 많은 정보를 필요로 하며, 종종 불필요한 정보까지 찾게 된다. 또한 결정하는 과정이 불쾌하게 느껴지고, 선택에 대한 만족도가 낮은 경우가 많다. 사실 이들은 결정을 내린 후에도 그때 더 나은 선택이 있었을지 모른다고 후회하거나, 앞으로 더 나은 것이 있을 거라 생각해 후회하는 경우가 많다.(Schwartz et al. 2002; Parker, De Bruin, & Fischhoff, 2007)

현중의 이야기

현중은 결혼을 결정하는 데 있어 기준이 매우 높은 사람이었다.

현중은 사랑하는 혜림과 오랜 시간 함께했고, 혜림과 함께 있는 시간을 즐겼으며 성생활도 좋다고 생각했다. 혜림은 다정하고 동정심 많고 관대하며, 현중에게 헌신적인 사람이었다. 현중은 아이를 갖고 싶어 했고, 혜림이 훌륭한 엄마가 될 거라고 믿었다.

하지만 '그래도...'라는 부분이 있었다. 혜림이 현중만큼 사업이나 정치에 큰 관심이 없다는 점이 걸렸다. '만약 내가 나중에 지루해진다면?', '혹시 더 잘 맞는 사람이 나타나면 어떻게 하지?'라는 생각이 들었다. 혜림이 지금까지 만난 사람 중 가장 매력적인 여성이라는 것은 인정했지만, 여전히 불만과 좌절감, 때때로 느껴지는 지루함, 그리고 더 나은 사람이 있을지도 모른다는 두려움에 사로잡히곤 했다.

다음은 현중이 복합적인 감정을 느끼며 불편해진 이유의 근간이 되는 가정들이다:

- 나는 관계에서 절대 지루함을 느껴서는 안 된다.
- 나는 부정적인 부분에 계속 집중해야 한다.
- 나는 내 애인/파트너가 완벽하지 않다는 것을 받아들일 수 없다.
- 내가 양가감정을 느낀다면, 그건 나쁜 신호다.
- 내게 더 나은 사람이 없다는 확신이 들 때까지 계속 찾아야 한다.

나는 현중에게 관계에서 절대 지루함을 느껴서는 안 된다는 완벽주의적 생각이 비현실적이라고 지적했다. 지루함이란 우리가 스스로나 가장 친한 친구들, 혹은 가까운 사람들에게도 일시적으로 느낄 수 있는 감정일 뿐이다. 사랑하는 사람과의 관계에서도 가끔 지루함을 느낄 수 있는 건 자연스러운 일이 아닐까? 결국 현중도 지루함이 관계에서 자연스럽게 일어나는 것임을 이해하게 되었다.

현중이 가지고 있었고, 아마 우리도 가지고 있을 또 다른 생각은 '최고의 사람을 계속 찾아야 한다.'는 것일 것이다. 이 점을 한번 생각해 보자. 세상에는 약 55억 명의 사람들이 있다. 그중에서 최고의 사람을 만날 확률은 얼마나 될까? 아주 낮다. 과연 세상에서 가장 좋은 선택을 한 사람이 있을까? 지금의 애인/파트너가 최고의 선택이라고 생각할 수 있지만, 나머지 55억 명에 대해 전부 다 '표본 추출(sampling)'을 해 본 적은 없는 것이다.

혼란스러운 세 가지 C: 명확성(Clarity), 마무리(Closure), 확실성(Certainty)

많은 사람들이 양가감정을 받아들이는 데 혼란을 느끼곤 한다(농담이 아니다.). 왜냐하면 우리는 보통 명확성(Clarity), 마무리(Closure), 그리고 확실성(Certainty)을 원하기 때문이다. 이 세 가지를 찾으면 모든 것이 해결될 거라 믿는 경향이 있지만, 이런 요소들은 쉽게 얻어지지 않는 경우가 많다.

명확성(Clarity)

복합적인 감정을 받아들이면 중요한 일에 대해 내가 '진짜로 느끼는 것'이 흐려진다고 생각할 수도 있다. 명확성을 어떤 장점이나 단점도 없는 상태로 여길 수도 있지만, 사실 그런 건 명확함이 아니라 완벽함에 가깝다. 어쩌면 진짜 명확하다는 건, 모든 일에 장점과 단점이 동시에 존재한다는 사실을 받아들이는 일일지도 모른다. 다시 말해, 명확성이라는 건 우리가 복합적인 감정을 가지고 있다는 사실을 인정하는 일일 수도 있다는 말이다.

내가 살고 있는 뉴잉글랜드 시골 지역을 예로 들어 보자. 이곳 날씨는 수시로 바뀐다. 어느 날은 화창하고 기온이 화씨 55도(섭씨 약 13도)였다가, 바로 다음 날엔 눈이 내리면서 20도(섭씨 약 -7도)로 뚝 떨어질 수도 있다. 하루 사이에도 구름은 끊임없이 오고 간다. 여기서 나에게 명확한 건 '날씨는 늘 변한다.'는 사실이지, 늘 맑거나 늘 눈이 오거나 늘 흐린 상태가 아니라는 점이다.

그렇다면 애인/파트너, 직장, 친구와의 관계처럼 끊임없이 변하는 것들에서 우리가 어떻게 명확성을 찾을 수 있을까? 명확성이라는 개념 자체가 마치 매 순간 변화하는 감정과 경험을 사진 한 장으로 고정시키려는 시도와 비슷해 보이기도 한다. 진정한 명확성이란, 어쩌면 영원하거나 절대적인 것은 없다는 사실을 있는 그대로 인정하는 것일지도 모르겠다.

마무리(Closure)

양가감정을 계속 곱씹고 긍정적인 면과 부정적인 면을 비교하다 보면, 결국 '마무리'를 할 수 있을 거라고 생각할 수 있다. 마무리한다는 것은 자신의 감정, 인식, 기억, 꿈 등을 상자에 넣고 '끝났다.'라고 표시한 뒤 닫는 것과 같다고 여길 수도 있다. 하지만 우리의 경험은 그렇게 자물쇠로 잠가 다락방에 보관할 수 있는 상자가 아니다. 기억을 보관할 다락방 같은 곳은 없다.

우리의 모든 경험은 유동적이고, 변화하며, 예측할 수 없다. 우리의 삶, 기억, 관계, 그리고 다양한 과거의 경험들은 언제든지 다시 열어볼 수 있는 열린 책과 같다. 우리가 보고 듣는 무언가에 의해 기억이 떠오를 수 있다. 인생은 열린 책이고 모든 경험이 해변의 파도처럼 유동적일 때, 그것을 완벽히 마무리하는 것은 불가능하다.

때로는 내가 겪는 경험, 즉 나의 파도가 잔잔할 때도 있고, 거세게 밀려올 때도 있다. 파도가 오고 가는 모습을 지켜보라. 끊임없이 움직이는 바다를 완전히 마무리하는 것은 불가능하다.

확실성(Certainty)

우리는 불확실함을 부정적인 결과와 동일시하며 확실성을 원하거나 요구하기도 한다. 때로는 확실함을 찾아야 할 의무가 있다고 느끼기도 한다. 하지만 불확실함이 꼭 나쁜 결과를 의미하지는 않는다. 예를 들어, 내일의 날씨를 정확히 알 수 없다고 해서 반드시 폭설이 내린다는 뜻은 아니다.

결과를 완벽히 예측해야 한다고 생각하면, 불확실함 속에서 의심을 견디기가 어려울 수 있다. 그러나 이 세상에서 절대적인 확신은 존재하지 않는다. 바다는 쉬지 않고 흐른다. 파도는 끊임없이 올라갔다 내려가고, 다시 솟아오르기를 반복한다. 하지만 파도를 예측할 수 없다고 해서 우리가 그 변화하는 물결을 타지 못하고 익사하게 되는 건 아니다. 생각해 보면, 우리 삶에도 절대적으로 확실한 것이란 게 과연 있을까? 다른 사람이 다음에 무슨 말을 할지, 내가 앞으로 어떤 감정을 느낄지, 차가 갑자기 고장 나지는 않을지, 직장을 잃게 될지조차 우리는 결코 알 수 없다. 오히려 모든 것이 완벽히 예측 가능하다면 삶이 지루하게 느껴질지도 모른다. 어쩌면 불확실함이 우리에게 꼭 필요한 요소일지도 모른다!

선택

명확성, 마무리, 확실성을 끝없이 추구하는 감정적 완벽주의가 있더라도, 우리는 여전히 선택할 수 있다. 어떤 사람은 이렇게 생각할지도 모른다. '모호함이란 건 고민할 수밖에 없는 거야. 받아들이고 말고 할 문제가 아니야.' 이런 생각은 모호함을 지구의 중력처럼 여기는 것과 같다. 다시 말해, 모호함은 관점의 차이가 아니라 어떤 상황에서든 항상 존재하는 현실이다. 또한, 어떤 결정을 내리든 결국 후회할 거라고 믿을 수도 있다. '나중에 내가 했던 의심을 되돌아보며, 다른 선택을 할 수도 있었다는 걸 깨닫고 나 자신을 비판하게 될 거야.'라고 말이다. 하지만 모호함을 견디는 능력이 부족한, 즉 선택의 기준이 매우 높은 사람들이 오히려 자신이 내린 결정과 경험한 결과를 더 많이 후회한다는 사실을 기억해야 한다. 만약 불확실성을 견디지 못하는 것이 정말 핵심 문제라면, 기준이 높은 사람들은 후회를 덜 해야 맞다. 하지만 현실은 정반대다. 그들은 오히려 더 자주, 더 많이 후회한다.

모호함을 삶의 자연스러운 일부로 받아들이는 것에는 어떤 장점이 있을까?

관계나 자기 성찰에서도 마찬가지다. 불확실성을 삶의 경험에서 피할 수 없는 부분으로 생각한다면 어떨까?

우리가 무슨 일이 일어날지 확실히 알 수 없다는 사실을 받아들인다면 어떻게 될까?

삶의 어떤 부분에서 불확실성을 받아들이고 있는가? 그것은 왜 그런가?

____

____

____

____

____

명확성을 포기하고 복잡함과 변화를 받아들이는 것에는 어떤 장점이 있을까?

____

____

____

____

____

복합적인 감정을 다룰 때 문제가 되는 전략들

복합적인 감정을 깨닫게 되면, 우리는 그 감정을 어떻게든 해결하려고 애쓰게 될지도 모른다. 그러다 보면 자기도 모르게 복합적인 감정을 단순화하거나 없애려 하고, '내가 진짜로 느끼는 게 무엇인지' 명확히 하려 할 가능성이 크다. 왜냐하면 우리는 마음속에서 감정이 하나의 분명한 형태로 정의되기를 원하기 때문이다. 결국 우리의 감정이 흑백처럼 분명해지기를 바라는 것이다. 사람들은 각자 나름대로 감정을 다루는 다양한 방법을 사용한다. 그렇다면 당신은 복합적인 감정을 어떻게 다루고 있는가?

다음 중 여러분이 복합적인 감정을 받아들이기 어려워서 하는 행동은 무엇인가? 만약 이 예시가 여러분에게 해당되지 않는다면, 모호함을 다루는 데 어려움을 겪는 친구들을 떠올리고 그들의 경험을 설명해 보라. 예시를 들어 보라.

불평하기

복합적인 감정을 느끼는 대상이나 사람들에게 계속 불평하며, 단점이나 부정적인 부분, 실망스러운 면을 받아들이기 어렵다고 반복적으로 말한다.

____

____

____

____

더 많은 정보 수집하기

더 많은 정보를 모으면 양가감정을 해결할 수 있을 거라 생각하지만, 그 정보들은 주로 부정적인 방향으로 치우치게 만든다.

____

____

____

____

항상 부정적인 것에 집중하고 긍정적인 것을 무시하기

긍정적인 것은 배제하고 부정적인 것에만 집중한다. 그러다 보니 긍정적인 면들은 걸러지고, 결국 더 낙담하게 된다.

안심을 구하기

모든 것이 괜찮을 거라는 안심을 친구나 양가감정의 대상에게서 얻으려 한다.

반추하기

복합적인 감정을 가지고 있다는 사실에 집착해 그 감정을 계속 되새기며, 양가감정을 있는 그대로 받아들이고 현재를 즐기는 것이 어려워진다.

잘못된 결정을 내릴까 봐 걱정하기

잘못된 결정을 내릴까 봐, 혹은 나중에 후회할까 봐 걱정한다.

미루기

결정할 준비가 될 때까지 미루면서, 앞으로 나아가거나 무언가를 끊어낼 기회를 놓친다.

양다리 걸치기

한쪽 발은 들여놓고 다른 한쪽 발은 빼놓은 상태로, 관계를 완전히 끊지 못하고 머뭇거린다.

이 대처 전략들이 왜 문제가 될 수 있는지 조금 더 자세히 살펴보자.

□ 양가감정에 대해 **불평**하는 것은 주변 사람들을 멀어지게 하고, 자신을 부정적인 상태에 가두게 한다. 이것이 어떻게 도움이 될 수 있겠는가.

□ **더 많은 정보를 모으는 것**이 처음에는 합리적으로 보일 수 있지만, 정보 수집 과정에서 편향이 생길 수 있다. 자신의 주장을 뒷받침하거나 양가감정을 없애려는 의도로 말이다. 언제쯤이면 충분히 정보를 모았다고 할 수 있을까?

□ **항상 부정적인 것에만 집중하고 긍정적인 부분을 무시**하면, 이미 가지고 있는 좋은 것들을 놓칠 수 있다.

□ **안심을 구하는 것**이 일시적으로는 효과가 있을지 모르지만, 복합적인 감정을 가질 만한 이유가 있는 상황이라면 그 감정을 완전히 없애지는 못한다. 안심한다고 해서 현실이 달라지지는 않는다. 누군가가 "너는 정말 그 사람을 사랑해."라고 확신시켜 준다고 해도, 부정적인 감정이 다시 찾아오지 않는다는 보장은 없다. 안심을 구하는 것은 오히려 양가감정을 없애야 한다는 생각을 더 강화할 뿐이다. 그것을 받아들이고 함께 살아가고, 정상적인 것으로 여기는 대신 말이다.

□ **미래에 대해 끊임없이 고민**한다고 해서 양가감정을 해결할 수 있는 것은 아니며, 오히려 우울하고 불안하게 만들어 양가감정을 받아들이기가 더 어려워진다.

□ 잘못된 결정을 내릴까봐 **걱정**하는 것은 최악의 상황에 대비하려는 마음에서 비롯될 수 있다. 하지만 결국 존재하지 않는 가상의 부정적인 상황 속에 사는 것과 같다. 만성적인 걱정은 우울증으로 이어질 수 있다.

□ 결정을 **미루고 연기**하는 것은 양가감정에 스스로를 가두는 것이며, 복합적인 감정이 있을 때는 결정을 내릴 수 없다는 완벽주의적인 생

각을 키운다. 사실, 결정은 복합적인 감정을 인정하면서도 나아가는 것이다.

□ **양다리 걸치기**는 자신의 진정한 능력을 최소화하고 잠재력을 스스로 훼손하게 할 뿐이다. 한 발은 들여놓고 다른 한 발은 빼놓은 상태라면, 결국 효과가 줄어들게 된다.

다시 말하자면, 문제는 양가감정을 정당한 감정으로 받아들이지 않는 데 있다. 사람은 누구나 어떤 일에 대해 복합적인 감정을 가질 수 있고, 이런 감정은 우리가 현실을 진실하게 경험하는 방식이다. 이것은 문제가 되지 않는다. 오히려 지금 일어나고 있는 일을 그대로 받아들이는 것이 중요하다.

그렇다면, 왜 양가감정을 받아들이지 못하는걸까?

순수한 마음에 대한 신화

'순수한 마음'을 믿는 사람들은 복합적인 감정이나 모순된 생각, 불확실성, 그리고 불쾌하거나 원하지 않는 감정을 잘 견디지 못한다. 그들에게 이런 복잡한 감정과 경험은 마치 머릿속에서 추구하는 '순수한 상태'를 더럽히는 오점처럼 느껴진다. 이들은 자기 자신이 항상 명확하고 일관적이어야 하며, 모든 것을 통제하고 있어야 한다고 생각한다. 또한 이들은 주변의 소음, 경험의 끊임없는 변화, 계속해서 새롭게 흘러드는 정보를 참아내지 못한다. 그들은 모든 것이 작고 깔끔한 상자 안에 정리되어 있기를 바라며, 항상 명료하고 간결하고 일관성 있게 유지되기를 원한다.

하지만 현실은 그렇지 않다. 우리는 자신이 중요하게 여기는 것들에 대해 때때로 복합적인 감정을 느낄 수 있다. 가장 친한 친구, 집, 직장, 사는 곳, 정치적 및 종교적 신념, 그리고 우리가 TV에서 보고 있는 것들까지도 말이다. 여기에는 **'순수한 마음'**이라는 것은 없고, 오직 끊임없이 변화하는 경험, 관점, 감정들만이 존재한다. 마치 음악이 바뀌어도 우리는 계속해서 그 흐름을 따라가는 것과 같다.

순수한 마음이라는 이상을 버린다면 어떨까? 모순, 혼란, 그리고 비논리적이고 불공평하며 불분명하고 불확실한 부분들을 받아들인다면 어떨까? 그 대가는 무엇일까?

그 대가는 우리가 반드시 명확히 해야 할 필요가 없고, 반드시 확실히 알아야 할 필요도 없으며, 불완전함을 받아들이고 양가감정에서 오는 풍요로움을 허용할 수 있다는 것이다. 우리는 때때로 복합적인 감정을 가지고 있다는 사실을 스스로에게 더 솔직하게 인정할 수 있다. 그 대가는 모든 것이 완벽할 필요가 없고, 결말을 내릴 필요도 없으며, 모든 것을 완전히 파악할 필요도 없고, 자신이 정말로 어떻게 느끼는지 알 필요도 없다는 것이다.

우리는 그저 솔직하고 자신 있게 이렇게 인정하면 된다: '그것에 대해 복합적인 감정이 있는 것 같아.' 그리고 그것이 진실한 답변이다. 그게 답이다. 우리는 복합적인 감정을 가지고 있다. 이걸로 끝이다.

타협은 불가피한 일이다

많은 사람들이 겪는 어려움 중 하나는 내가 '실존적 완벽주의'라고 부르는 것과 관련이 있다. 이는 인생에서 중요한 것들이 어떤 단점도 없이 완벽해야 한다고 믿는 것이다. 실존적 완벽주의자는 완벽한 관계, 꿈의 직업, 그리고 이상적인 거주지를 원한다. 이게 바로 유토피아적 관점이다. 즉, 완벽한 이상향이 바로 눈앞에 있다고 믿는 것이다. 참고로 '유토피아'라는 단어는 라틴어로 '존재하지 않는 장소'라는 뜻이다. 누군가 몇 년 전에 농담으로 "유토피아는 뉴욕 북부에 있는 작은 마을인데, 이제는 아무도 그곳에 살지 않는다."고 말했었다.

실제 인간관계, 직업, 그리고 사는 곳에 대해서는 유토피아 같은 것은 존재하지 않는다. 이상처럼 영원히 지속되는 꿈도 없고, 단점 없는 장소나 사람도 없다. 모든 것에는 대가가 따른다. 예를 들어, 결혼을 생각해 보자. 결혼은 장점이 많지만 때로는 단점도 있다. 당신과 배우자는 때로 의견이 달라 갈등을 겪기도 하고, 더 이상 완전한 자유를 누릴 수 없다는 현실을 마주하게 될 것이다. 상대를 배려해야 하고 예상치 못한 경제적 부담도 생길 수 있다. 그래도 그만한 가치가 있을 수 있다. 안정감, 무언가를 함께 나눌 사람, 그리고 함께 인생을 만들어 간다는 것과 같은 긍정적인 면이 있을 수 있기 때문이다.

모든 것에는 결국 장점과 단점이 있다. 세상에 공짜는 없다. 어떤 것들은 원래부터 자연스럽게 따라오기 마련이다. 우리가 하는 일에도 때때로 지루하고 불쾌한 순간이 생길 수 있는 것처럼 말이다. 하지만 그 일이 생계를 유지하고, 개인적·직업적으로 성장하며, 결국 발전하는 수단이 될 수도 있다.

나는 물가가 비싸고, 시끄럽고, 사람들로 늘 북적이는 뉴욕에 살고 있다. 하지만 뉴욕은 살기에 최고인 도시 중 하나이기도 하다. 박물관도 많고, 흥미로운 사람들도 많고, 다양한 민족의 음식점도 많다. 타협에는 항상 긍정적인 면과 부정적인 면이 함께 따른다.

모든 것에는 타협이 필요하다. 결혼을 하고 싶다면 일정한 타협을 받아들여야 한다. 일을 하려고 해도 마음에 들지 않는 부분이 있을 수밖에 없다. 어디에 살든지 장점과 단점이 있기 마련이다. 중요한 것은 '꿈이 무엇인가?'가 아니라 '어떤 타협을 받아들일 수 있느냐?'이다.

이제 당신이 인생의 여러 측면에서 하고 있는 타협들을 한번 살펴보자. 당신 활동지에 각 삶의 영역에 대한 긍정적인 면과 부정적인 면을 나열해 보자. 그리고 긍정적인 면과 부정적인 면을 합쳐 100%가 되도록 백분율로 표현해 보자. 예를 들어, 일의 장단점을 50 대 50으로 평가할 수도 있다. 반면 우정은 70 대 30으로 평가할 수도 있다. 맨 오른쪽 열에서는 긍정적인 면의 점수에서 부정적인 면의 점수를 빼자. 예를 들어, 현재 관계에서 긍정적인 점이 60이고 부정적인 점이 40이라면, 최종 점수는 +20이 된다. '각 삶의 영역에서 장단점 살펴보기' 활동지는 부록 28(p.336)에도 수록되어 있다.

각 삶의 영역에서 장단점 살펴보기

삶의 영역	긍정적인 면	%	부정적인 면	%	긍정-부정
헌신적인 관계					
혼자 지내기					
우정					
일					
내가 살고 있는 곳					
건강과 피트니스					
기타:					

여러분의 삶 대부분의 영역에 긍정적인 면과 부정적인 면이 모두 있는가? 그렇다면 그것이 무엇을 의미하는가?

아무것도 완전히 긍정적이지 않고, 완전히 부정적이지도 않다는 사실에 대해 어떻게 생각하는가?

여러분에게 가장 중요한 긍정적인 면과 부정적인 면은 무엇인가?

어떤 부정적인 면을 개선할 수 있다고 생각하는가? 그것은 어떻게 개선할 수 있을까?

다른 사람들도 이러한 긍정적인 면과 부정적인 면을 가지고 있을까? 그것에 대해 어떻게 생각하는가? 그들은 그것을 어떻게 다루고 있을까?

타협을 삶의 풍부함과 복잡성의 일부로 생각한다면 어떨까? 그것들을 단지 그 과정에서 자연스럽게 따라오는 것들로 생각한다면 어떨까?

삶의 각 영역에는 매력적인 요소들이 있지만, 그와 동시에 부담스럽거나 어려운 면도 있다는 사실을 잊지 말자. 예를 들어, 미영은 남자친구인 순호가 감정적으로 맞춰주지 않고 너무 실용적인 것만 신경 쓴다고 불평한 적이 있었다. 처음 순호의 어떤 점을 좋아했는지 물어보니, 미영은 순호가 신뢰할 수 있는 사람이고, 성실하게 일하고, 또 차분한 모습을 갖고 있어서 좋아했다고 답했다. 결국 어떤 것들은 좋은 면과 그렇지 않은 면이 동시에 존재하는 것이고, 지금 마음에 들지 않는 점이 사실 과거에 좋아했던(혹은 앞으로 좋아하게 될) 면과 서로 이어지는 또 다른 모습일 수 있다.

교향곡

우리의 감정을 악보 위에 놓인 음표라고 생각해 보자. 만약 우리가 양가감정을 견디지 못하고 모든 것이 단순하고 명확하기만을 바란다면, 그 악보는 결국 하나의 음만 반복하는 지루한 멜로디가 되고 말 것이다. 상상만 해도 정말 단조롭지 않은가? 하지만 우리가 자신의 감정을 다양한 악장 속에서 서로 대비되는 음표들, 서로를 보완하는 소리들, 오르내리는 음의 변화, 그리고 빠르고 느린 흐름이 공존하는 하나의 교향곡으로 바라본다면 어떨까? 바로 그것이 진정한 음악이다.

친구들에 대해 느끼는 복합적인 감정을 한번 생각해 보자. 솔직히 말하면 친구들에게 싫은 점도 있고, 특히 거슬리는 점도 있을 것이다. 하지만 그럼에도 불구하고 분명히 좋아하는 점 역시 많다. 이제 우리는 우정에 대해 느끼는 다양한 감정을 솔직하게 인정한 것이다. 이 모든 감정들, 즉, 긍정적인 것, 부정적인 것, 중립적인 것이 교향곡을 이루고 있는 각기 다른 음표라고 생각해 보자. 음악은 때론 부드럽고, 때론 강렬하며, 때로는 빠르다가도 느리게 흘러간다. 이 모든 요소가 모여 더 큰 하나의 경험이 된다.

우정도 마찬가지다. 좋은 감정, 나쁜 감정, 중립적인 감정이 모두 우정을 이루는 일부다. 이제 그 교향곡을 있는 그대로 들어 보자. 모든 음표와 모든 악장을 말이다.

여러분의 경험을 수많은 음표와 대비되는 소리, 다양한 악장으로 이루어진 교향곡이라고 생각한다면, 어떤 도움이 될 것 같은가?

____

____

____

____

____

요약

- 양가감정을 받아들이는 데 어려움이 있는지 점검해 보라.
- 삶의 특정 영역에서 자신이 복합적인 감정을 잘 받아들이고 있는지 한 번 돌아보자.
- 복합적인 감정이 고쳐야 할 문제의 신호가 아니라, 삶의 복잡성에서 오는 자연스러운 것이라는 생각을 열어 두라.
- 양가감정 때문에 부정적인 감정을 견디기 더 어려워지거나, 전반적으로 더 불만족스러워지지는 않는지, 혹은 결정을 망설이게 되거나 후회하는 일이 많아지는지 주의 깊게 살펴보자.
- 명확성(Clarity), 마무리(Closure), 확실성(Certainty)을 찾는 것이 불가능한 일일 수 있다는 점을 기억하자.
- 양가감정 자체가 문제가 아닐 수도 있다. 문제는 우리가 양가감정을 문제라고 생각하는 것일 수 있다.

- 순수한 마음은 존재하지 않는다. 우리의 마음은 마치 수많은 색깔이 뒤섞인 팔레트와 같아서, 종종 같은 것에 대해 상반된 감정을 느끼기도 한다.
- 타협이 전혀 없는 경험을 추구하기보다는, 상대적으로 균형 잡힌 지점을 찾아 보자.
- 경험을 교향곡처럼 생각해 보라. 여러 음표와 악장, 다양한 변화들이 모여 하나의 이야기를 만드는 것처럼 말이다.

제9장

내가 중요하게 생각하는 것

제9장
내가 중요하게 생각하는 것

많은 사람들이 과거에 화가 났던 일이 시간이 지나면 별로 중요하지 않다고 느낄 때가 있다. 감정은 한 시간, 일주일, 또는 일 년이 지나면 바뀔 수 있다.

예를 들어, 교통 체증 때문에 정말 화가 날 때가 있다. 그래서 난폭하게 운전할 수도 있다. 옆에 탄 사람들이 무서워할 수도 있다. 하지만 한 시간이 지나면 그렇게 화를 낼 필요가 없었다는 걸 알게 된다. 5분 늦는 것이 그렇게 큰일이 아니었다는 것을 깨닫는다. 다른 차에 탄 사람들이 나를 어떻게 생각했는지 왜 그렇게 신경 썼는지도 궁금해진다.

1장과 2장에서 말했듯이, 우리의 감정은 어떤 일이 아주 중요하고 꼭 필요한 것처럼 느끼게 만들 때가 많다. 예를 들어, 외로우면 다른 사람과 연결되는 것이 중요하다고 느껴진다. 하지만 때로는 감정이 우리를 잘못된 길로 이끌 수도 있다. 인생 전체를 보면 실제로 중요하지 않은 일이 아주 중요하게 느껴질 수 있다. **지금 중요해 보이는 일이 나중에는 별로 중요하지 않을 수도 있다.**

이번 장에서는 나에게 정말 중요한 것이 무엇인지 분명히 알게 될 것이다. 그리고 내가 가치 있다고 생각하는 삶으로 가는 방법을 배울 것이다. 이번 장의 연습들은 순간적으로 떠오르는 걱정이 감정을 압도할 때 이를 알아차릴 수 있도록 도와준다. 그리고 어떻게 해야 하는지 알려줄 것이다. 큰 그림을 생각하면 감정을 다스리기 쉽다. 때로는 더 크고 중요한 목표가 무엇인지 알게 된다.

그렇다면, 무엇이 정말 중요한가?

끝에서 돌아보며

여러분은 톨스토이의 소설 《이반 일리치의 죽음》을 알고 있을지도 모른다. 이반은 성실하고 온순한 성격을 지닌 공무원이었다. 그는 늘 성실하게 살려고 노력했다. 그런데 어느 날, 자신이 고칠 수 없는 병에 걸렸다는 사실을 알게 되었다.

이반이 침대에 누워 있는 동안 다른 방에서 가족과 친구들은 평소처럼 서로 대화를 나눴다. 그들은 아무렇지 않게 일상생활을 이어가고 있었다. 이반의 죽음은 그들에게 잠깐의 불편함일 뿐이었다. 모든 것은 그대로 계속될 것 같았다. 이반은 자신의 삶이 무엇이었는지 고민하기 시작했다. 정말로 가족을 사랑했는지 생각했다. 또, 의미 있는 성장을 했는지 고민했다. 자신의 삶에서 가장 중요한 것이 무엇이었는지 자문했다.

몇 년 전, 한 남성과 이야기를 나눈 적이 있었다. 그는 아버지가 병으로 돌아가신 지 5년이 되었다고 말했다. 나는 "그때 많이 힘드셨나요?"라고 물었다. 그는 이렇게 말했다. "네, 아버지를 돌보던 그 해는 제 인생에서 가장 힘들었던 시간이었어요. 하지만 동시에 가장 소중한 시간이기도 했어요. 아버지와 많은 이야기를 나눴고, 제가 아버지를 얼마나 사랑하는지 말씀드렸어요. 아버지도 저에게 제가 얼마나 소중한지 말씀해 주셨어요. 우리는 그 어느 때보다 가까워졌어요. 마음이 힘들기도 하고 무척 슬픈 시간이었지만, 정말 중요한 시간이었습니다."

사람들은 죽음을 두려워한다. 그리고 남겨질 가족들을 걱정한다. 그들이 겪을 슬픔이 두려운 것이다. 하지만 많은 사람들이 정말로 후회하는 것은 따로 있다. 사랑하는 사람에게 사랑한다고 말하지 않은 것을 후회한다. 정말 중요한 것이 무엇인지 너무 늦게 깨달은 것도 후회한다. 모진 말을 했던 것, 자녀 곁에 있어주지 못한 것도 후회한다. 다른 사람을 용서하지 못한 것도 후회한다.

어느 날 한 남자가 내게 장례식에 자주 가야 한다고 말했다. 내가 이유를 묻자 그는 이렇게 말했다. "지난주에 장례식에 다녀왔어요. 나이가 들면 장례식에 자주 가게 되죠. 그 장례식에서 많은 생각을 했어요. 사람들은 고인에 대한 추억을 함께 나누었어요. 아이들도 이야기하고, 아내도 이야기했죠. 저도 그분에 대해 이야기를 했어요. 그러면서 깨달았어요. 우리가 기억하는 것은 그 사람의 따뜻함과 친절함이었어요. 함께 웃었던 순간들과 그 사람의 유머였어요."

나는 여러분이 자신의 장례식을 상상해 보길 바란다. 사람들은 여러분에 대해 뭐라고 말할까? 여러분을 어떻게 기억하길 원하는가? 사람들은 여러분이 있어서 어떤 의미가 있었다고 생각할까? 여러분은 성공이나 성취로 기억되길 원하는가? 아니면 가진 것들이나 외모로 기억되길 원하는가? 그것이 아니라면 여러분의 친절함과 웃음으로 기억되길 바라는가? 함께했던 즐거운 시간을 기억하길 원하는가? 어려울 때 도움을 준 사람으로 기억하길 원하는가? 실수했을 때 너그럽게 용서했던 사람으로 기억하길 원하는가?

죽음을 생각하는 것은 슬픈 일이다. 하지만 우리는 모두 언젠가 그 순간을 맞이하게 된다. 다행히 지금부터라도 소중한 사람들과 좋은 관계를 쌓을 수 있다. 진정으로 가치 있는 것을 만들어 갈 수 있다. 그렇게 한다면 여러분의 삶은 가치 있고 소중해질 것이다. 먼 미래에 돌아봤을 때, 나눌 수 있는 멋진 삶이 될 것이다.

자신의 장례식을 지켜보고 있다고 상상해 보라. 사람들이 여러분에 대해 뭐라고 말하길 바라는가? 그게 왜 중요한가?

사람들이 여러분을 어떻게 기억하길 바라는지 생각해 봤다면, 이번 주에는 그 가치에 맞는 어떤 행동을 할 수 있을까?

부정의 힘

우리는 대부분 때때로 많은 것들을 당연하게 여긴다는 것을 깨닫곤 한다. 하지만 이런 깨달음은 종종 너무 늦게 찾아오기도 한다. 이번 활동은 당신에게 무엇이 중요한지, 그리고 왜 그것이 중요한지를 명확히 하는 데 도움을 줄 것이다. 이 활동은 부정의 힘을 활용해 정말 중요한 것을 확신하도록 돕는다. 만약 그것이 없다면, 당신은 무엇을 그리워하게 될 것 같은가?

모두 없애기

눈을 감고 당신이 완전히 사라졌다고 상상해 보라. 몸도 없고, 감각도 없고, 기억도 없으며, 소유물도 없고, 관계도 없다. 여러분은 이제 아무것도 아닌 존재로 축소된 것이다.

이제, 한 번에 한 가지씩 되찾을 수 있다고 상상해 보라. 얼마나 많은 것을 되찾을 수 있을지는 모른다. 하지만 무엇이든 되찾기 위해서는 그 한 가지가 여러분에게 정말로 중요하다는 것을 절대적인 힘(여러분에게 그것이 무엇이든 간에)에게 설득해야 한다. 왜 그것에 감사하는지, 왜 되찾고 싶은지, 왜 필요한지를 설명해야 한다. 지금 여러분이 가장 먼저 되찾고 싶은 것은 무엇인가? 왜 그럴까?

순자의 이야기

상사가 또 무리한 요구를 해서 기분이 우울해진 순자에게 '부정'이라는 개념을 설명해 주었다. 당시에 순자는 화가 나서 상사에게 따지고 싶어 했지만, 맞서 싸우면 상황이 더 나빠질 뿐이었다. 당시에 순자는 화가 나서 상사에게 따지고 싶었지만, 맞서 싸워 봤자 상황이 더 나빠질 게 뻔했다. 분노에 휩싸인 순자에게는 다른 모든 것들이 아무런 중요성도, 의미도, 생동감도 느껴지지 않았다. 그래서 우리는 '부정'과 관련한 연습을 해보기로 했고, 내가 순자에게 "되찾고 싶은 게 무엇인가요?"라고 물었다. 순자는 잠시 생각하다가 "가장 먼저 되찾고 싶은 건 제 딸 하율이에요."라고 대답했다. 내가 "왜죠?"라고 묻자, 순자는 "왜냐하면 제 딸을 사랑하니까요. 하율이는 저에게 모든 것을 의미해요. 물론 힘든 시간도 있었지만, 하율이는 제 삶의 중심이에요. 우리는 함께 많은 일을 겪어왔어요."라고 답했다. 나는 "좋아요, 순자 씨가 이유를 말했으니 하율이를 되찾을 수 있어요. 또 다른 건 없나요?"라고 하자, 순자는 "제 시력을 되찾고 싶어요. 제 딸을 보는 것이 가장 중요하지만, 하늘도 보고 싶고, 나무도 보고 싶고, 친구들도 보고 싶고, 바다와 해변도 보고 싶어요."라고 말했다. 내가 "보고 싶은 게 정말 많군요. 또 되찾고 싶은 것이 있나요?"라고 묻자, 순자는 "제 청력을 되찾고 싶어요. 딸의 목소리도 듣고 싶고, 음악도 듣고 싶어요."라고 답했다. 순자가 되찾고 싶은 것들을 하나씩 말할 때마다 순자의 기분은 점점 나아졌다. 나는 "알겠어요. 그런데 일이나 돈, 소유물에 대해서는 아무것도 요청하지 않았네요. 왜 그럴까요?"라고 묻자, 그제야 순자는 일이나 돈, 소유물 같은 것들이 자신의 삶에서 가장 중요한 것이 아니라는 사실을 깨달았다.

우리가 화가 나 있을 때는 정말 중요한 것들을 놓치기 쉽다. 사실 우리에게 가장 소중한 것들은 거의 매일 우리 눈앞에 있다. 우리는 단지 그것들을 알아차리기만 하면 된다.

모든 것이 사라지고, 아무것도 아닌 존재가 되었다고 상상해 보자. 이제 당신은 더 이상 존재하지 않지만, 한 번에 한 가지씩 되찾을 수 있다. 얼마나 많은 것을 되찾을 수 있을지는 알 수 없지만, 되찾기 위해선 그것이 왜 중요한지, 그 가치를 얼마나 소중히 여기는지 설명해야 한다. 가장 먼저 되찾고 싶은 것은 무엇인가? 왜 그것이 당신에게 중요한가? 다섯 가지를 적어보고, 각각이 왜 중요한지 생각해 보자.

① ______________________________

② ______________________________

③ ______________________________

④ ______________________________

⑤ ______________________________

과거에 일어났던 일이나 걱정거리 때문에 마음이 상했던 적이 있었을 것이다. 그 중에서 되찾고 싶은 일이 있었는가? 그렇다면 왜 그렇고, 아니라면 왜 그런가?

자기 자신이 존경하는 사람이 되어라

고대 그리스인들은 '번영(flourishing)'을 충만한 삶의 핵심으로 보았다. 번영은 자신의 가치에 따라 살며 느끼는 행복과 의미 있는 삶을 뜻한다. 아리스토텔레스는 특정 성품이 행복과 번영의 원천이라고 설명하며, 이러한 가치들을 균형 있게 가질 때 지혜와 더 깊이 연결된 느낌을 가질 수 있다고 제안했다. 그는 이를 덕목(virtues)이라 불렀으며, 여기에는 용기, 진실성, 인내, 겸손, 친절함 등이 포함된다.

아리스토텔레스는 각 자질이 적절한 균형을 이룰 때 올바른 수준에 도달한다고 제안했다. 예를 들어, 용기가 지나치면 경솔함이 되고, 부족하면 비겁함이 된다. 인내가 너무 많으면 정신이나 에너지가 부족한 것처럼 보이고, 너무 적으면 쉽게 화를 낸다. 겸손이 지나치면 소심해지고, 부족하면 뻔뻔함을 나타낸다.

기독교의 덕목에는 자선, 근면, 인내, 친절, 겸손이 포함되며, 힌두교에서는 분노에서 벗어나기, 감각을 통제하기, 도둑질하지 않기, 진실함을 중시한다. 불교에서는 자애, 연민, 타인과 자신을 위한 기쁨, 그리고 모든 존재를 평등하게 대하는 것을 덕목으로 삼는다. 우리에게도 자신만의 가치와 덕목에 대한 선호가 있을 수 있다.

가치와 미덕을 알아보는 한 가지 방법은 여러분 각자가 존경하는 사람을 떠올려 보는 것이다. 여러분은 적대적이고 화를 잘 내며 앙심을 품거나 속이는 사람을 존경하는가? 아니면 유연하고 온화하며, 용서할 줄 알고 정직한 사람을 존경하는가? 친절하고 배려심 있는 사람을 존경하는가? 우리는 다른 사람에게서 존경하는 자질을 우리 자신에게서 찾고 싶은 가치로 생각할 수 있다. 그리고 가능한 한 그런 사람이 되도록 우리의 행동을 이끌어 나갈 수 있다.

가치에 따라 행동을 선택한다는 것은 항상 다른 사람들과 같은 행동을 하지 않을 수도 있다는 의미이다. 예를 들어, 불행한 사람들에 대한 공정성을 중요하게 생각한다면, 누군가 인종차별적인 농담을 할 때 그냥 넘어가지 않을 것이다. 또한, 즉각적이고 강렬한 감정에 따라 행동하지 않을 수도 있다. 예를 들어, 애인/파트너와의 헌신을 소중하게 여긴다면 다른 사람과의 일회성 관계를 추구하지 않을 것이다. 만약 그것이 여러분이 소중하게 여기는 가치라면, 스스로를 절제하고 친절과 용서를 베풀며, 다른 사람뿐 아니라 자기 자신에게도 따뜻한 연민을 실천하는 방법에 대해 고민하게 될 것이다.

다른 사람에게서 존경하는 몇 가지 자질을 떠올려 보라. 그 자질들이 아래 표의 왼쪽 열에 나열되어 있는지 확인하고, 없다면 자유롭게 추가하라. 두 번째 열에서는 그 가치가 여러분에게 얼마나 중요한지 1에서 6까지의 척도로 평가하라. 맨 오른쪽 열에는 그 가치를 여러분의 삶에서 얼마나 잘 실천하고 있는지를 등급(A~F)으로 표시하라. A는 '매우 잘 달성하고 있음'을, F는 '거의 달성하지 못하고 있음'을 의미한다. 우리는 여러분에게 중요한 것이 무엇인지, 그리고 목표와 가치에 따라 어떻게 살아가고 있는지에 관심이 있다. 점수나 기준점은 없다. 이 과정은 목표를 설정하고 그것을 달성하는 것에 관한 것이다. 여러분은 자신의 가치와 일치하는 삶을 살며 목표를 달성하고 있는가? '나에게 중요한 가치' 활동지는 부록 29(p.337-338)에도 수록되어 있다. 필요한 만큼 복사하여 연습에 활용해 보자.

나에게 중요한 가치

1 = 나에게 전혀 중요하지 않다
2 = 나에게 다소 중요하지 않다
3 = 나에게 약간 중요하지 않다
4 = 나에게 약간 중요하다
5 = 나에게 다소 중요하다
6 = 나에게 매우 중요하다

가치	이것이 나에게 얼마나 중요한지 (1~6점)	이 가치를 얼마나 잘 달성하고 있는지 (A~F)
용기		
진실성		
인내		
겸손(Modesty)		
관용		
근면		
친절		
겸허(Humility)		
분노에서 자유로움		
내 감각들에 대한 통제		
타인의 재산과 권리에 대한 존중		
타인의 기쁨		
연민		
타인을 평등하게 대하기		
기타:		
기타:		
기타:		

여러분은 가장 중요한 가치에 따라 잘 살아가고 있는가? 만약 그 가치를 매일 중요한 우선순위로 삼는다면, 당신의 삶은 어떻게 달라질까? 만약 중요도는 높은데 실천 점수가 낮다면, 이 가치를 따르기 위해 어떻게 개선할 수 있을지 생각해 보라. 예를 들어, 어떻게 하면 더 좋은 친구가 될 수 있을까?

아내 한별에게 자주 짜증을 내던 동은에 대해 이야기해 보자. 동은은 분노감에 휩싸여 한별과 심각한 갈등을 겪었다. 동은은 자신이 관계를 망치고 있다는 죄책감과 슬픔에 빠져 있었다. '나에게 중요한 가치'라는 활동지를 작성한 후, 동은은 더 많은 인내와 친절, 분노에서의 자유, 그리고 연민을 기르고 싶다는 것을 깨달았다. 동은은 한별뿐만 아니라 두 아이, 형제, 그리고 직장 동료들과의 관계에서도 이러한 가치를 더 잘 실천하고 싶어 했다.

다음 활동지인 '나의 가치에 부합하는 행동들'을 사용해 동은은 일주일 동안 긍정적인 행동들을 기록했다. 예를 들어, 동은은 한별이 하루 일과를 이야기할 때 인내심을 가지고 기다렸고, 한별이 어머니와의 갈등을 털어놓을 때 친절과 연민을 보이며 비판하지 않으려 했다. 동은은 동료에게 인내심을 가지고 대해주며, 동료의 노력을 인정하고 일이 시간이 걸릴 수도 있다는 점을 따뜻하게 전했다. 또한 길을 건너는 어르신을 도와주며 "좋은 하루 되세요."라고 인사했다. 동은은 자신의 중요한 미덕과 가치, 그리고 강점에 집중하면서 점점 더 차분해졌고, 자신이 존경하는 사람으로 변해가고 있음을 느꼈다.

매일이 올바른 방향으로 나아갈 수 있는 기회이다. 그러니 지금 당장 시작해서 다음 며칠 동안 연습해 보자! 아래 활동지를 사용해 매일 내 자신의 가치에 맞춰 실천한 구체적인 행동들을 기록하라. 첫 번째 열에는 나에게 중요한 모든 가치, 미덕, 또는 강점을 나열하라. 도움이 필요하다면 '나에게 중요한 가치' 활동지에서 5나 6으로 평가한 것들을 참고해도 된다. 나머지 열에는 이틀 동안 했던 행동들을 기록하라. '나의 가치에 부합하는 행동들' 활동지는 부록 30(p.339)에도 수록되어 있다. 필요한 만큼 복사하여 연습에 활용해 보자.

나의 가치에 부합하는 행동들

나에게 중요한 가치들	날짜: 오늘 했던 행동들	날짜: 오늘 했던 행동들

내가 중요하게 여기는 가치를 더 자주 실천하면 어떤 기분이 들 것 같은가? 그렇게 했을 때, 내 삶은 어떻게 변화할 것 같은가?

내가 가치에 따라 행동하고자 할 때, 이를 방해하는 것은 무엇인가?

이번 주에 가치를 더 잘 실천하기 위해 다르게 시도해 볼 수 있는 부분이 있는가?

가치관과 우리가 맡은 역할

우리 모두는 각자 삶 속에서 여러 역할을 맡고 있다. 당신은 어머니, 자매, 형제, 아버지, 남편, 아내, 애인/파트너, 아들, 딸, 친구, 보호자, 직원, 상사, 이웃, 종교 공동체의 일원, 반려동물 주인, 자원봉사자, 또는 그 외의 역할을 맡고 있을 수 있다. 어떤 역할들은 다른 것들보다 더 중요하게 느껴질 수 있다. 우리가 맡고 있는 많은 역할들이 다른 사람들과 연결되어 있기 때문에, 때로는 특정 관계에서 어려움을 겪기도 한다.

그렇다면, 자신의 가치에 따라 더 나은 애인/파트너가 되고자 한다면 어떻게 해야 할까? 더 나은 남편이 되기 위해 동은이 세운 목표들을 함께 살펴보자.

- 비판하지 말 것.
- 낙인을 찍지 말 것.
- 아내의 관점을 이해하려고 노력할 것.
- 더 인내심을 가질 것.
- 더 자주 칭찬할 것.
- 용서할 줄 알 것.
- 과거의 원한을 내려놓을 것.
- 재미있는 계획을 세울 것.
- 애정을 표현할 것.
- 감사하는 마음을 가질 것.

우리는 다른 삶의 영역에서도 우리의 역할을 더 잘 수행하기 위한 행동 계획을 세울 수 있다. 우리의 목표는 가치에 맞는 행동을 통해 우리가 존경할 만한 사람이 되는 것이다. 이제 당신의 차례이다. 어떻게 하면 중요한 행동에 집중할 수 있을지 생각해 보자.

먼저 당신이 맡고 있는 다양한 역할을 떠올려 보자. 다음 활동지에는 여러 일반적인 역할들이 나와 있으니, 추가로 필요한 역할이 있다면 적어 넣어 보자. 그다음, 각 역할을 더 잘 수행하기 위해 이번 주에 할 수 있는 중요한 행동들을 적어 보자. 예를 들어 '친구'라는 역할 옆에는 '친구에게 연락해서 안부를 묻고, 칭찬해 주며 함께 즐거운 시간을 보낼 약속을 잡는다.'고 적을 수 있다. 그런 다음 일주일 후에 이 활동지로 돌아와서, 세 번째 열에 실천 여부를 기록해 보자. 매일 중요한 목표를 향해 행동하는 데 집중하는 것이 중요하다. '중요한 역할을 위한 가치있는 행동' 활동지는 부록 31(p.340)에도 수록되어 있다.

중요한 역할을 위한 가치있는 행동

나에게 중요한 역할	목표를 향한 가치있는 행동으로 어떤 것이 있을까?	실제로 어떤 행동을 했는가?
애인		
부모님		
형제자매		
아들 또는 딸		
직장인		
동료		
이웃		
자원봉사자		

기타:

기타:

요약

- 우리에게 중요한 가치는 우리의 감정을 결정짓는 중요한 요소이다.
- 사람들이 자신의 장례식에서 나에 대해 어떤 말을 하길 바라는지 생각해 보라. 그리고 그들이 말하는 사람이 되도록 노력해 보자.
- 모든 것을 잃었다고 상상해 보라. 하지만 우리가 강하게 주장한다면, 한 번에 하나씩 되찾을 수 있다. 무엇을 되찾고 싶은지, 그것을 얼마나 감사하게 여기는지 상상해 보라.
- 우리 자신이 존경하는 사람이 되는 것에 집중해 보자.
- 우리가 맡고 있는 다양한 역할을 생각해 보고, 각 역할에 어떻게 가치있는 행동을 포함할 수 있을지 고려해 보자.
- 매일 가치있는 행동을 실천해 보자.

제10장

최악의 대처 방법들

제10장
최악의 대처 방법들

우리는 감정에 압도되면 충동적으로 행동하거나, 과거에 익숙했던 습관이나 해로운 행동으로 다시 돌아가는 경우가 있다. 때로는 자신에게 상처를 주는 선택을 하기도 한다. 이번 장에서는 사람들이 자주 사용하는 문제 해결 방법들을 살펴보고, 각각의 장점과 단점을 알아보려 한다. 그리고 더 나아가, 장기적으로 우리에게 가장 도움이 되는 선택이 무엇인지 함께 배워볼 것이다.

문제 해결을 위해 사용하는 잘못된 방식들

우리의 목표는 진정으로 살 만한 가치가 있는 삶을 만드는 것이다. 단순히 순간의 기분을 좋게 만드는 것이 아니라, 오래도록 행복하고 충만한 삶을 살아가는 데 의미가 있다. 지금 이 순간의 기분만을 신경 쓰기보다는, 앞으로 오랫동안 마음이 평안하고 즐거운 삶을 살아갈 방법을 찾아야 한다. 그래서 장기적인 시각이 더 중요하다. 이를 위해서는 나에게 도움이 되지 않는 습관이나 행동을 찾아내고, 그것을 하나씩 바꿔 나가는 노력이 필요하다. 물론 이 과정이 쉽지는 않을 것이다. 하지만 지금의 어려움을 극복하면, 앞으로의 삶은 훨씬 더 행복하고 편안해질 것이다. 이제, 함께 시작해 보자.

술과 약물

'술은 문제를 해결해 주지 않고, 오히려 상황을 더 나쁘게 만들 수 있다.'는 말이 있다. 약물도 마찬가지다. 일부러 술이나 약물로 문제를 만들려는 사람은 없다. 우리 중 누구도 그런 사람을 본 적은 없을 것이다. 우리는 종종 어떤 일이든 잘 해낼 수 있다는 자신감을 가지게 된다. 특히 그것이 잠시라도 기분을 좋게 해주는 것이라면 더더욱 그렇다. 하지만 이런 것들이 점점 통제 밖으로 벗어나게 되면, 결국 우리의 삶에 깊은 상처를 남기고, 소중한 것들을 잃게 만들 수도 있다.

그렇다면 음주나 약물 문제가 있다는 신호는 무엇일까? 미국 국립 알코올 남용 및 중독 연구소(National Institute on Alcohol Abuse and Alcoholism, NIAAA)에서는 자신이나 사랑하는 사람이 알코올 사용장애를 겪고 있는지 확인하기 위해 다음과 같은 질문을 해보라고 권장한다. 이 질문들은 약물 남용 여부를 파악할 때도 적절히 바꿔 사용할 수 있다.

지난 1년 동안 나는:

- □ 의도했던 것보다 더 많이, 혹은 더 오래 술을 마신 적이 있는가?
- □ 술을 줄이거나 끊으려고 여러 번 시도했지만 실패한 적이 있는가?
- □ 술을 마시는 데 많은 시간을 썼거나, 숙취로 고생한 적이 있는가?
- □ 술에 대한 강한 갈망이나 충동을 느낀 적이 있는가?

□ 술을 마시거나 숙취 때문에 집안일이나 가족을 돌보는 데 지장이 있었던 적이 있는가? 혹은 직장이나 학교에서 문제가 생긴 적이 있는가?
□ 술이 가족이나 친구들과의 관계에 문제를 일으키고 있음에도 불구하고 계속 마셨는가?
□ 술을 마시기 위해 나에게 중요하거나 즐거움을 주는 활동을 포기하거나 줄인 적이 있는가?
□ 술에 취했거나 술을 마신 후, 다칠 위험이 큰 상황에 여러 번 처해 본 적이 있는가? 예를 들어 운전, 수영 등을 하거나 기계를 다루거나, 위험한 곳을 걷거나, 안전하지 않은 성관계를 가졌던 적이 있는지 생각해 보자.
□ 술을 마시면서 우울해지거나 불안해지는 기분이 들거나 다른 건강 문제가 악화되었음에도 계속 마신 적이 있는가? 아니면 기억이 끊긴 후에도 계속 마신 적이 있는가?
□ 원하는 효과를 얻기 위해 예전보다 훨씬 더 많은 양을 마셔야 했던 적이 있는가? 혹은 평소 마시는 양이 예전만큼 효과가 없다고 느낀 적이 있는가?
□ 술의 효과가 사라질 때 수면 문제, 떨림, 짜증, 불안, 우울, 안절부절못함, 메스꺼움, 식은땀 등의 금단 증상이 나타난 적이 있는가? 혹은 실제로 없는 것을 봤다거나, 들었다거나, 느꼈다고 생각한 적이 있는가?

알코올과 약물 남용, 그리고 의존은 감정적으로 어려움을 겪는 많은 사람들에게 큰 문제가 될 수 있다. 우리는 흔히 자신의 문제를 대수롭지 않게 여기고, 모든 것이 잘 통제되고 있다고 믿기 쉽다. 물론 모든 사람이 반드시 금주를 해야 하는 것은 아니다. 하지만 어떤 사람들에게는 금주가 꼭 필요한 경우도 있다. 중요한 것은, 알코올이나 약물을 기분을 조절하는 데 어떻게 사용하고 있는지 스스로 되돌아보는 것이다. 알코올은 중추신경을 억제하는 작용을 하기 때문에, 장기적으로는 우울감을 더 심화시키거나 불안을 악화시킬 수 있다는 점을 꼭 기억해야 한다.

많은 사람들은 자신의 뇌가 갈망을 만들어내고, 술이나 약물을 찾도록 유도하며, 문제를 대수롭지 않게 여기게 만든다고 느낀다. 술이나 약물에 대해 자신이 허용하고 있는 생각들을 한번 돌아보자. '한 잔 더 해도 괜찮아.', '나보다 더 심각한 사람도 많아.', '오늘 너무 힘들었으니 마실 자격이 있어.', 혹은 '오늘은 특별한 날이니 한 잔쯤 괜찮겠지.'라며 스스로를 설득할 수 있다. 하지만 만약 우리가 음주 문제를 가지고 있다면, 이런 생각에 계속 귀 기울이는 것은 문제를 더 심각하게 만들 뿐이다. 결국, 우리가 믿고 의지했던 '해결책'이 오히려 문제의 중심이 되어버릴 수 있다.

이 책에서는 알코올이나 약물 중독 문제를 직접적으로 다루지는 않는다. 하지만 만약 자신이 중독 문제를 가지고 있다고 느낀다면, 망설이지 말고 전문 상담사의 도움을 받아보는 것이 좋다. 이미 수많은 사람들이 술과 약물을 끊고, 감정을 건강하게 다루기 위해 노력하고 있다. 그들은 작은 한 걸음씩 내디디며, 하루하루 자신의 삶을 다시 찾아가고 있다. 당신도 그렇게 할 수 있다.

폭식

섭식 장애는 '감정적 섭식 장애'라고 부르는 것이 더 어울린다. 왜냐하면 이 문제는 감정을 제대로 다루지 못해서 생기는 행동과 밀접하게 관련이 있기 때문이다. 우리가 불안하거나 외로움을 느낄 때, 달콤한 음식이나 탄수화물 같은 음식을 마구 먹어버리거나, 배를 채울 수 있는 음식을 아무 생각 없이 폭식할 때가 있다. 그렇게 해서 힘든 감정을 잠시 억누르거나 잊어보려 하지만, 이런 행동은 결국 새로운 문제를 불러오기도 한다. 폭식 후에 구토를 하거나 설사약을 사용하고, 과도하게 운동을 하며 보상하려는 경우도 종종 나타난다.

크리스토퍼 페어번(Christopher Fairburn)의 2013년 저서 『Overcoming Binge Eating: The Proven Program to Learn Why You Binge and How You Can Stop』을 읽어보면 폭식과 보상 행동을 다루는 방법에 대해 더 잘 이해할 수 있다. 또한, 섭식 장애 치료를 전문으로 하는 인지 행동 치료사에게 상담을 받아보는 것도 큰 도움이 될 것이다.

불평

사람들이 자주 하는 행동 중 하나가 바로 불평이다. 우리는 날씨, 상사, 친구들, 혹은 자신에게 일어난 나쁜 일들에 대해 불평하곤 한다. 심지어 자신과 직접 관련 없는 일에 대해서도 불평을 한다. 예를 들어, TV에서 본 장면, 인터넷에서 읽은 이야기, 또는 다른 사람들의 행동까지도 불평의 대상이 된다.

불평을 하다 보면, 다른 사람들이 우리의 말에 공감해 주고, 우리의 감정이나 생각이 옳다고 인정받는 듯한 기분이 들 수 있다. 더 나아가, 서로의 불평을 나누다 보면 다른 사람들과 더 가까워지고, 유대감을 느끼게 되기도 한다.

우리의 불평은 무심코 친구나 가족에게 반복적으로 털어놓는 반추(rumination)로 이어질 수 있다. 이렇게 부정적인 생각에 집착하다 보면, 처음에는 "괜찮아질 거야.", "네 마음 이해해.", 혹은 "이렇게 해보는 건 어때?" 같은 위로를 받을 수 있다. 하지만 불평이 계속되면, 결국엔 이런 위로마저 거부하는 상황이 생기기도 한다. 예를 들어, 명진은 상담사에게 남동생이 자신의 아내와의 관계에 대해 끊임없이 불평하는 것 때문에 힘들다고 하소연했다. 이에 상담사가 "남동생이 결혼 생활이 힘들다보니 우울한 상태에 있는 거는 아닐까요?"라고 말하자, 명진은 갑자기 화를 내며 이렇게 말했다. "남동생 얘기를 계속 들어주는 게 얼마나 힘든지 선생님은 모르실 거예요!" 이처럼 불평이 계속되다 보면, 다른 사람의 도움을 거부하는 상황으로 이어질 수 있다. 이런 경우 우리는 부정적인 점만 더 부각하게 되고, 주변 사람들이 도와주려 할 때 오히려 화를 내거나 반발하게 되는 경우가 많다.

우리에게 일어나는 부정적인 일들이나 머릿속을 떠나지 않는 생각들에 지나치게 집중하다 보면, 자꾸만 불평을 하게 된다. 주변 사람들은 그런 우리를 돕고 싶어 하지만, 우리는 그들의 조언이나 도움을 거부하는 경우가 많다. 그러다 보니, 그들은 우리가 자신들의 의견을 듣고 싶어하지 않는다고 느끼고, 점점 우리와 거리를 두기 시작한다. 그 결과, 우리의 사회적 지지 네트워크는 약해지고, 우리는 더 우울해진다. 이러한 불평, 도움 거부, 그리고 사회적 지지의 단절이라는 악순환은 우울증을 예측하는 중요한 요인 중 하나로 알려져 있다(Joiner, Brown, & Kistner 2006).

사람들에게서 지지를 받고, 우리의 이야기를 들어 달라고 하는 일은 균형을 맞추기가 쉽지 않을 때가 있다. 친구들에게 부정적인 감정을 털어놓아 부담을 주고 싶지 않으면서도, 나의 이야기를 나누고 싶기 때문이다. 하지만 감정을 나누는 것은, 심지어 불평이라도, 매우 중요한 일이다. 여기, 사람들과의 관계에서 균형을 유지하며 감정을 나누는 데 도움이 될 몇 가지 지침이 있다:

- **말을 간결하게 하라.** 말을 계속 길게 하지 마라. 그렇지 않으면 상대방은 압도당한 느낌이 들고 대화를 흘려버릴 수 있다. 최대 2분 정도로 짧게 이야기하라. 이렇게 하면 상대방에게도 대화에 참여할 기회를 줄 수 있다.
- **상대방에게 말할 기회를 주라.** 상대방의 말을 끊거나 상대방보다 앞서

서 말하지 마라.

- 상대방을 공격하지 말라. 감정을 나누고 싶다면, 상대방이 내 이야기에 동의하거나 반대할 수 있는 여유를 주는 것이 중요하다. 우리를 지지하는 사람에게 화를 내거나 공격적으로 대하면, 그 지지를 잃게 될 수도 있다.
- 지지해주는 사람의 노력을 인정하라(Validate the validator). 우리가 그들의 지지를 고맙게 생각하고 있다는 것을 솔직히 표현하는 것이 중요하다. 예를 들어, "내가 불평하고 있다는 걸 알아." 또는 "내가 가끔 부정적인 말만 하는 것처럼 들릴 수 있다는 걸 알아."라고 말한 뒤, "하지만 네가 내 이야기를 들어줘서 정말 고맙고, 그게 항상 쉬운 일은 아니라는 것도 잘 알아."라고 덧붙여 보자. 이런 말은 상대방이 우리의 감정을 받아주고 있다는 점을 인정하고 감사하는 마음을 전달하는 데 도움이 된다.
- 긍정적인 것과 부정적인 것을 모두 나눠라. 부정적인 이야기만 계속하지 말고, 긍정적인 부분도 함께 이야기해 보자. 이렇게 하면 대화가 부정적으로만 흐르는 것을 막을 수 있고, 자신도 부정적인 모습으로 보이지 않게 된다. 또한, 긍정적인 면을 떠올리고 생각해 보는데도 큰 도움이 된다.
- 문제를 얘기할 때 해결책도 함께 이야기하라. 예를 들어, 외롭다고 털어놓으면서도 "다른 사람들과 함께하는 활동에 참여해 보려고 해."라고 덧붙이면, 단순한 불평이 아닌 문제를 해결하려는 긍정적인 태도로 대화가 이어질 수 있다.
- 스스로를 가장 큰 적처럼 대하지 말라. 자신을 끊임없이 비판하는 것은 오히려 자존감을 더 떨어뜨릴 뿐이다. '나는 정말 실패자야.'와 같이 전반적으로 부정적인 평가를 하기보다는, 구체적인 상황에 대해 이야기하고 그로부터 배운 점을 생각해 보자. 예를 들어, '그와 시간을 보

낸 건 잘못된 선택이었지만, 그 경험을 통해 나에게 맞는 것과 맞지 않는 것을 배울 수 있었어.'와 같이 생각해 볼 수 있다.

- 충고를 존중하라. 마음에 들지 않는 충고라도 상대방의 말을 존중하는 태도를 보이는 것이 중요하다. 예를 들어, 이렇게 말할 수 있다: "네가 말한 걸 한번 생각해봐야 할 것 같아. 지금 당장은 그게 나에게 맞는지 확신이 없어서 좀 더 고민해 볼 필요가 있어. 하지만 네가 나를 도우려고 한다는 마음은 정말 고맙게 느껴져."

안심 구하기

스트레스를 줄이는 데는 주변의 지지가 정말 큰 힘이 된다. 내 생각과 감정을 인정해 주고, 이야기를 들어 주며, 문제를 새로운 시각으로 볼 수 있도록 도와주는 사람이 있다면, 우리는 정말 운이 좋은 사람이다. 하지만 이런 지지도 자칫 잘못하면 불평으로 이어질 수 있다. 예를 들어, 이미 지나간 일이나 아직 일어나지도 않은 일을 계속 이야기하다 보면, 그 주제에 갇혀 벗어나지 못하고 같은 이야기를 반복하게 될 때가 있다.

또 한 가지 문제는 계속해서 다른 사람들에게 "내가 괜찮을까?" 또는 "이걸 할까 말까?"라고 묻는 것이다. 이렇게 자주 안심을 구하면, 스스로 결정을 내리는 능력이 약해질 수 있다. 예를 들어, 오염에 대한 두려움을 가진 지웅은(그는 강박장애를 앓고 있었다) 물건을 만져도 괜찮은지 나에게 계속 물어보았다. 이러한 안심을 구하는 행동은 그에게 또 다른 강박 행동이 되어버렸다. 지웅은 내가 괜찮다고 말해주지 않으면 아무것도 할 수 없다고 생각했다. 나는 그에게 오염에 대한 두려움을 극복하려면 먼저 더 이상 안심을 구하지 않는 것이 중요하다고 말했다. 그는 스스로 결정을 내리고, 두려움과 맞서며, 오염에 대한 불확실성을 받아들여야 했다.

다른 사람의 안심시켜주는 말이 우리의 문제를 완전히 해결해 주지는 못할 거라는 걸 우리는 이미 알고 있을 것이다. 또한, 그들이 우리 상황을 우리보다 더 잘 알고 있지 않다는 걸 알기에, 그들의 말이 진심이라 해도 깊이 와닿지 않거나 가볍게 느껴질 때가 있을 것이다.

우리에게 진짜로 필요한 것은 단순한 안심이 아니다. 오히려 불편함을 감수하고, 어려운 결정을 내릴 수 있는 용기다. 우리는 불확실한 상황과 마주할 필요가 있다.

스스로에게 솔직해지고, 단지 안심만을 얻으려는 마음을 조금씩 내려놓는다면 상황이 더 나아질 수 있지 않을지 자신에게 물어 보자. 가장 중요한 것은 편안함과 불편함 사이에서 적절한 균형을 찾는 것이다.

불편한 상황을 피하기

불안이나 우울증을 겪는 사람들에게서 흔히 보이는 특징 중 하나는 불편한 사람, 장소, 혹은 상황을 피하려는 경향이다. 물론, 이런 회피가 꼭 나쁜 것은 아니다. 때로는 회피가 더 나은 선택이 될 때도 있다. 예를 들어, 적대적이거나 폭력적인 사람과 거리를 두는 것은 건강한 선택일 수 있다. 또, 술을 줄이려고 노력 중인데 친구들이 술집에 가자고 한다면, 그 제안을 정중히 거절하는 것이 자신을 위한 더 현명한 결정일 것이다.

회피는 상황에 따라 선택적으로, 그리고 적응적으로 사용할 수 있는 유용한 전략이다. 중요한 것은 언제 회피가 자신에게 유익한지를 잘 판단하는 것이다.

불편한 상황을 항상 피할 수는 없다. 예를 들어, 학교나 직장에서는 우리를 불편하게 만드는 사람들과 마주치는 일이 종종 생기지만, 이를 완전히 피하기란 쉽지 않다. 또, 언론에서 보도되는 불편한 뉴스는 우리 의지와 상관없이 접하게 될 때가 많다. 심지어 식당에서 우연히 과거의 트라우마를 떠올리게 하는 노래를 듣는 것처럼, 강한 감정을 불러일으키는 예측하지 못한 상황이나 자극도 피하기 어렵다.

회피의 문제는 우리가 처음 느꼈던 불편함이나 두려움을 그대로 유지하게 만든다는 점이다. 이는 우리가 그 상황이 정말 안전한지, 혹은 어려운 일을 해내고도 충분히 버틸 수 있는지를 배우지 못하게 한다. 회피를 통해 일시적으로 '안전'하다고 느낄 수는 있지만, 결국 그 상황에서 진정한 안전함을 느끼는 법은 알지 못하게 된다. 또한, 회피는 우리가 어려운 감정과 힘든 상황을 이겨내고, 그것을 견디며 살아갈 수 있다는 사실을 깨닫지 못하게 만든다. 이렇게 회피를 반복하며 주위에 점점 더 높은 방어벽을 쌓게 되면, 우리가 경험할 수 있는 세상은 점점 좁아지고, 스스로를 더욱 가둬버리는 결과를 낳는다.

회피는 평생 자전거에 보조바퀴를 단 채로 타는 것과 같다. 보조바퀴 없이도 충분히 탈 수 있다는 걸 배우지 못한 채, 계속 그것에 의지하게 되는 것이다.

하지만 힘든 기억이나 불편한 감정, 어렵게 느껴지는 사람들과 마주하는 순간은 결국 찾아온다. 언제까지나 안전한 울타리 안에 머물 수는 없다. 인생은 우리 뜻대로 흘러가지 않고, 예상치 못한 상황들이 계속 생긴다. 매번 그 상황을 피해 다니는 것도 불가능하다.

그렇다면 어떻게 해야 할까? **그 순간을 피하지 않고 정면으로 마주하고, 그 안을 통과해야 한다.**

유진의 이야기

유진은 9·11 테러 당시, 비행기 한 대가 충돌했던 건물 안에 있었다고 말했다. 유진은 언제 죽을지 모른다는 극심한 공포에 휩싸여 필사적으로 건물에서 탈출했다. 유진이 겪은 그 트라우마는 너무나 생생했고, 나는 그의 감정을 충분히 이해할 수 있었다.

그 사건 이후, 유진은 하늘을 나는 모든 비행기를 두려워하게 되었다. 또 다른 공격이 일어날까봐 지하철을 타는 것조차 무서워했다. 매일 밤 재난을 떠올리게 하는 악몽을 꾸었고, 잠에서 깨어날 때마다 가슴이 심하게 뛰는 공포감을 느꼈다. 유진은 점점 삶의 많은 부분을 피하고 회피하기 시작했다. 고통을 견디기 위해 술에 의존하기 시작했고, 외출도 최대한 피했다. 우울감이 깊어질수록 유진은 일상 속의 아주 작은 소리나 이미지, 주변 사람들, 심지어 평범한 사건들에도 쉽게 불안을 느끼게 되었다.

유진이 피하려 했던 경험과 기억에 맞설 수 있도록, 우리는 몇 달 동안 함께 힘을 길러 나갔다. 처음에는 유진에게 하늘을 나는 비행기를 상상하게 했다. 처음엔 불안감이 크게 올라오면서 더 두려워했지만, 그 이미지를 계속 떠올리다 보니 불안이 서서히 가라앉기 시작했다. 유진은 내 사무실이라는 안전한 공간에서 점차 마음의 안정을 찾을 수 있었다.

그 다음으로, 나는 유진에게 비행기가 천천히 옆으로 나는 모습을 상상해 보라고 했다. 이어서, 자신이 그 비행기를 직접 조종하고 있다고 생각해 보게 했다. 유진은 비행기가 천천히 뒤로 움직이고, 위아래로 오르내리는 장면을 머릿속에 그려 보았다. 이런 상상은 유진에게 상황을 통제할 수 있다는 느낌을 주었고, 그 결과 불안감도 조금씩 줄어들었다.

우리는 유진이 불안감을 느끼는 상황들을 하나씩 정리해 목록을 만들었다. 예를 들어, 지하철 타기, 머리 위로 비행기가 지나가는 상황에서 바깥에 나가 걸어보기 같은 것들이 포함되었다. 그리고 몇 주에 걸쳐 유진은 하나씩 도전을 시작했다. 물론, 이러한 도전들이 유진에게 불안을 일으켰지만, 두려움에 정면으로 맞설수록 점차 불안은 줄어들기 시작했다. 유진이 기대했던 만큼 불안이 빨리 사라지지는 않았지만, 두려움을 마주했다는 사실만으로도 유진은 조금씩 자신감을 얻어갔다.

유진은 점차 변화를 보이기 시작했다. 수면의 질이 좋아졌고, 술을 마시는 횟수도 줄었다. 친구들과의 만남도 점점 늘어나며 사회적 활동이 활발해졌다. 마침내 폭격으로 무너진 건물들이 있는 도심으로 직접 들어가, 그곳을 30분 정도 걸어 다녔다. 쉽지 않은 일이었다. 처음에는 도저히 해낼 수 없을 것 같았지만, 결국 스스로를 이겨내며 그 도전을 끝까지 해냈다.

유진은 두려움을 직면하고, 그것에 맞서며 조금씩 극복해 나갔다. 결국 유진은 그 상황을 넘어설 수 있었다.

우리가 피하고 있는 것

지금 우리가 피하고 있는 상황, 사람, 또는 장소에 대해 한번 떠올려 보자. 물론 그것을 생각하는 것조차 쉽지 않고, 힘들게 느껴질 수 있다. 이런 것들은 우리에게 불편함을 주기 때문이다. 과거의 관계에서 생긴 상처일 수도 있고, 누군가에게 비난받았던 기억이나 사랑하는 사람을 잃었던 아픔일 수도 있다. 그래서 우리는 '너무 괴로워서 생각조차 할 수 없어.'라며 자연스럽게 피하려 한다. 하지만 결국, 우리는 그 기억이나 상황을 점점 삶에서 멀리 밀어내게 된다.

영준은 혜림과 헤어진 후, 두 사람이 자주 갔던 대학 캠퍼스의 특정 장소를 일부러 가지 않게 됐다. 그러다 보니 자연스럽게 친구들과의 관계도 멀어지고, 혜림과의 추억도 점점 끊어내게 되었다. 나는 영준에게 그 장소에 다시 가는 걸 생각하면 어떤 기분이 드는지 물어봤다. 영준은 잠시 망설이더니 슬픈 표정으로 말했다. "그때 정말 행복했던 것 같은데, 다 끝나버리니까 너무 우울해졌어요."

그 이별은 영준에게 어떤 의미였을까? 영준은 잠시 생각에 잠기더니 말했다. "혜림이가 없으면 다시는 행복할 수 없을 것 같아요." 우리는 혜림이 그의 행복의 전부라는 그 믿음에 대해 함께 이야기했다. 대화를 나누면서 영준은 점점 깨닫기 시작했다. 혜림을 만나기 전에도 꽤 행복하게 지냈다는 것, 그리고 두 사람의 관계에도 많은 어려움이 있었다는 사실을 말이다. 사실, 그는 한때 혜림과 헤어질 생각을 한 적도 있었다고 고백했다.

이제 다음 활동지를 활용해 보자. 첫 번째 열에는 현재 피하고 있는 사람, 장소, 기억, 상황 등을 적어 보자. 두 번째 열에는 그것을 직면하기 어렵게 만든 이유나 실제 상황을 구체적으로 써 보자. 마지막으로, 세 번째 열에는 이러한 경험을 힘들게 만드는 생각이나 감정들을 적어 보자. '회피에 대한 대처' 활동지는 부록 32(p.341)에도 수록되어 있다.

회피에 대한 대처

회피하고 있는 것은 무엇인가?	이유가 무엇인가? 무슨 일이 일어났는가?	회피하는 것들을 떠올렸을 때, 무엇이 마음을 어렵게 만드는가? (마음을 어렵게 만드는 생각이나 감정들은 무엇인가?)
사람들		

장소들	
기억들	
상황들	
기타:	

피하고 있던 상황이나 사람들을 점차적으로 대면할 수 있는 계획을 세워 보자. 먼저, 피하고 있는 사람이나 장소에서의 상황을 상상하는 것부터 시작해 보자. 그 상황을 견디는 자신의 모습을 머릿속으로 그려보는 것이다. 그런 다음, 가능하다면 실제 그 상황에 조금씩 다가가 노출되도록 시도해 보자. 천천히, 완벽하지 않아도 괜찮으니 조금씩 해 보자. 가까이 가 봤다가 다시 물러서기를 여러 번 반복하면서, 어렵고 불편해 보이는 상황을 견뎌낼 수 있는지 확인해 보자.

나는 영준과 함께 노출 훈련을 시도했다. 그는 그동안 혜림과의 추억이 담긴 장소를 계속 피하고 있었다. 처음에는 상상하는 것부터 시작했다. 혜림과 함께 있던 건물에서의 모습을 떠올리며, 그 감정을 견디는 연습을 한 것이다. 그 과정에서 슬프고 불안한 감정들이 다시 떠올랐지만, 계속해서 연습을 이어가며 마침내 실제로 그 장소에 가보기도 했다. 영준은 그곳에서 불편한 감정도 결국 지나간다는 사실을 깨달았다. 이겨내는 과정은 쉽지 않았지만, 영준은 결국 극복할 수 있었다. 영준은 노출 훈련이 충분히 시도해 볼 가치가 있다는 것을 알게 되었다.

그 경험은 마치 잃어버린 삶의 일부를 다시 되찾는 것처럼 보였다.

반추와 걱정

어려운 감정에 대한 일반적인 반응은 부정적인 생각에 계속 집중하는 것이다. 반추는 부정적인 생각에 계속 매달려 그 생각이 떠나지 않는 상태를 말한다. 이것은 부정적인 생각이 잠깐 떠오르는 것과는 다르다. 잠깐 떠오른 생각은 쉽게 일시적으로 머물거나 쉽게 잊을 수 있지만, 반추는 그 생각이 계속해서 머물면서 마치 반갑지 않은 손님이 오랫동안 집에 있는 것처럼 느껴진다.

반추에 쉽게 빠지는 사람들은 우울증에 걸리기 쉽고 그 상태에서 벗어나기 어려우며, 특히 여성들이 남성들보다 반추할 가능성이 훨씬 높다(Nolen-Hoeksema, Parker, & Larson, 1994; Papageorgiou & Wells, 2001a; Papageorgiou & Wells, 2001b; Well & Papageorgiou, 2004).

그렇다면 왜 우리는 반추하고 걱정하는 걸까? 무언가에 집착하면서 결국 무엇을 얻으려는 걸까? 우리가 반추하고 걱정하는 데에는 '충분히 그럴 만한 이유'가 여러가지 있다.

- 우리는 때때로 선택의 여지가 없다고 느낄 수 있다. 어떤 생각이 머릿속에 떠오르는 순간, 그것에 그대로 휩쓸려 버리는 것이다. 마치 어떤 힘에 의해 끌려가는 것처럼 느껴진다. 반추는 거대한 파도가 덮쳐서 자신을 휩쓸고 가는 것처럼, 무력하게 다가오는 경험과 같다.
- 우리는 종종 '왜 이런 일이 나한테 일어나는 걸까?', '그 사람은 왜 그런 말을 했을까?' 같은 질문에 대한 답을 찾으려고 한다. 그리고 그 답을 찾으면 견디기 힘든 불확실함이 줄어들 거라고 믿는다.

- 우리는 반추하는 것이 문제 해결에 도움이 될 거라고 생각한다. 그렇게 하면 나쁜 일이 다시는 일어나지 않을 수도 있고, 계속되는 고민에서 벗어나거나, 적어도 한동안은 그런 생각에서 자유로워질 수 있을 거라고 믿기 때문이다.
- 반추가 스스로에게 동기를 주고, 긴장을 늦추지 않게 하며, 상황을 개선할 아이디어를 제공할 수 있다고 생각할 수도 있다.
- 우리는 항상 책임을 져야 한다고 생각할 수도 있다. 만약 상상 속에서라도 나쁜 일이 일어날 가능성을 떠올리면, 그 일을 막아야 할 책임이 자신에게 있다고 믿기도 한다. 예를 들어, 자녀에게 나쁜 일이 일어날지도 모른다는 생각이 들면, 실제로 그런 일이 생기지 않도록 걱정하고 대비해야 한다는 압박감을 느낄 수 있다.
- 또한 미리 걱정하면 예상치 못한 충격을 피할 수 있다고 생각할 수도 있다. 최악의 상황을 대비하고 마음속으로 미리 준비해 두면, 실제로 일이 닥쳤을 때 덜 놀랄 거라고 믿는 것이다.

부정적인 것에 집착하게 되는 '충분히 그럴 만한 이유'들을 한번 살펴보고, 그에 대한 대안이 있는지 생각해 보자. 여기서 '**정신적 압도**(mental hijack)'라는 개념을 떠올려 보자. 불쑥 떠오른 생각이 우리를 반드시 지배해야 한다고 믿는 것 말이다. 직장에서 갑자기 부정적인 생각에 사로잡힌 상황을 상상해 보자. 그때 상사가 다가와 "진행 중인 프로젝트에 대해 이야기하고 싶어요."라고 말한다. 그때 "죄송해요, 지금 미래에 대해 걱정하느라 이야기할 수 없어요."라고 대답한 적이 있는가? 당연히 그런 적은 없을 것이다. 우리는 쉽게 방해를 받아들인다. 그리고 이런 방해는 종종 우리의 걱정에서 벗어날 수 있게 도와주며, 다시 그 걱정으로 돌아가지 않도록 해준다.

걱정을 일부러 멈추고, 걱정할 시간을 따로 정해보면 어떨까? 이 시간을 '걱정 시간'이라고 부르자. 하루 중 다른 시간에 했던 모든 걱정들을 이 시간에 모아서 해결하는 거다. 하루 중 가장 편한 시간에 15분 정도를 정해 놓고 시도해 보자.

걱정 시간은 불쑥 떠오르는 생각에 휘둘리지 않게 도와주고, 삶을 더 긍정적으로 이어가면서 걱정에 집중할 수 있는 시간을 따로 마련해 준다. 많은 내담자들이 "그건 불가능해요. 저는 걱정을 통제할 수 없어요!"라고 말하곤 한다. 하지만 대부분의 사람들은 놀랍게도 걱정을 나중으로 미룰 수 있다는 것을 깨닫게 된다. 그렇게 하면 삶을 살아갈 수 있는 시간을 더 많이 확보할 수 있다.

그렇다면 다음 한 주 동안 하루에 15분을 따로 내어 걱정에 집중할 시간을 언제 마련할 수 있을까? 시간을 정해 보자. : __________. '걱정 시간' 활동지는 부록 33(p.342-344)에도 수록되어 있다. 필요한 만큼 복사하여 일주일 동안 연습에 활용해 보자.

걱정 시간

매일 걱정이 생길 때마다 이곳에 적어두고, 따로 정해둔 걱정 시간에 다루도록 하자. '그래, 이건 걱정거리니까 나중에 생각하자.'라고 마음속으로 정리해 볼 수 있다.

걱정1: ______________________________

____

걱정2: ______________________________

____

걱정3: ______________________________

____

걱정4: ______________________________

____

걱정5: ______________________________

____

걱정 시간을 15분으로 정하고 타이머를 맞추자. 그리고 오늘 하루 동안 했던 걱정들을 처음부터 하나씩 되돌아보자.

지금 그 걱정들에 대해 어떻게 느끼는가? 여전히 그 걱정이 당신을 괴롭히는가? 그렇다면 왜 그런지, 그렇지 않다면 왜 아닌지 생각해 보자.

____

____

____

____

지금 이 걱정을 하는 것이 정말 도움이 될까? 이 걱정이 오늘 그 문제를 해결하는 데 실질적인 도움이 될 수 있을까? 구체적으로 지금 당신이 할 수 있는 일은 무엇인가?

____

____

____

____

지금 이 문제에 대해 걱정하는 것이 오히려 방해가 될까? 즉, 오늘 이 문제를 해결하기 위해 할 수 있는 일이 있는가? '예' 또는 '아니오'로 답해 보자.

이 문제에 집착하는 것이 비생산적이라면, 지금 불확실성을 받아들이는 데 어떤 이점이 있을까? 그리고 단점은 무엇일까? 구체적으로 작성해 보자.

장점:

단점:

지금 내가 받아들일 수 있는 한계는 무엇인가?

다른 사람을 탓하기

우리는 종종 자신의 어려움을 다른 사람 탓으로 돌린다. "내가 술을 이렇게 많이 마시는 건 다 아내 때문이야."라거나, "아버지가 나를 좀 더 사랑해 줬더라면 내가 이렇게 늘 화를 내지는 않았을 거야."라는 말이 익숙하게 들릴지도 모른다.

물론 우리는 다른 사람의 행동이나 반응에 큰 영향을 받을 때가 많다. 예를 들어, 비판적인 배우자나 나를 실망시킨 친구 때문에 어려움을 겪기도 한다. 하지만 모든 고통의 책임을 그들에게만 돌린다면, 결국 나 스스로를 더 힘들고 벗어나기 어려운 상황으로 몰아넣게 된다.

나는 종종 남편들이 "내 아내는 내 말을 전혀 듣지 않아요. 아무리 대화를 해도 아내에게 잘 전달되지 않고 결국 내가 화를 내게 됩니다."라고 말하는 걸 듣게 된다. 그리고 그들은 '여기 있고 싶지 않아, 이런 상황은 필요 없어.'라고 생각하며 지속되는 갈등에서 벗어나려 한다.

다른 사람을 탓하는 것의 문제는 자신이 통제할 수 없는 것에 계속 집중하게 만든다는 점이다.

나는 종종 아내의 권유로 분노 문제를 해결하기 위해 상담을 받으러 오는 남편들을 보게 된다. 이런 내담자들이 "저에게 분노 문제가 있습니다."라고 말하는 경우는 거의 없다. 사실 그들이 하고 싶은 말은 "내 아내가 나를 화나게 합니다."이다. 실제로 그들이 진짜로 하고 싶은 말은 "문제는 아내에게 있는데, 왜 아내가 아닌 내가 와야 하는 걸까요? 나는 여기 오고 싶지도 않았고, 올 이유도 없어요."라는 것이다. 이는 "문제는 내 애인/파트너에게 있다."라는 주장을 드러내며, 이런 주장은 지속적인 갈등을 예고하는 신호이기도 하다.

우리 감정의 책임을 다른 사람에게 돌리는 문제는, 우리가 스스로 감정을 바꿀 수 없다고 믿게 만든다는 점에서 문제가 된다. 하지만 현실은 그렇지 않다. 다른 사람은 우리가 통제할 수 없는 존재이기 때문이다. 우리는 그들이 어떻게 행동할지, 말을 어떻게 할지 바꿀 수 없고, 과거에 벌어진 일들, 예를 들어 부모님이 했던 말이나 행동을 되돌릴 수도 없다. 그래서 다른 사람을 비난하는 것은 우리가 옳다는 느낌을 주고, 잠시 도덕적인 만족감을 줄 수는 있지만, 결국에는 우리가 아무것도 할 수 없다는 무력감만을 남게 한다.

숙영의 이야기

숙영은 준호와 결혼할 거라고 믿으며 4년을 함께 했지만, 결국 준호가 먼저 이별을 통보했다. 마흔을 앞둔 숙영은 아이를 갖고 싶었지만, 결혼할 사람은 주변에 없었다.

몇 달 동안 숙영은 준호가 자신을 속였다고 생각하며 괴로워했다. 하지만 그를 탓하는 것이 오히려 자신의 우울감과 분노, 무력감을 더 키운다는 걸 깨달았고, 우리는 숙영의 상황을 문제 해결의 관점에서 바라보기 시작했다.

숙영은 지혜롭고 실천력이 강한 사람이었고, 체외수정을 고려하기 시작했다. 독신 여성으로서 큰 결단이었지만, 아이를 갖는 것이 자신에게 정말 중요한 일이라 생각했다. 여러 번의 실패와 좌절을 겪은 후, 결국 임신에 성공했다. 숙영은 치료를 마친 후 1년이 지나, 아기를 안고 있는 사진과 함께 편지를 보내왔다. 숙영은 누군가를 탓하기보다는 문제를 해결하는 것이 더 효과적이라는 것을 깨달았다.

우리가 다른 사람을 탓할 때, 그 안에는 자신이 무력하다는 믿음이 숨겨져 있다. 하지만 중요한 문제를 스스로 해결할 수 있다면, 우리는 결코 무력하지 않다.

피해자 되기

우리가 겪는 많은 감정적 어려움은 스스로를 피해자라고 느끼는 데서 시작된다. 심리적, 신체적, 성적이든 그 어떤 형태든 학대를 당한 적이 있다면, 우리는 실제로 피해자였을 것이다. 이 세상에서는 우리를 사랑한다고 말하는 사람들조차 때로는 상처를 준다. 신뢰했던 사람들이 우리를 실망시키거나, 악의적으로 행동하거나, 배신하거나, 냉정하게 대할 때 우리는 혼란스럽고 당황하게 된다. 아마 우리 대부분은 이런 경험 때문에 깊은 실망과 불신을 느끼고, 원망을 품어본 적이 있을 것이다.

그러나 중요한 것은 우리가 과거에 피해자였는지가 아니다. 중요한 것은 지금도 여전히 스스로를 피해자로 정의하고 있는지, 아니면 그 이상으로 살아가고 있는지다. 당연히 처음에는 얼마나 상처받았고, 그 일이 얼마나 부당했으며, 그로 인해 삶이 얼마나 힘들어졌는지를 생각하게 된다. 하지만 계속해서 자신을 피해자로만 여기게 된다면, 결국 스스로를 무력한 존재로 만들어 버리게 될 것이다.

피해자라는 느낌이 든다면, 자기주장을 하거나 권리를 지키고, 항의하거나 보상을 요구하고, 사과를 받는 것이 도움이 될 수 있다. 이러한 반응은 누군가 우리를 부당하게 대할 때 가장 먼저 시도할 수 있는 효과적인 대응 방식이다. 이는 스스로를 위해 당당히 맞설 수 있는 힘을 키워주며, 자기 존중과 자존감을 높이는 방법이기도 하다. 자기주장은 자기 치유 과정에서 매우 중요한 요소로, 상대방에게 그들의 행동이 자신에게 어떤 영향을 주었는지 알리고, 변화를 요구하며, 명확한 한계를 설정하는 과정을 포함한다.

예를 들어, 서경은 친구 연수에게 그녀의 비판적인 말이 상처가 된다고 말하며 그런 말을 그만 해 달라고 요청했다. 그리고 덧붙였다. "우리 전에 이미 이 이야기를 한 적이 있잖아. 나는 앞으로도 너랑 좋은 친구로 지내고 싫어. 그런데 네가 계속 나를 비판하면 너를 만나는 게 점점 불편해질 것 같아. 정말로 네가 이 부분을 고쳐줬으면 좋겠어."

여기서 무엇이 포함되어 있었는지 살펴보자. 서경은 그 행동(비판적인 말), 그 행동이 자신에게 준 감정(상처), 그리고 어떻게 변화를 원하는지("비판을 멈춰줘.")를 구체적으로 전달했다. 서경이 하지 않은 것은 연수에게 낙인을 찍는 것("너는 정말 못된 사람이야."), 상황을 악화시키는 것("또 이러면 너를 힘들게 만들 거야."), 혹은 관계를 완전히 부정하는 것("나는 너와 더이상 친구로 지내고 싶지 않아.")이다.

자기주장을 통해 상대방에게 영향을 주고 변화를 이끌어낼 수도 있다. 하지만 항상 원하는 결과를 얻을 수 있는 건 아니다. 상대방이 변하지 않더라도 자기의 감정을 분명히 표현했다는 점 자체에 의미가 있다. 이런 상황이라면 다른 선택이나 결정을 내려야 할 때가 올 수도 있다.

혜인의 이야기

혜인은 마치 벽에 갇힌 듯한 기분이었다. 전 남편 진섭이 결국 결혼을 끝내자고 이혼을 신청했기 때문이다. 진섭은 항상 혜인의 감정을 무시하고 비난했으며, 혜인에게 신경질적이라고 말하고 아무것도 혜인을 만족시킬 수 없다고 했다. 혜인은 진섭이 한 번이라도 자신의 감정을 이해해 주거나 인정해 주거나, 자신의 감정을 타당하다고 말해줬던 순간을 떠올릴 수 없었다. 진섭은 혜인의 감정을 철저히 무시하는 데 능숙했고, 결국 떠나버리면서 혜인과 대화하려고도 하지 않았다. 이제 혜인은 혼자였다.

2년이 지나도 혜인은 여전히 이혼에 대해, 진섭이 자신에게 어떻게 대했는지, 그리고 그 모든 것이 얼마나 부당했는지에 대해 곱씹고 있었다. 혜인의 분노와 우울은 종종 혜인을 다른 사람들과 단절되게 만들었다. 아무도 진정으로 자신을 지지해 줄 수 없고, 아무도 진섭이 얼마나 형편없었는지 들어주고 싶어하지 않으며, 아무도 자신을 위로해 주지 않을 거라고 느꼈기 때문이다. 혜인은 자신의 분노가 정당하다고 생각했다. 진섭은 혜인을 비난하고, 모욕하며, 혜인을 버렸다. 혜인은 옳았다. 그는 실제로 그런 짓을 했다. 하지만 지금 혜인은 진섭에 대한 분노, 원망, 그리고 외로움 속에 갇혀 있는 상태였다. 모든 것이 진섭의 잘못이었고, 2년 전 일어난 일을 바꿀 수 있는 방법은 없다고 혜인은 생각했다.

혜인이 화를 내는 것이 정당할까? 당연하다. 누구나 감정을 느낄 권리가 있으며, 특히 부당한 대우를 받았다면 그 감정은 더욱 정당하다. 우리는 그 감정을 충분히 인정할 수 있다. 하지만 다음과 같은 질문을 스스로에게 던져 보자. 화를 얼마나 오래 지속하고 싶은가? 부당함에 계속해서 집중하는 것이 내 삶을 더 나아지게 만들까? 부당한 대우를 받았음을 인정하면서도, 긍정적인 목표를 세워 삶을 더 나아지게 할 수는 없을까?

우리에게 화를 낼 권리가 있다 하더라도, 자신의 감정을 소중히 여기고 목표와 기회를 추구할 권리 역시 있음을 기억하라. "그래, 그건 정말 불공평했고 그런 일은 일어나지 말았어야 해. 하지만 이제 내 삶은 내가 책임질 거야."라고 스스로에게 말해 볼 수 있다. 이런 태도는 그 불공평함이나 상처를 없애 주진 않겠지만, 내가 다시 삶을 회복하고 상처를 치유하는 데 큰 도움이 될 것이다.

과거의 상처에 계속 집중하는 것은 자연스러운 일처럼 느껴질 수 있다. 그 집중에서 벗어나는 것이 어려울 때도 있다. 하지만 이렇게 상처에 얽매여 있으면, 삶을 개선하는 데 방해가 된다. 삶을 다시 세우고 긍정적인 목표를 향해 나아간다면, 과거의 일들에 대해 점점 신경을 덜 쓰게 될 것이다. 이제 우리가 더 많은 삶의 주도권을 쥐고 있기 때문이다.

때로 우리는 **피해자 정체성**이라는 함정에 빠지기도 한다. 자신을 주로 피해자로만 여기게 되는 것이다. 부당한 일을 겪었고, 그런 일이 일어나지 말았어야 한다는 생각은 분명 옳을 수 있다. 그러나 그 피해자의 정체성에만 갇히게 되면 다른 가능성들은 사라지고 만다.

나는 치료사들과 워크숍을 할 때마다, 사람들에게 부당한 대우를 받은 경험이 있는지 손을 들어 보라고 요청한다. 거의 모든 사람이 손을 든다. 그리고 가까운 누군가가 신뢰를 저버리거나, 실망시키거나, 상처를 준 적이 있는지를 물으면, 다시 거의 모든 사람이 손을 든다. 나 역시 예외는 아니다.

이 상황에서 우리는 무엇을 배울 수 있을까?

삶은 때때로 불공평하고, 불쾌하며, 냉정할 수 있다. 하지만 우리가 실제로 피해자일 때조차도, 우리는 단순히 겪은 상처나 고통 그 이상의 존재다. 우리는 고통과 불공평함을 인정하되, 삶을 더 나아지게 만들기 위해 우리가 할 수 있는 일에 집중할 수 있는 존재다.

요약

- 불편한 감정을 다루는 우리의 방식이 오히려 감정 자체보다 더 큰 문제일 수 있다.
- 도움이 되지 않는 대처 방식은 장기적으로 부정적인 감정을 키울 수 있다.
- 단기적인 기분 개선이 아니라, 장기적으로 기분이 나아지는 것을 목표로 해라.
- 술이나 약물은 잠시 감정을 진정시킬 수 있지만, 결국 모든 상황을 더 악화시킬 것이다.
- 폭식은 일시적으로 감정을 억누르지만, 그 후에 더 악화될 수 있다.
- 불평은 잠시 위안을 줄 수 있지만, 친구들을 멀어지게 할 수도 있다.
- 안심을 구하려는 마음은 자연스러운 것이지만, 도움을 요청하는 방식에 따라 결과가 달라질 수 있다.
- 불편한 상황을 피하는 것은 감정에 대한 두려움을 키우고, 삶을 제약할 수 있다.
- 다른 사람을 탓하는 것에는 어느 정도 진실이 있을 수 있지만, 그것만으로는 문제를 해결할 수 없다.
- 반복적인 걱정과 반추는 해답을 주지 않으며, 장기적으로 더 큰 우울을 불러올 수 있다.
- 부당한 대우를 받았다는 사실이 맞을 수는 있지만, 피해자 역할에 갇히면 더 큰 고통을 겪게 된다.

제11장

다른 사람들의 감정 이해하기

제11장
다른 사람들의 감정 이해하기

때때로 우리는 자신의 생각과 감정에 너무 집중하다 보니 다른 사람들이 우리를 어떻게 느낄지 생각하지 않고 말하거나 행동할 때가 있다. 그 결과, 다른 사람의 마음과 감정을 제대로 이해하지 못하는 경우가 많다. 우리가 종종 누군가를 잘못 이해하는 이유는, 그 사람이 지금 우리의 상태와는 매우 다르고 그들만의 취약점, 상처, 필요가 있다는 것을 깨닫지 못할 때가 있기 때문이다. 그렇다면 우리는 어떻게 해야 다른 사람의 감정과 더 잘 연결될 수 있을까?

현정은 사람들과 어울릴 때 술을 마시는 걸 좋아하고, 주로 주변 사람들에게 긍정적인 에너지를 주는 편이다. 그런데 기분이 과하게 들뜨면 종종 부정적인 이야기를 꺼내며 논쟁적으로 변하기도 한다. 내가 현정에게 친구들이 현정에 대해 어떻게 느끼는지 물었을 때, 현정은 "제 친구들은 가끔 저를 비판하기도 하지만, 저는 그냥 저답게 살려고 하는 것뿐이에요."라고 대답했다.

우식은 자기 감정에 지나치게 몰두한 나머지, 주변 사람들과의 관계에 어려움을 겪고 있다. 우식은 민수와 대화할 때도 자기 이야기만 하고 민수가 어떻게 지내는지 관심을 보이지 않는다. 그러다 민수가 "너는 항상 너 자신만 생각해!"라고 화를 내면, 우식은 당황하곤 한다.

용석 역시 비슷한 경우다. 용석은 23년 동안 결혼 생활을 해왔는데, 최근 아내가 이혼하겠다고 하자 나를 찾아왔다. 용석이 아내와의 관계에 대해 이야기하는 것을 듣다 보니, 용석이 평소 아내에게 소리를 지르거나 비판하고 모욕적인 말을 했다는 사실을 알게 되었다. 그래서 나는 용석에게 물었다.

"용석 씨가 그렇게 감정을 표현할 때, 아내분은 어떤 마음일 것 같으세요?"

그러자 용석은 당황하며 말했다.

"선생님이 무슨 말씀을 하시는지 전혀 모르겠어요."

말하는 게 아니라, 어떻게 들리느냐가 중요하다

우리는 종종 다른 사람에게 어떤 영향을 미칠지 깊이 생각하지 않는다. 자기 감정에 몰두하다 보면, 의도치 않게 상대방에게 상처를 주는 말을 하게 된다. 그렇게 되면 가까운 사람들과 점점 멀어지게 되는 경우가 많다. 특히 친구나 가족이 힘든 시간을 겪고 있을 때 더 그렇다. 그들을 돕고 싶어서 말하지만, 오히려 그들이 오해를 하거나 도움을 받지 못했다고 느끼게 될 때가 있다. 심지어 비난을 받았다고 생각할 수도 있다. 물론 우리가 그런 의도를 가진 게 아님에도 불구하고 말이다.

하지만 현실에서는 우리가 무슨 말을 하느냐보다, 상대방이 그 말을 어떻게 받아들이느냐가 더 중요하다. 진심으로 상대방의 기분을 좋게 해주고 싶어서 하는 말이라도, 정작 중요한 것은 상대방이 그 말을 어떻게 받아들이고 어떤 의미로 느끼는가이다. 결국 가장 중요한 건 상대방이 우리를 어떻게 느끼고 경험하는가 하는 것이다.

자주 만나는 세 사람을 떠올려 보라. 현재의 애인/파트너가 있다면 그 사람(또는 과거의 애인/파트너), 친한 친구, 그리고 가족 중 한 명을 생각해 보자. 그들은 당신을 어떤 사람으로 느낄까? 그들이 어려운 시간을 겪을 때, 당신에게 마음을 열고 이야기할 수 있을까? 당신은 그들의 이야기에 공감해 주고 있는가, 아니면 판단하고 있는가? 혹시 그들은 당신이 자기 이야기보다 자신의 생각에 더 집중한다고 느끼진 않을까? 잠시 시간을 내어 이 점을 생각해 보고, 이것이 당신의 우정과 가까운 관계에 어떤 영향을 미치고 있을지 생각해 보자.

우리의 감정이 우리 자신에게 중요하듯, 다른 사람들도 자신의 감정이 중요하다고 여긴다. 그래서 가끔은 우리가 그들을 이해하지 못하거나, 신경 쓰지 않거나, 존중하지 않는다고 느낄 수도 있다. 사실 우리 모두는 조금씩 **자기중심적**인 면이 있다. 즉, 자신의 관점에 갇혀 있을 때가 많다는 것이다.

친구가 내 생각과 다른 의견을 말할 때, 나도 모르게 본능적으로 내 감정과 생각에 몰두하게 되고, 때로는 그 감정에 휩쓸리기도 한다. 순간적으로 내 의견을 강하게 표현하고 싶어지고, 친구의 생각이 틀렸다고 지적하거나 심지어는 살짝 비꼬고 싶은 마음까지 든다. 하지만 이런 식으로 대화하다 보면 결국 상황만 더 나빠지고, 걷잡을 수 없이 일이 커지곤 한다는 걸 깨달았다. 결국 우리 둘 다 후회하게 되는 것이다. 내게 내 감정이 소중한 만큼 친구에게도 친구의 감정이 소중하다. 그래서 친구의 감정 역시 나에게 중요한 의미를 갖는다고 생각한다.

사람들이 우리의 감정에 반응하는 방식

우리가 다른 사람에게 어떤 영향을 미치는지 살펴보기 전에, 먼저 다른 사람들이 우리의 감정에 반응할 때 우리가 어떻게 느끼는지부터 이해해 보자. 이번 연습에서는 가까운 관계에서 나타나는 부정적인 반응들을 살펴볼 것이다. 여러분이 화가 났을 때, 가까운 사람이 여러분의 감정에 어떻게 반응하는지 떠올려 보라. 첫 번째 열에는 여러분이 화가 났을 때 그 사람이 보일 수 있는 다양한 반응 예시를 읽어 보라. 두 번째 열에서는 아래 척도를 이용해 그 반응이 얼마나 사실에 가까운지 평가해 보자. 마지막으로, 세 번째 열에는 그 반응이 여러분에게 어떤 생각과 감정을 불러일으키는지 적어 보자. '내가 화가 났을 때, 내가 사랑하는 사람이 나에게 보이는 반응' 활동지는 부록 34(p.345-347)에도 수록되어 있다.

내가 화가 났을 때, 내가 사랑하는 사람이 나에게 보이는 반응

척도:

1= 전혀 사실이 아님

2= 다소 사실이 아님

3= 약간 사실이 아님

4= 약간 사실임

5= 다소 사실임

6= 매우 사실임

내가 화가 났을 때, 내가 사랑하는 사람의 반응	이것이 얼마나 사실인가? (1~6)	그들의 반응이 나에게 주는 느낌과 생각
이해(Comprehensibility) 내가 사랑하는 사람은 내 감정을 이해하도록 도와준다.		
타당화(Validation) 내가 사랑하는 사람은 내가 내 감정을 이야기할 때 이해받고 돌봄받는다는 느낌을 준다.		
죄책감과 수치심 (Guilt and shame) 내가 사랑하는 사람은 나를 비난하며 내가 느끼는 방식에 대해 수치심과 죄책감을 느끼게 한다.		
구분/변별(Differentiation) 내가 사랑하는 사람은 복합적인 감정을 가지는 것이 괜찮다는 것을 이해하도록 도와준다.		
가치(Values) 내가 사랑하는 사람은 내 고통스러운 감정을 중요한 가치와 연결시킨다.		
통제(Control) 내가 사랑하는 사람은 내가 내 감정을 통제하지 못하고 있다고 생각한다.		

정서적 둔마(Numbness) 내가 사랑하는 사람은 내가 감정을 이야기할 때 무감각하고 무관심해 보인다.		
이성적(Rational) 내가 사랑하는 사람은 내가 많은 경우 비이성적이라고 생각한다.		
지속(Duration) 내가 사랑하는 사람은 내가 느끼는 고통스러운 감정이 계속해서 반복된다고 생각한다.		
합의/일치도(Consensus) 내가 사랑하는 사람은 많은 사람들이 나와 같은 감정을 느낀다는 것을 깨닫도록 도와준다.		
수용(Acceptance) 내가 사랑하는 사람은 내 고통스러운 감정을 받아들이고 참아주며, 나를 억지로 바꾸려 하지 않는다.		
반추(Rumination) 내가 사랑하는 사람은 내가 왜 이렇게 느끼는지에 대해 계속 파고드는 것처럼 보인다.		
표현하기(Expression) 내가 사랑하는 사람은 내가 내 감정을 표현하고 이야기하도록 격려해준다.		

비난(Blame)		
내가 사랑하는 사람은 내가 힘들어하는 것에 대해 나를 탓한다.		

이제 이 14가지 문장을 다시 살펴보고, 가장 높은 점수와 가장 낮은 점수를 받은 항목을 생각해 보자.

당신의 애인/파트너가 당신에게 반응할 때 가장 실망스러웠던 세 가지는 무엇인가?

____

____

____

____

당신의 애인/파트너가 당신에게 보였던 반응 중 가장 고마웠던 세 가지는 무엇인가?

____

____

____

____

윤서와 주한의 이야기

윤서는 심한 불안으로 고통을 겪고 있었다. 공황발작과 실수에 대한 두려움, 건강에 대한 걱정 때문이었다. 윤서는 남편인 주한이 자신의 감정을 제대로 이해해 주지 못한다고 말했다. 주한은 윤서의 감정을 비이성적이라며 비난했고, 끝없이 반복되는 감정에 지쳤다고 불평했다.

주한은 아내 윤서가 느끼는 감정들을 부끄러워하게 만들었고, 다른 사람들은 그렇게 느끼지 않을 거라며 윤서의 감정을 마치 비정상적이거나 통제 불능인 것처럼 낙인찍었다. 윤서는 남편 주한의 이런 말들 때문에 불안과 수치심, 분노, 우울함, 무력감, 그리고 절망감까지 느끼게 되었다고 말했다. 결국 윤서는 자신의 감정을 주한에게 털어놓는 것조차 두려워졌고, 이로 인해 그녀의 마음속엔 더 큰 분노가 쌓여갔다.

주한과 이야기를 나눴을 때, 주한도 아내 윤서가 자주 불안해하고 우울감을 느끼는 것 같다고 인정했다. 주한은 덧붙여 말했다. “저는 제 아내를 정말 아끼지만, 아내는 계속 감정의 소용돌이에 빠져 있어요. 저는 그저 아내가 더 이상 힘들지 않았으면 할 뿐이에요.” 주한은 선의로 말한 것 같았지만, 윤서에게는 오히려 상황을 더 악화시키는 결과를 초래했다.

나는 주한에게, 윤서가 본인의 힘든 감정에 대해 이야기할 때 어떤 생각이 드는지 물었다. 주한은 이렇게 답했다.

“아내가 기분이 좋지 않다는 건 저도 잘 알고 있어요. 그런데 아내가 한 번 자기의 힘든 감정에 대해 이야기를 꺼내면, 끝이 없을 것 같아요. 멈추지 않고 계속 이야기할 것 같아서, 그런 아내의 모습을 보는 게 저도 너무 힘들어요. 그래서 저는 아내가 좀 더 긍정적으로 상황을 바라보도록 하려고 노력하고, 진정하라고 말해보지만, 아내는 제가 이해하지 못한다고 해요. 그럴 때마다 저는 아내를 어떻게 해야 할지 모르겠어요. 저는 그저 아내가 더 이상 힘들지 않았으면 좋겠어요.”

주한은 아내 윤서의 감정에 대해 몇 가지 생각을 가지고 있다:

- '아내가 이제 더 이상 힘들지 않았으면 좋겠다.'
- '아내가 화를 내기 시작하면 견디기가 어렵다.'
- '아내는 한 번 자신의 감정을 이야기하기 시작하면 끊임없이 불평을 늘어놓는다.'
- '나는 아내가 당장 이 기분 나쁜 상태에서 벗어나게 해야 한다.'
- '아내는 내 말을 들으려 하지 않는다. 내 말을 들으면 분명 기분이 나아질 텐데.'
- '감정에 대해 이야기하는 것은 오히려 상황을 더 나쁘게 만든다.'
- '아내는 너무 감정적이다.'
- '아내는 신경질적이다.'

주한은 아내의 감정에 대해 여러 가지 복잡한 마음을 갖고 있다. 그는 이런 생각을 한다. '솔직히 나는 아내가 왜 그런 감정을 느끼는지 이해가 안 돼. 그러니까 아내가 그런 식으로 느껴선 안 된다고 생각하게 돼. 고통스럽고 부정적인 감정은 뭔가 잘못된 거고, 내가 어떻게든 아내가 그런 기분에서 벗어나도록 도와줘야 한다는 생각이 들어. 만약 내가 아내의 부정적인 감정을 바로잡아 주지 않으면 아내의 상태는 점점 더 나빠지고, 끝도 없이 불평만 늘어놓을 것 같아. 아내가 기분 나빠하는 걸 보는 건 내게 너무 큰 부담이야. 동시에 나는 아내를 기분 좋게 만들어야 한다는 책임감도 느껴. 내가 아내에게 그런 감정은 비이성적이라고 얘기했는데도 아내가 계속 똑같이 느낀다면, 마치 내 말을 무시하고 존중하지 않는 것 같다는 생각도 들어. 또 내가 무조건 아내의 감정을 인정하고 받아주면 불평은 더 커지고 상황이 오히려 더 악화될 거라고 느껴져. 결국엔 아내의 감정에 내가 압도당할 것 같아.'

주한은 아내의 감정에 대해 부정적인 인식을 가지고 있다. 주한은 아내의 감정을 자신이 어느 정도 통제해줘야 한다는 책임감을 느끼곤 한다. 만약 아내가 자신의 말을 따르지 않으면 아내는 감정을 바꾸려는 의지가 없는 것이고, 자신을 존중하지 않는거라고 생각한다. 나는 주한에게 그가 정확히 무엇을 걱정하고 있는지 물어보았다.

주한은 말했다. “제가 아내의 감정에 대해 이야기하기만 하면, 제 감정은 들어설 자리가 없어요. 아내는 제가 가족을 위해 얼마나 열심히 일하는지 모르고, 그저 불평만 해요. 저는 인정받지 못하고, 아내는 저를 당연하게 여겨요. 저도 인정받고 싶은 마음이 있어요.”

“주한 씨가 어렸을 때 화가 나면 부모님은 주한 씨에게 어떻게 반응하셨나요?”라고 내가 물었다.

“아버지는 항상 제가 완벽하기를 바라셨어요. 오직 제 성공에 대해서만 이야기하길 원하셨죠. 바로 지난주에도 제가 아버지와 제 일에 대해 이야기했는데, 아버지는 제 일이 어떻게 되어가고 있는지 물으셨어요. 제가 ‘잘 되고 있어요.’라고 말하니, 아버지는 ‘그게 내가 듣고 싶은 말이다. 잘 되고 있구나. 그게 내가 너에게 기대하는 바야.’라고 하셨어요.”

나는 말했다. “아버지가 오직 주한 씨의 좋은 경험이나 긍정적인 감정만 듣고 싶어 한다는 것이 주한 씨에게 어떤 기분을 들게 하나요?”

주한은 말했다. “아버지가 저를 신경 쓰지 않는다고 느끼게 해요. 저는 아버지에게서 한 번도 인정받은 적이 없어요. 아버지는 한 번도 저를 이해하신 적이 없어요.”

주한은 한 번도 인정받지 못한 채 자라왔고, 아내를 거의 인정해 주지 않는다는 점이 참 아이러니하다. 주한은 어릴 때, 주로 아버지에게서 감정은 짐에 불과하며, 사람은 그런 감정을 당연히 없애야 하고, 감정을 인정받는 일은 절대 없을 것이라는 것을 배웠다. 주한은 아버지의 비타당화적인 태도를 그대로 답습하며, 윤서의 감정을 받아들이기 어려워 했다.

다른 사람의 감정에 대한 우리의 생각

우리 모두는 다른 사람의 감정에 대해 나름의 생각을 가지고 있다. 이 생각은 정서도식모델에 기반을 두며, 다른 사람의 감정이 얼마나 오래 지속되어야 하는지, 그 감정이 정당한지, 통제할 수 있는지, 그리고 다른 사람들의 감정과 어떻게 다른지에 대한 우리의 믿음을 포함한다. 또한 우리는 다른 사람의 감정에 어떻게 반응할지에 대한 나름의 방식이나 전략을 가지고 있다.

이런 반응에는 다음과 같은 여러 부정적인 방식들이 포함된다.

- 그들의 경험을 과소평가하기: "그건 그렇게 중요한 건 아니야."
- 해로운 긍정(Toxic positivity): "다 잘 될 거야."
- 비판하기: "너 별거 아닌 거로 유난 떤다."
- 감정 억누르기: "정신 차려."
- 과거 탓하기: "네가 이러는 건 네 가족 때문이야."
- 방어적 태도: 듣기를 거부하기.
- 회피하기: 방을 나가버리기.
- 비웃기: "너 자신을 좀 봐, 애처럼 굴고 있잖아. 뭐가 문제니?"
- 개인화하기: "네 문제를 나한테 떠넘기지 마."
- 문제 해결하기: "이 문제를 어떻게 해결할지 내가 알려줄게."
- 과도하게 개입하기: "이건 내가 알아서 할게."

우리는 사람들과 상호작용할 때마다 그들의 감정을 접하게 된다. 우리는 애인/파트너의 감정이 짜증스럽거나, 부담스럽거나, 때로는 우리를 압도한다고 느낄 수도 있다. 혹은 친구의 감정이 끝없이 이어지거나, 이해가 안 되거나, 자기중심적으로 보일 수도 있다. 하지만 우리가 그렇게 느낀다고 해도, 사실 우리는 상대방의 감정을 직접 볼 수는 없다. 우리는 그들이 무엇을 하고, 어떤 말을 하며, 우리와 어떻게 상호작용하는지 정도만 볼 수 있을 뿐이다. 다른 사람의 속마음에서 어떤 일이 일어나는지 알기란 쉽지 않다.

상호 오해

영주는 민섭이 자신에게 짜증을 내고 있다고 생각한다. 영주는 "왜 나한테 그런 식으로 말해?"라고 묻는다. 하지만 민섭은 영주에게 거의 아무 말도 하지 않았기 때문에 이 질문이 당황스럽다. 민섭은 영주의 속마음을 짐작해보며, 영주가 자신의 운전을 마음에 들어 하지 않는다고 생각한다. 영주는 민섭의 운전에 대해 아무 말도 하지 않았지만, 민섭은 잠시나마 영주가 짜증내는 이유가 운전 때문이라고 생각한다.

민섭의 생각이 얼마나 비약적인지 살펴보자. 민섭은 영주가 자신에게 짜증을 내고 있으며, 영주가 자신의 운전을 싫어한다고 결론을 내린다. 이게 맞을 수도 있지만, 사실 민섭은 확실히 알지 못한다. 지금 그는 영주의 마음을 읽으려는 생각에 갇혀 있다. 영주가 어떤 감정을 느끼고 있는지, 왜 그런 감정을 느끼는지 민섭은 모른다. 민섭은 영주의 감정이 모두 자신에 대한 불만에서 비롯된 것이라고 받아들이며, 그 감정이 다른 이유에서 생겨났을 가능성을 깨닫지 못하고 있다.

민섭은 계속해서 영주의 감정에 대해 생각한다. 민섭의 의식의 흐름이 풀려 나가기 시작한다. '영주는 이 기분을 영원히 유지할 거야.'(지속성), '영주의 감정은 이해가 안 돼.'(이해 부족), '영주는 점점 더 나빠질 거야.'(통제 부족, 악화), '영주는 이렇게 느끼면 안 돼.'(비난), '내가 영주의 이런 감정을 멈추게 해야 해.'(통제의 필요), '이건 받아들일 수 없어.'(수용 부족), 그리고 '왜 영주는 좀 더 이성적이고 합리적일 수 없지?'(반감정적 이성주의).

영주의 감정을 부정적으로 해석한 결과, 민섭은 방어적인 태도를 취하게 된다. "혼자 있게 해줘, 운전 중이야." 민섭은 영주와 거리를 두기 시작하며, 대화를 피하려 한다. 민섭은 속으로 생각한다. '우리가 계속 이야기하면, 아내는 더 짜증을 내고 사사건건 트집을 잡을 거야. 내가 조용히 있는 게 낫겠어.'

민섭은 영주와의 대화를 멈추고, 영주의 감정에 대해 곱씹기 시작한다. 민섭은 속으로 생각한다. '이게 벌써 몇 년째야. 아내는 정말 기분이 들쑥날쑥해. 도대체 나한테 뭘 원하는 건지 모르겠어.'

민섭은 이제 영주가 어떤 감정을 경험하든 받아들일 수 없는 지경에 이르렀다. 민섭은 영주가 이런 식으로 느끼는 것을 멈춰야 한다고 생각하며, 자신이 영주를 멈추게 해야 한다고 여긴다.

민섭이 점점 멀어지고, 동시에 영주에게 짜증을 내기 시작하자, 영주는 민섭이 기분이 왔다 갔다 하고 짜증을 잘 내며, 대화도 잘 안 한다고 생각하게 된다. 처음에는 자신이 무슨 일을 해서 민섭의 이런 반응을 불러왔는지 궁금해하지만, 민섭이 왜 그렇게 화가 났는지 알 수가 없다. 그러다 점점 민섭의 감정에 대해 이런저런 생각이 든다. '내 남편은 기분이 오락가락하고 쉽게 짜증을 낸다. 항상 이래.'(과 일반화), '이건 하루 종일 계속될 거야.'(지속성), '민섭은 정말 화를 내거나 짜증을 낼 때가 있어.'(악화), '남편의 이런 기분을 멈추게 해야 해.'(수용 부족), '내 남편은 자기 감정을 조절하지 못해.'(통제 부족), '나는 내 남편의 감정을 전혀 이해할 수 없어.'(이해 불가).

이런 경험 중에 익숙하게 느껴지는 것이 있는가?

우리 모두는 다른 사람의 감정을 추측하는 데 열중한다. 때로는 우리의 추측이 맞기도 하고, 틀리기도 한다. 하지만 우리는 주변 사람들의 감정을 나름대로 해석하고 평가하며 받아들인다. 이제 민섭과 영주에게 실제로 무슨 일이 있었는지 살펴보자.

알고 보니 민섭은 영주가 일주일 후에 떠나는 출장을 걱정하고 있었다. 영주는 이주 동안 자리를 비울 예정이었고, 민섭은 영주가 떠나면 많이 그리울 것 같았다. 그런 생각이 민섭을 슬프게 했고, 영주 없이 혼자 남는 것에 대한 불안감도 있었다. 민섭은 영주를 그리워하게 되리라는 것을 알고 있었고, 영주가 자신의 커리어를 쌓아나갈 권리가 있다는 것도 이해하고 있었다. 하지만 마음 한편으로는 버려진 느낌이 들었다. 그래서 민섭은 영주가 지금처럼 자주 출장 가지 않기를 바라고 있었다.

민섭은 '진짜 남자'라면 아내에게 그렇게 의존하지 않아야 한다고 생각했다. 필요하면서도 필요하지 않은 척하려고 노력한 것이다. 민섭의 감정은 복잡했다. 영주가 떠나는 것에 대한 불안과 슬픔, 의존적인 자신을 탓하며 느끼는 분노, 그리고 그런 자신의 감정에 대한 부끄러움이 섞여 있었다.

영주는 어땠을까? 그녀도 출장 때문에 불안했지만, 자신이 돌아온 지 며칠 후에 민섭이 또 다른 출장을 떠난다는 사실이 더 신경 쓰였다. 앞으로 다섯 주 중 세 주 동안 서로 떨어져 있어야 했고, 둘은 서로에게 깊이 의지하고 있다고 느꼈다. 그런데 이 연결감이 오히려 영주에게 불안함을 주었다. 영주는 자신이 떠나 있는 동안 민섭이 그리울 것이고, 민섭이 떠나 있을 때는 더더욱 그리울 거라는 생각에 불안하고 슬퍼졌다.(민섭과 아주 비슷해 보이지 않는가?) 각자의 출장이 영주에게 불안감을 주었기 때문에, 영주는 민섭의 목소리 톤 하나에도 민감해졌다. 민섭이 출장 중일 때 영주는 자주 불안해졌고, 민섭이 짜증을 낼 때면 자신을 밀어내는 것처럼 느끼곤 했다. 영주는 떠나기 전에 민섭과 안 좋은 시간을 보내고 싶지 않았다.

그들의 경험에서 아이러니한 점은 둘 다 상대방의 마음속에서 무슨 일이 일어나고 있는지 전혀 몰랐다는 것이다. 상대방이 짜증을 느낀다는 점은 어느 정도 맞췄지만, 상대방이 느끼는 감정의 깊이나 범위를 제대로 이해하지 못했다. 또한 상대방이 왜 그런 감정을 느끼는지에 대해서도 잘못 이해하고 있었다.

우리는 종종 상대방의 감정을 그 사람이 가진 고정된 특성이나 성향처럼 설명하려고 한다. 예를 들어, '그 사람은 변덕이 심해.'라든가 '그 사람은 짜증을 잘 내.' 같은 식으로 말이다. 마치 그 사람의 부정적인 기분은 항상 그대로인 것처럼 생각하고, 그 사람의 감정이 늘 변덕스럽거나 항상 짜증으로 가득 차 있는 것처럼 여기는 것이다. 우리는 상대방의 감정이 상황에 따라 얼마나 다양하게 변할 수 있는지를 잘 깨닫지 못한다.

우리는 그들의 감정을 현재 상황이나 우리가 그들에게 미치는 영향이 아닌, 그들 자신의 문제로 돌리려는 경향이 있다. 이는 부분적으로 우리가 우리의 행동이 상대방에게 어떤 영향을 미치는지를 이해하는 데 어려움을 겪기 때문이다(자기중심적 편향).

우리는 다른 사람을 볼 때 그들을 하나의 '완전한 인격체'로만 생각하며, 그 순간 그 사람이 어떻게 보이고 어떤 말을 하는지에만 집중하곤 한다. 그러다 보니 그 사람의 행동이나 감정이 시간이 흐르거나 상황에 따라 얼마나 다양하게 변할 수 있는지 잘 인식하지 못하게 된다.

우리는 상대방의 시각에서 세상을 바라보거나, 그들의 입장에서 우리 자신을 바라보는 방법을 잊곤 한다. 우리는 우리의 시각에만 갇혀 있기 때문에, 상대방이 세상을 어떻게 보고 있는지, 또 그들이 어떻게 변화하고 있는지, 우리가 그들에 대해 모르는 것이 무엇인지 깨닫지 못한다. 결국 우리는 그들을 변덕스럽다거나, 예민하다거나, 신경질적이라는 식으로 단정 지어버리고 만다.

더 지지적이고 효과적으로 행동하는 방법

민섭, 영주, 그리고 나는 일어난 일에 대해 각자가 어떻게 해석했는지를 살펴보았다. 그들이 서로의 감정을 잘못 이해했다는 사실을 깨닫기 시작하면서 우리는 조금씩 안도감을 느꼈다. 사실, 그들이 짜증을 내는 것은 그들 사이의 연결이 여전히 존재한다는 신호였다.

민섭은 영주의 감정에 대한 자신의 해석을 되돌아보았다.

민섭의 영주의 감정에 대한 초기 해석	생각의 유형	영주의 감정에 대해 더 도움이 되는 관점
영주가 이런 기분을 끝없이 이어갈 것처럼 느껴졌다.	지속성	아니, 사실 영주의 감정도 내 감정과 마찬가지로 시간이 지나면서 변한다. 조금 전만 해도 영주는 기분이 좋았고, 아마 나중에 다시 좋은 기분이 될 것이다.
영주의 감정이 이해되지 않았다.	이해의 부족	만약 영주가 무슨 생각을 하고 있는지, 어떤 감정을 느끼고 있는지 알았다면 이해할 수 있었을지도 모른다. 하지만 지금은 모르겠다. 어쩌면 영주에게 마음에 걸리는 일이 있는지도 모른다. 혹은 나와 떨어져 있는 것에 대해 불안함을 느끼고 있는지도 모른다.
영주는 점점 더 나빠질 것처럼 보였다.	통제 부족, 재앙화	하지만 항상 그런 것 같지는 않았다. 나는 영주의 감정이 우리가 무엇을 하고 있는지, 또는 영주가 누구와 이야기하는지에 따라 달라진다는 것을 알게 되었다.
영주가 이렇게 느껴서는 안 된다고 생각했다.	비난	영주의 감정을 판단하는 것은 나에게 도움이 되지 않았다. 감정을 가지는 것 자체는 잘못된 것이 없고, 영주의 감정이 누구에게 해를 끼치는 것도 아니다. 누구나 자신의 감정을 가질 권리가 있다.
나는 영주가 이런 감정을 느끼지 않도록 해야 한다고 생각했다.	통제하려는 욕구	하지만 사실 영주가 이런 감정을 느끼지 않도록 할 필요는 없다. 대신 나는 영주의 감정을 인정해주고, 자신의 감정을 표현하도록 격려하며, 영주의 입장을 이해해줄 수 있다. 나는 영주가 본연의 모습을 유지하도록 돕고, 그대로의 영주를 사랑할 수 있다.
나는 이 상황을 받아들일 수 없다고 생각했다.	수용의 부족	왜 나는 영주의 감정을 받아들일 수 없는 걸까? 영주는 지금 자신의 감정을 느끼고 있는 중이고, 그것을 받아들이지 않는 것은 아무런 의미가 없다. 영주의 감정은 지금 이 순간의 영주의 감정일 뿐이다.

왜 영주는 좀 더 이성적이고 합리적일 수 없는 걸까?	지나치게 이성적인 태도	어쩌면 영주의 입장에서는 이성적이고 합리적인 행동을 하고 있을지도 모른다. 어쩌면 나는 지금 영주가 무슨 생각을 하고, 어떤 감정을 느끼고 있는지 알지 못할 수도 있다. 나는 영주에게 물어보고, 인내심을 갖고, 다투지 않으려고 노력할 수 있다. 사실 사람들에게 항상 이성적이길 기대하는 것 자체가 비이성적이다. 인간은 그렇게 만들어지지 않았다.

이제 '내가 화가 났을 때, 내가 사랑하는 사람이 나에게 보이는 반응' 활동지로 돌아가 보자. 당신의 애인/파트너가 당신의 감정에 대해 보였던 부정적인 반응이나 믿음들을 기억할 것이다. 예를 들어, "당신의 감정이 말이 안 된다."거나, "당신의 감정은 인정받을 필요가 없다."거나, "다른 사람들은 당신처럼 느끼지 않는다."는 식의 반응이 당신을 더 힘들게 했을 것이다.

이제 당신이 사랑하는 사람이 느끼는 감정에 대해 어떻게 생각하고 있는지 살펴보자. 혹시 당신도 그들의 감정에 대해 이런 생각을 하고 있지 않은지 생각해 보자.

다음 표의 첫 번째 열에서는 당신이 사랑하는 사람이 화가 났을 때, 여러분이 어떻게 반응할 수 있는지에 대한 여러 가지 예시를 읽어 보자. 두 번째 열에서는 아래 척도를 사용해 그 반응이 얼마나 사실인지를 평가해 보자. 마지막으로 세 번째 열에는 당신의 반응이 그들에게 어떤 생각과 감정을 느끼게 하는지 적어 보자. '애인/파트너의 감정에 대한 나의 반응' 활동지는 부록 35(p.348-350)에도 수록되어 있다.

애인/파트너의 감정에 대한 나의 반응

척도:

1= 전혀 사실이 아님

2= 다소 사실이 아님

3= 약간 사실이 아님

4= 약간 사실임

5= 다소 사실임

6= 매우 사실임

사랑하는 사람의 감정에 대한 나의 반응	이것이 얼마나 사실인가? (1~6)	나의 반응이 내가 사랑하는 사람에게 주는 느낌과 생각
이해(Comprehensibility) 나는 내가 사랑하는 사람이 자신의 감정을 잘 이해할 수 있도록 도와준다.		
타당화(Validation) 나는 그들이 자신의 감정에 대해 이야기할 때, 이해받고 돌봄을 받고 있다는 느낌을 받을 수 있도록 돕는다.		
죄책감과 수치심 (Guilt and shame) 나는 그들을 비난하고, 그들이 자신의 감정에 대해 죄책감과 수치심을 느끼게 한다.		

구분/변별(Differentiation) 나는 그들이 복합적인 감정을 느끼는 것도 괜찮다고 이해하도록 돕는다.		
가치(Values) 나는 그들의 감정을 중요한 가치와 연결시킨다.		
통제(Control) 나는 그들의 감정이 통제 불능 상태라고 생각한다.		
정서적 둔마(Numbness) 나는 그들이 자신의 감정을 이야기할 때 종종 무감각하거나 무관심하다.		
이성적(Rational) 나는 그들이 많은 경우 비이성적이라고 생각한다.		
지속성(Duration) 나는 그들의 고통스러운 감정이 계속될 거라고 생각한다.		
합의/일치도(Consensus) 나는 다른 사람들도 그들이 느끼는 감정을 느낀다는 것을 깨닫는다.		

수용(Acceptance) 나는 그들의 고통스러운 감정을 받아들이고, 그들이 바뀌도록 강요하지 않는다.		
반추(Rumination) 나는 그들이 왜 그런 감정을 느끼는지에 대해 계속해서 생각하고 집착하는 경향이 있다.		
표현(Expression) 나는 그들이 자신의 감정을 자유롭게 표현하고, 느끼는 대로 이야기하도록 격려한다.		
비난(Blame) 나는 그들이 그렇게 화가난 것에 대해 그들을 비난한다.		

이제 이 14개의 문장을 다시 살펴보고, 가장 잘한 반응과 가장 잘못한 반응을 각각 생각해 보자.

당신이 사랑하는 사람에게 했던 최고의 반응 세 가지는 무엇인가?

____

____

____

____

반대로, 그들에게 했던 최악의 반응 세 가지는 무엇인가?

___

___

___

___

이제 다른 사람들이, 특히 가까운 누군가가 우리의 고통스러운 감정에 이렇게 반응한다고 생각해 보자. 우리는 상처받고, 불안해하고, 화가 나며, 이해받지 못한다고 느낄 것이다. 그런 사람과는 감정을 나누는 것이 무의미하다고 생각할 수도 있다. 하지만 우리가 사랑하고 아끼는 사람과 대화할 때, 일부러 그들에게 상처를 주려고 하는 것은 아니다. 우리는 상대방의 기분이 좋아지기를 바라는 마음에서 이야기하지만, 감정에 대한 우리의 고정관념이 오히려 상황을 더 나쁘게 만들 수 있다. 사실, 이런 생각이 문제를 더 어렵게 만든다.

이제 사랑하는 사람이 느끼는 고통스러운 감정에 대한 우리의 고정관념을 어떻게 바꿀 수 있을지 살펴보자. 다음 표에서는 여러분이 자주 보이는 부정적인 반응들을 찾아보고, 더 도움이 될 수 있는 반응이 무엇인지 알아보자. 또한, 더 자주 사용하고 싶은 긍정적인 반응(예: 인정하기)의 유용한 예시도 확인할 수 있다.

애인/파트너의 감정에 대해 도움이 되는 반응의 예들

내가 사랑하는 사람의 감정에 내가 반응하는 방식	도움이 되는 반응
이해(Comprehensibility) 나는 내가 사랑하는 사람이 자신의 감정을 잘 이해할 수 있도록 도와준다.	"지금 당신이 겪고 있는 상황을 생각해보면, 이런 감정을 느끼는 건 당연한 일이에요. 지금 당신이 생각하고 경험하고 있는 많은 것들이 이런 감정을 느끼게 하는 거예요."
타당화(Validation) 나는 그들이 자신의 감정에 대해 이야기할 때, 이해받고 돌봄을 받고 있다는 느낌을 받을 수 있도록 돕는다.	"물론 속상할 수밖에 없죠, 당신이 겪고 있는 상황을 생각해 보세요. 당신이 느끼는 감정은 너무나 당연해요. 많이 힘들겠지만, 제가 옆에 있다는 걸 알아주셨으면 해요."
죄책감 또는 수치심 (Guilt and shame) 나는 그들을 비난하고, 그들이 자신의 감정에 대해 죄책감과 수치심을 느끼게 한다.	"당신이 느끼는 감정은 괜찮아요, 자연스러운 거예요. 그런 감정을 느낄 권리가 있어요. 당신도 사람이니까요."
구분/변별(Differentiation) 나는 그들이 복합적인 감정을 느끼는 것도 괜찮다고 이해하도록 돕는다.	"우리 모두가 때때로 복합적인 감정을 느낄 때가 있어요. 그것은 상황이 우리가 바라는 만큼 단순하지 않기 때문이에요. 당신은 다양한 감정을 가지고 있고, 그 풍부함이 바로 당신의 일부예요. 우리 모두 마찬가지입니다."
가치(Values) 나는 그들의 감정을 중요한 가치와 연결시킨다.	"때로 어떤 것들이 당신을 괴롭히는 이유는 그만큼 그것들이 당신에게 중요한 가치이기 때문이에요. 이는 당신이 인생에서 중요한 것들이 무엇인지 알고 있기 때문이에요. 당신은 이런 것들을 소중하게 생각하죠."
통제(Control) 나는 그들의 감정이 통제 불능 상태라고 생각한다.	"당신의 감정은 오르락내리락하며 마치 롤러코스터를 타는 것 같을 때가 있어요. 하지만 예전에 이런 감정을 경험했듯이 결국 감정의 기복은 잦아들 거예요. 지금은 그저 험난하고 불안정한 여정처럼 느껴질 수 있어요."

정서적 둔마(Numbness) 나는 그들이 자신의 감정을 이야기할 때 종종 무감각하거나 무관심하다.	"당신이 느끼고 있는 고통 중 일부를 내가 느낄 수 있어요. 그리고 그것이 당신에게 얼마나 더 큰 상처가 되는지 알고 있어요. 이 시간 동안 내가 당신에게 연민과 사랑을 느끼고 있다는 것을 기억해 줬으면 해요."
이성적(Rational) 나는 그들이 많은 경우 비이성적이라고 생각한다.	"항상 이성적일 필요는 없어요. 우리는 로봇도 아니고, 컴퓨터도 아니잖아요. 우리는 인간이에요. 우리의 감정은 진짜이고, 중요하며, 무엇이 우리에게 중요한지 알려주는 역할을 합니다."
지속성(Duration) 나는 그들의 고통스러운 감정이 계속될 거라고 생각한다.	"당신의 고통이 영원히 계속될 것처럼 느껴질 수 있다는 걸 알아요. 하지만 우리도 이전에 이런 일을 겪었잖아요. 이 고통이 점점 줄어들고, 잦아들고, 덜 아프게 되기를 함께 희망해 봅시다."
합의/일치도(Consensus) 나는 다른 사람들도 그들이 느끼는 감정을 느낀다는 것을 깨닫는다.	"이런 감정을 느끼는 건 당신 혼자만이 아니에요. 우리 모두 어려운 시기를 겪어요. 당신과 나, 그리고 많은 사람들이 이런 고통스러운 감정을 겪어왔고, 그 감정은 지금 당신이 느끼고 있는 것과 똑같아요. 당신은 사람이고, 누구나 인생이 힘들 때 느끼는 감정을 겪고 있는 거예요."
수용(Acceptance) 나는 그들의 고통스러운 감정을 받아들이고, 그들이 바뀌도록 강요하지 않는다.	"제가 당신 곁에 있고, 당신의 감정을 받아들이며 듣고 있어요. 우리는 함께 이겨낼 수 있어요. 감정이 바뀔 때까지 지금 느끼는 그대로일 거예요. 하지만 지금 이 감정은 현실이고, 우리는 이 감정을 받아들이고, 이를 통해 배울 수 있을지도 몰라요."
반추(Rumination) 나는 그들이 왜 그런 감정을 느끼는지에 대해 계속해서 생각하고 집착하는 경향이 있다.	"당신이 이런 감정을 느끼고 있는 걸 알아요. 지금 이 순간이 당신에게 얼마나 힘든지 알아요. 제가 여기 있을게요. 이해하기 어려운 부분이 있더라도 그 감정은 여전히 진짜예요. 지금 중요한 건 당신의 감정이에요."
표현(Expression) 나는 그들이 자신의 감정을 자유롭게 표현하고, 느끼는 대로 이야기하도록 격려한다.	"당신이 느끼는 모든 것을 나에게 이야기해도 괜찮아요. 나는 당신의 말을 듣고, 이해하며, 당신을 지지하려고 노력할게요. 나는 바로 여기, 지금 당신을 위해 있어요."

비난(Blame) 나는 그들이 그렇게 화가 난 것에 대해 비난하곤 한다.	"당신은 자신의 감정을 가질 권리가 있어요. 두통이나 소화 불량을 겪는다고 해서 당신을 비난하지 않는 것처럼, 당신의 감정도 당신의 경험의 일부일 뿐이에요."

이제 사랑하는 사람이 감정에 대해 이야기할 때 어떻게 반응하면 좋은지 배웠으니, 다음 한 주 동안 실제로 이런 반응을 사용한 사례를 기록해 보자. 오늘부터 시작해서, 제공된 활동지를 활용해 매일 누군가의 감정에 대한 나의 반응을 적어 보자. '사랑하는 사람의 감정에 대해 도움이 되는 나의 반응들' 활동지는 부록 36(p.351-352)에도 수록되어 있다.

사랑하는 사람의 감정에 대해 도움이 되는 나의 반응들

사랑하는 사람의 감정에 대한 나의 반응	사랑하는 사람의 이름	도움이 되었던 나의 반응
이해(Comprehensibility) 나는 내가 사랑하는 사람이 자신의 감정을 잘 이해할 수 있도록 도와준다.		
타당화(Validation) 나는 그들이 자신의 감정에 대해 이야기할 때, 이해받고 돌봄을 받고 있다는 느낌을 받을 수 있도록 돕는다.		
죄책감 또는 수치심 (Guilt and shame) 나는 그들을 비난하고, 그들이 자신의 감정에 대해 죄책감과 수치심을 느끼게 한다.		

구분/변별(Differentiation) 나는 그들이 복합적인 감정을 느끼는 것도 괜찮다고 이해하도록 돕는다.		
가치(Values) 나는 그들의 감정을 중요한 가치와 연결시킨다.		
통제(Control) 나는 그들의 감정이 통제 불능 상태라고 생각한다.		
정서적 둔마(Numbness) 나는 그들이 자신의 감정을 이야기할 때 종종 무감각하거나 무관심하다.		
이성적(Rational) 나는 그들이 많은 경우 비이성적이라고 생각한다.		
지속성(Duration) 나는 그들의 고통스러운 감정이 계속될 거라고 생각한다.		
합의/일치도(Consensus) 나는 다른 사람들도 그들이 느끼는 감정을 느낀다는 것을 깨닫는다.		
수용(Acceptance) 나는 그들의 고통스러운 감정을 받아들이고, 그들이 바뀌도록 강요하지 않는다.		

반추(Rumination) 나는 그들이 왜 그런 감정을 느끼는지에 대해 계속해서 생각하고 집착하는 경향이 있다.	
표현(Expression) 나는 그들이 자신의 감정을 자유롭게 표현하고, 느끼는 대로 이야기하도록 격려한다.	
비난(Blame) 나는 그들이 그렇게 화를 내는 것에 대해 비난하곤 한다.	

요약

- 사랑하는 사람이 내 감정을 지지해 주지 않을 때 내가 어떤 기분일지 생각해 보라.
- 사랑하는 사람이 화가 났을 때, 내가 어떻게 반응하는지 한번 살펴보라.
- 내가 비판적이거나 무시하는 듯한 말투를 사용하고 있는지, 그들의 감정을 깎아내리거나 그런 감정을 느끼면 안 된다고 말하고 있지는 않은지 확인해 보라.
- 의도가 아무리 좋더라도 중요한 것은 '그들이 어떻게 받아들이는가, 그들에게 어떤 영향을 미치는가'라는 점을 기억하라. 중요한 것은 내가 말하는 것이 아니라, 그들이 어떻게 듣는가이다.
- 어떻게 하면 사랑하는 사람의 감정을 더욱 존중하고, 따뜻하고 수용적인 마음을 잘 전달할 수 있을지 스스로에게 물어 보라.
- 정서도식모델을 활용하면 사랑하는 사람이 자신의 감정이 이해받고 있다고 느낄 수 있게 도울 수 있다. 다른 사람들도 비슷한 감정을 느끼고 있다는 사실을 알게 하고, 내가 그들의 감정을 인정하고 있다는 것을 느끼게 해 줄 수 있다. 그들이 감정이 통제 불능이 아니라는 점과 복합적인 감정을 느끼는 것이 자연스러운 일이라는 것을 이해하도록 도울 수 있다. 또한, 그들이 자신의 감정을 솔직하게 표현하도록 격려하고, 그 감정을 중요한 가치와 연결시키며, 감정에 대해 수치심을 덜 느끼게 도울 수 있다.

제12장

종합: 가장 효과적인 대처 방법들

제12장
종합: 가장 효과적인 대처 방법들

우리는 지금까지 감정을 이해하고, 더 잘 활용하며, 감정에 휘둘리지 않는 법을 배웠다. 이제 감정과 좀 더 건강하게 관계를 맺기 위해 유용한 아이디어와 방법들을 정리해 보려고 한다. 정서도식치료의 목적은 감정을 없애는 것이 아니라, 감정과 함께 살아가면서 그 안에서 배우고 성장하며, 감정에 현명하게 대처하는 것이다.

이번 장에서는 어떤 감정이든 효과적으로 다룰 수 있는 여덟 가지 단계를 소개한다. 이 단계들은 이전 장에서 각각 자세히 다룬 바 있지만, 여기서는 한눈에 볼 수 있도록 간략하게 정리했다.

1. 내 감정을 타당화하라

우리는 가끔 다른 사람들에게서 "그런 감정은 느끼면 안 된다."라는 말을 듣는다. 때로 부모님이나 애인/파트너, 혹은 친구들이 "화내지 마.", "질투하지 마.", "부러워하지 마."라고 말할 때가 있다. 또 누군가는 "너는 이미 잘하고 있으니까 슬퍼해선 안돼."라고 말하기도 한다 어떤 사람은 "너는 이미 잘 되고 있으니 슬퍼하면 안 돼."라고 말했을 수도 있다. 이런 말들은 내 감정을 무시하거나 부정하는 말이다. 그래서 오히려 상처를 주고, 더 기분을 나쁘게 만든다. 사실, 우리는 스스로에게도 "나는 이런 감정을 느낄 자격이 없어."라고 말하고 있을지도 모른다. 이렇게 자신을 부정하게 되면, 나쁜 감정을 느끼는 것 자체에 대해 부정적인 생각을 하게 된다.

우리는 누군가에게 두통을 느끼지 말라고 말하지 않는다. 그런데 왜 우리는 슬픔이나 불안, 분노, 상처받은 감정 같은 것들을 느껴서는 안 된다고 생각하는 걸까?

예를 들어, 우리는 우는 것에 대해 부끄러워하곤 한다. 하지만 눈물을 흘리는 것은 지극히 자연스러운 인간의 본성이다. 우리가 힘든 순간에 가장 견디기 어려운 건, 내 눈물에 아무도 관심을 가져주지 않는다는 느낌일지도 모른다. 어쩌면 우리는 어릴 때부터 "울지 마."라는 말을 들으며, 슬픔이나 고통을 겉으로 드러내지 않고 참아내는 데 익숙해졌을 것이다. 그리고 그렇게 억눌러온 눈물과 감정 때문에, 정작 가장 힘들 때 혼자 남겨졌다는 외로움을 느끼게 되는지도 모른다.

정서도식 접근에서는 고통스러운 감정과 울음이 인간의 삶에서 자연스러운 일부라는 점을 인정한다. 사실, 삶에서 가장 슬픈 일은 울 만한 가치가 있는 일이 아무것도 없다는 것이다. 자신의 감정을 타당하게 여기는 것은, 스스로 힘이 없다고 느낄 때 자신을 이해하고 지지하는 데서부터 시작된다. 삶이 때로는 버겁고, 모든 것이 절망적으로 느껴져서 감당하기 어려울 수 있다는 걸 인정하는 것이다. 우리는 스스로에게, 그런 감정을 느낄 권리가 있다고 말해줄 수 있어야 한다.

감정을 타당화하는 한 가지 방법은 그 감정을 정상화하고 보편화하는 것이다. 이는 전 세계 사람들이 종종 같은 감정을 느낀다는 사실을 인정하는 것을 의미한다. 사실, 우리의 모든 감정들, 특히 고소공포증, 낯선 사람에 대한 두려움, 밀폐된 공간에 대한 공포, 혼자 남겨지는 것에 대한 두려움 등은 우리를 보호하기 위해 진화해 왔다. 심지어 질투, 부러움, 수치심, 죄책감 같은 복잡한 감정들 역시 우리를 보호하거나 사회적 결속을 유지하기 위해 생겨난 것이다. 현재 우리가 느끼는 감정은 종종 부모님이 정해 놓은 규칙과 규제, 즉 우리가 어떻게 되어야 한다는 메시지와 관련이 있다. 우리의 감정을 타당화하는 과정은 이 모든 요소들이 현재 우리가 경험하는 감정에 영향을 미쳤다는 것을 깨닫는 것이다.

우리의 감정은 중요하다. 스스로에게 감정을 느낄 권리가 있다고 말해주는 것은 자기 자신을 인정하는 첫걸음이다. 우리는 사랑하는 사람에게 하듯, 자기 자신에게도 자비롭고 친절할 수 있다. "지금은 힘들지만, 나는 나를 사랑하고 돌보며 이 어려운 시기를 견뎌낼 거야."라고 자신에게 말하며 위로할 수 있다. "나는 언제나 내 스스로의 곁에 있을 거야. 내가 느끼는 감정을 세심히 살피고, 내 아픔을 충분히 들어주며, 다시 앞으로 나아갈 수 있도록 스스로를 지지할 거야."라고 말해줄 필요가 있다. 이런 과정을 통해 우리는 감정을 이전과는 다르게 경험하게 된다.

그렇다고 해서 우리의 고통이 사라지거나 무의미해지는 것은 아니다. 오히려 이런 과정은 우리가 얼마나 소중한 존재인지 깨닫게 해준다. 그리고 자신의 고통을 변화시키는 가장 따뜻한 방법은, 바로 자기 자신에게 친절과 이해를 베푸는 것임을 알게 한다.

2. 정서도식치료의 교훈을 배우기

삶은 정말 복잡하고 불공평하며, 때로는 너무 어렵고 불가능하게 느껴질 때도 있다. 하지만 진정한 삶이란 그런 모든 것을 받아들이는 것이다.

단지 좋은 감정만 느끼는 것이 아니라, 모든 감정을 느낄 수 있는 능력이 포함된다. 정서도식치료는 감정과 충만한 삶을 위해 다음과 같은 원칙들을 제시한다.

- 힘들고 불편한 감정도 누구나 경험하는 삶의 일부다.
- 감정은 우리에게 경고하고, 우리가 무엇이 필요한지 알려주며, 삶의 의미와 연결해준다.
- 감정에 대한 잘못된 믿음은 우리가 감정을 견디기 어렵게 만들 수 있다.
- 감정을 대처하는 방식에 따라 상황은 더 좋아질 수도, 더 나빠질 수도 있다.

정서적 완벽주의(Emotional perfectionism)와 반대되는 **정서적 사실주의**(Emotional realism)는 우리가 모든 범위의 감정을 받아들일 준비가 되어 있어야 한다는 것을 의미한다. 우리 모두는 때때로 실망하거나 환멸을 느낄 수 있다. 실존적 완벽주의란 우리의 삶이 특정한 이상적인 형태로 완성되어야 한다고 믿는 태도다. 그러나 실제로는 삶이 뜻대로 되지 않을 수도 있다는 점을 받아들이는 것이 실존적 사실주의의 태도다. 친구들이 우리를 실망시키듯, 우리도 친구들을 실망시킬 수 있다. 인생은 때로는 타협과 양보가 필요하며, 좋아하지 않는 사람들과도 함께해야 할 때가 있다.

정서적 완벽주의는 실존적 완벽주의의 일부로 볼 수 있다. **정서적 완벽주의**는 우리가 늘 행복하고 긍정적이며 안정된 감정만 느껴야 한다고 믿는 것이다. 실존적 완벽주의는 한 걸음 더 나아가, 단지 감정뿐 아니라 삶 전체가 항상 만족스럽고 완벽해야 한다는 생각으로 이어지며, 때로는 스스로에게 지나치게 높고 비현실적인 기대를 가지게 만든다. 또한, 우리는 성장과 발전을 위해 때로는 불편한 일을 기꺼이 감수해야 하는 '**건설적인 불편함**(Constructive discomfort)'에 대해서도 배웠다. 어려운 경험을 견디고 장애물을 극복해 나가면서, 우리는 회복력과 정신적 강인함을 키울 수 있다.

이를 위해 스스로에게 "나는 어려운 일도 해낼 수 있는 사람이다."라고 말해줄 필요가 있다.

자신을 더욱 강하게 만드는 중요한 방법 중 하나는 때로는 하기 싫고 불편한 일을 해내는 것 자체가 목표임을 인식하는 것이다. 여기에는 무기력과 막막한 기분을 극복하고, 동기가 생길 때까지 기다리기보다 먼저 행동하는 능력이 포함된다. 결국 내 삶을 되찾는 일은 나 자신에게 달려 있다.

3. 감정이 일시적임을 인식하라

우리는 종종 지금 느끼는 감정이 영원히, 혹은 아주 오랫동안 지속될 거라고 착각하곤 한다. 그러나 절망과 같은 감정도 결국에는 지나가고 마는 일시적인 것이다. 어떻게 알 수 있을까? 우리의 감정을 시간대별로 기록해 보면 쉽게 확인할 수 있다. 5장에서 해본 '감정이 얼마나 오래 지속될까?'라는 연습을 떠올려 보자. 감정이란 우리가 무엇을 하고 있는지, 누구와 함께 있는지, 무슨 생각을 하고 있는지, 심지어 하루 중 어느 시간대인지에 따라서도 끊임없이 변한다는 사실을 알게 된다.

모든 감정은 시간이 지나면 변한다는 사실만으로도 우리는 희망을 가질 수 있다. 결국에는 "이 또한 지나가리라."라는 마음으로 자신을 위로할 수 있게 되는 것이다.

감정이 영원히 지속될 것이라고 믿으면, 우리는 불편한 감정을 유발하는 상황을 피하려고만 하게 된다. 이렇게 감정을 피하는 태도는 오히려 감정에 대한 부정적인 믿음을 강화하고, 궁극적으로는 풍요롭고 의미 있는 삶을 사는 데 방해가 된다. 감정이 영원히 지속될 거라는 믿음은 우리가 그 감정과 자신을 동일시하게 만든다. 예를 들어, '나는 우울한 사람이다.'라고 생각하기보다는, '나는 지금 이 순간, 특정한 상황에서 우울함을 느끼고 있다.'라고 생각하는 것이 훨씬 건강하고 바람직하다.

세상에 '우울한 사람'이라는 건 없다. 그저 특정 상황에서 때때로 우울함을 느끼는 사람이 있을 뿐이다. 눈동자의 색은 쉽게 변하지 않지만, 우울한 감정은 얼마든지 달라질 수 있다.

우리는 흔히 미래에 안 좋은 일이 생기면 그 감정이 끝없이 지속될 거라고 미리 걱정한다. 그러나 이것은 감정이 영원할 거라는 착각이며, 누구나 한 번쯤 경험하는 자연스러운 생각일 뿐이다. 실제로 우리의 감정은 생각보다 훨씬 쉽게 변하고, 미래의 감정에 영향을 줄 수 있는 요소들도 무수히 많다. 예를 들어 사랑하는 사람과 이별하거나 소중한 것을 잃으면, 영영 행복해질 수 없을 거라 생각하며 불안과 두려움을 느끼곤 한다. 하지만 이런 예상은 종종 현실과 다르다. 새로운 사람을 만나고, 새로운 관계를 맺으며, 새로운 일과 경험을 하게 될 때 전혀 예상치 못한 행복이 다시 찾아올 수 있다는 사실을 간과하기 때문이다. 결국 삶이란 언제나 새로운 경험과 감정으로 채워질 수 있다는 것을 기억해야 한다.

우리가 현재의 부정적인 감정에 더 쉽게 빠지는 또 하나의 이유는, 과거의 부정적인 감정이 어떻게 사라졌는지 제대로 기억하지 못하기 때문이다. 힘들고 불행한 순간에는 과거의 부정적인 경험과 감정을 지나치게 자주 떠올리는 반면, 긍정적인 기억은 거의 떠올리지 않으려 한다. 이처럼 우리의 기억은 현재의 감정 상태에 따라 쉽게 왜곡된다. 마치 어두운 색의 안경을 쓰고 세상을 바라보며 밤이 영원히 끝나지 않을 거라고 착각하는 것과 같다. 그러나 그 안경을 벗고 바라보면, 우리의 삶은 긍정적이고 부정적인 감정들이 끊임없이 변하면서 서로 공존하고 있음을 깨닫게 된다.

결국 감정은 일시적이다. 때로 감정은 마치 영원히 지속될 것처럼 우리를 속이지만, 결국 모든 감정은 지나가게 되어 있다.

4. 감정에 대해 죄책감과 수치심을 덜어내기

많은 사람들이 부모님이나 애인/파트너에게서 "지금 네가 느끼는 감정은 느끼면 안 된다."는 말을 들어본 적이 있을 것이다. 예를 들어, "질투를 느끼면 안 된다."거나 "너는 가진 것에 감사해야 해. 우울해하면 안 돼."라는 말들을 들어왔을 것이다. 이런 말들로 우리는 감정 때문에 약하고, 유치하고, 신경질적이거나, 심지어 미쳤다고 여겨져 왔다.

우리는 어린 시절 누군가에게 괴롭힘을 당했거나, 자신이 느끼는 감정 때문에 모욕을 받았던 기억이 있을지도 모른다. 이러한 모욕은 때로 성적인 욕구, 두려움, 혹은 미래에 대한 불안과 같은 감정들을 표적으로 삼기도 한다. 결국 우리는 그 과정에서 자신이 느끼는 감정 자체가 뭔가 잘못되었거나 나쁘다고 생각하도록 강요받아 온 것이다.

하지만 감정 자체는 다른 사람을 해치지 않는다. 사람을 다치게 하는 것은 감정이 아니라 행동이다. 두려움, 분노, 질투, 절망 같은 감정은 모두 우리 삶의 일부분이다. 때로는 이런 감정이나 떠오르는 상상 때문에 죄책감을 느낄 수도 있다. 심지어 그것이 무언가 위험하거나 나쁜 일이 벌어질 징조처럼 느껴지기도 한다. 하지만 감정은 우리가 선택하는 것이 아니다. 화가 난다고 해서 꼭 적대적으로 행동할 필요는 없다. 성적인 상상을 한다고 해서 그것을 행동으로 옮길 필요도 없다. 우리의 죄책감이나 수치심은 감정이나 인간 본성을 제대로 이해하지 못한 사람들의 오해에서 비롯되었을 수 있다. 그런 사람들에게 우리의 자존감을 맡길 이유가 있을까?

어떤 사람들은 우리가 비이성적이거나, 신경질적이거나, 미쳤다고 말할 수도 있다. 하지만 우리가 느끼는 모든 감정과 상상은 수백만 명, 아니 수십억 명이 느끼는 것과 같다. 우리 모두는 같은 감정을 느낀다. 감정은 해롭지 않다. 감정은 행동과 다르다. 마치 우리가 소화불량이 있어도 아무도 다치지 않듯이, 우리 안의 감정도 다른 사람을 해치지 않는다.

5. 감정을 받아들이는 공간 만들기

많은 사람들은 부정적인 감정을 없애는 게 목표라고 생각할 수 있다. 하지만 완전한 삶을 살기 위해서는 다양한 감정을 느껴야 한다. 즐거운 감정, 행복한 감정, 슬픈 감정, 때로는 힘든 감정도 있을 것이다. 나도 그런 경험을 했고, 앞으로도 그런 감정들을 계속 느낄 거라고 생각한다. 힘든 감정들도 포함해서.

우리는 종종 감정적인 완벽을 추구하려 한다. 마음이 항상 맑아야 하고, 감정은 항상 기분 좋게 만들어줘야 하며, 매일 행복해야 한다고 믿는다. 하지만 결국, 이 행복을 추구하는 여정이 신기루일 뿐이라는 걸 깨닫게 된다. 그런 일은 일어나지 않는다. 일어나지 않을 것이다.

모든 감정을 있는 그대로 느끼는 것이 목표라는 걸 알게 되면, 다가오는 감정들을 받아들일 수 있는 여유가 생긴다. 우리는 감정을 받아들이는 여러 방법을 배웠고, 그 중 하나는 삶의 더 큰 그림을 생각하는 것이다. 우리가 겪어온 수많은 경험, 그리고 앞으로 겪을 다양한 가능성들을 떠올리면 좋다. 좋은 일도, 나쁜 일도 포함해서. 이렇게 보면 더 큰 시야를 가질 수 있다. 지금 느끼는 감정뿐만 아니라, 다른 모든 감정도 받아들일 공간이 생긴다.

우리의 감정을 큰 호수에 떠 있는 여러 감정들과 같다고 생각할 수 있다. 새로운 감정들이, 그 중 부정적인 감정들도 있지만, 큰 호수로 흘러드는 작은 시냇물처럼 우리 안에 들어오는 것이다. 그 호수에는 그런 감정들을 다 받아들일 만한 공간이 있다.

또한 우리의 감정을 풍선에 비유할 수도 있다. 감정은 우리를 한 방향으로 끌어당기기도 하고, 다른 방향으로도 끌어당기기도 한다. 하지만 우리가 마음먹으면, 그 풍선의 끈을 놓고 멀리 떠나가게 할 수 있다. 즉, 우리는 우리의 감정을 놓아버릴 수 있다.

때로는 우리의 감정을 "인생이 재앙이다!"라고 떠드는 수다스러운 어릿광대처럼 여길 수 있다. 그 어릿광대가 아무리 어리석은 말을 해도, 우리는 여전히 우리 삶을 의미 있게 만들기 위해 해야 할 일을 계속할 수 있다. 우리는 어릿광대에게 우리의 삶을 맡길 필요가 없다.

때로는 감정과 관련된 목표를 잠시 내려놓고 다른 목표에 집중할 때, 오히려 감정을 더 잘 다룰 수 있게 된다고 느낄 수 있다. 예를 들어, 나는 오늘 아침 직업과 관련한 목표 때문에 답답함을 느꼈지만, 이 책의 12장을 작업하기로 하면서 그 답답함에서 벗어날 수 있었다.

때로는 포기하는 것이 오히려 나아가는 길일 수 있다. 목표를 바꾸면 감정도 다른 방향으로 바뀔 수 있다.

우리는 감정과 약속을 할 수도 있다. 예를 들어, 질투가 날 때는 그 감정과 약속을 하고, 화가 날 때는 분노와 약속을 할 수 있다. '걱정 시간 활용하기' 연습처럼 말이다.

불편한 감정을 나중으로 미루는 것이 어려워 보일 수 있지만, 충분히 가능하다. 스스로에게 이렇게 물어 보라. '내가 왜 이걸 이렇게까지 중요하게 여기고 있는 걸까? 정말 이 일로 화낼 가치가 있을까? 일주일 후, 한 달 후, 1년 후에도 이 일을 그렇게 느낄까?' 한 걸음 물러서서 내 감정을 되묻는 것만으로도 그 감정을 놓아주는 첫걸음이 될 수 있다.

6. 양가감정을 받아들이며 살아가기

우리는 종종 하나의 감정만을 느껴야 한다고 생각한다. 양가감정이 나쁜 신호이거나, 그런 감정을 느끼면 결정을 내릴 수 없다고 여길 때가 있다. 이는 정서적 완벽주의의 일환으로, 최대치나 최선, 절대적인 확신을 추구하는 마음에서 비롯된다. 하지만 복합적인 감정은 삶의 자연스러운 일부다.

가장 친한 친구에 대해서도 복합적인 감정을 느끼게 될 것이고, 그 친구도 우리에 대해 비슷한 감정을 느낄 것이다. 애인/파트너와의 관계에서도 마찬가지다. 서로에게 양가감정을 느끼는 것은 자연스러운 일이다. 직장이나 살고 있는 곳, 누군가에 대한 욕망, 심지어 다음에 먹을 음식에 대해서도 복합적인 감정을 느낄 수 있다. 이런 감정들이 있다고 해서 잘못된 것은 아니다. 오히려 이는 우리가 삶의 경험에서 좋고 나쁜 면을 솔직하고 개방적으로 받아들이고 있다는 의미다. 삶은 흑백으로 딱 나뉘지 않는다. 끊임없이 변화하는 만화경처럼, 또는 수많은 색깔이 뒤섞인 팔레트처럼 복잡하게 얽혀 있다. 삶은 수많은 소음으로 가득 차 있다.

삶은 복잡하고 언제나 변한다. 모든 선택에는 희생과 장점, 단점이 따른다. 우리는 언젠가 다시 의문을 가질 수밖에 없다. 확실하고 명확한 선택이란 없다. 우리는 종종 확실함을 추구하려다가 오히려 혼란에 빠지고 잘못된 길로 갈 때가 있지만, 사실 삶은 갈등과 혼란, 변화로 가득하다. 삶은 매일 새롭게 쓰여지는 교향곡과 같다. 멜로디는 익숙하지만, 음표는 계속 바뀌고, 연주자들 역시 변한다.

우리는 순수한 마음, 즉 흑백논리에 대한 믿음을 내려놓고 세상에는 그렇게 명확하고 단순한 것이 없다는 사실을 받아들여야 한다. 왜냐하면 우리는 모든 정보를 알 수 없고, 모든 선택에는 희생이 따르기 때문이다. 어떤 것들은 그 상황에 따라 자연스럽게 따라온다. 세상에 거저 얻는 것은 없다.

확실함과 명확함만을 추구하다 보면 오히려 더 깊은 고민과 끝없는 질문에 빠질 수 있다. 왜 우리는 그렇게 확실하고 명확한 답을 원할까? 왜 자꾸만 스스로에게 '내가 진짜로 느끼는 건 뭘까?'라고 묻게 되는 걸까? 어쩌면 우리의 진짜 감정은 모순적일지도 모른다. 그리고 그런 모순을 느끼는 건 자연스러운 일이고, 꼭 문제가 되는 것은 아니다.

어쩌면 양가감정은 우리가 실제로 살아가면서 흔히 겪는 감정 경험의 일부일지 모른다. 복잡하고 끊임없이 변하는 현실 속에서 자연스럽게 나타나는 감정일 수도 있다. 양가감정을 꼭 문제로만 바라볼 것이 아니라, 우리의 감정을 솔직하게 있는 그대로 받아들이는 방법이라고 생각해 보자. 다시 말해, 우리가 느끼는 다양한 감정들을 모두 자연스러운 삶의 한 부분으로 인정하는 것이다.

교향곡은 많은 음과 여러 악장으로 이루어져 있다. 각각의 음과 악장이 서로를 보완하며 최종 음악을 더욱 풍성하게 만든다. 어쩌면 우리의 감정도 그와 같을지 모른다.

나의 가치를 명확히 할 것

우리의 감정은 종종 우리가 중요하게 생각하는 것들, 즉 가치관과 연결되어 있다. 그러나 때로는 삶의 큰 그림 또는 내 삶에서 정말 중요한 것들을 놓치고, 실제로 큰 문제가 아닌 불편함이나 혼란 때문에 속상해할 때가 있다. 예를 들어, 사랑하는 사람의 죽음이나 권위자로부터의 학대와 같은 큰 어려움을 경험하면, 우리는 정말 중요한 것이 무엇인지 깨닫게 된다. 그럼에도 불구하고 우리는 종종 다른 사람들이 우리를 어떻게 생각하는지에 대해 화를 내거나, 오해받는 것 때문에, 혹은 일이 우리가 원하는 대로 되지 않아서 혼란스러워하기도 한다. 감정은 쉽게 휘둘리기 마련이다. 특히 화가 날 때 더욱 그렇다.

우리가 중요하게 여기는 가치는 여러 방법으로 정할 수 있다. 그 중 하나는 자신의 장례식을 상상하면서 사람들이 자신에 대해 뭐라고 말하길 바라는지 자문해보는 것이다. 내 삶이 다른 사람들에게 어떤 의미로 남기를 바라는가? 내 삶에서 가장 빛나는 순간은 언제일까? 내가 어떤 사람으로 기억되고 싶은지 알게 된다면, 그런 사람이 되기 위해 노력하는 것은 더욱 중요해진다.

또 다른 방법은 '부정(否定)'을 활용하는 것이다. 여기서 부정이란, 내가 이미 가지고 있는 모든 것들이 없어진 상태를 일부러 상상하고 경험해보는 방법이다. 내가 가진 모든 것이 사라졌다고 생각해 보자. 그리고 그것들을 다시 얻기 위해서는 하나씩 되돌려 달라고 요청하며, 왜 그게 나에게 소중하고 감사한지 구체적으로 설명해야만 한다. 평소에는 무심코 지나쳤지만 막상 없어진다면 절실히 그리워질 수 있는 것들이 사실 이미 우리 곁에 있을지 모른다. 그것을 깨닫기 위해서는 우리가 가진 것들에 대해 눈을 뜨고 새롭게 바라보는 시간이 필요하다.

내가 존경하는 사람들의 자질에 대해 생각해 보자. 그 자질은 아마도 친절, 관대함, 자기 절제, 지성, 신뢰성, 유연함, 용서, 수용, 또는 용기일 것이다. 그런 자질을 매일의 행동으로 실천해 보자.

우리가 자신의 가치에 맞게 살아가고 있어도, 때때로 속상한 일이 생길 수 있다. 하지만 그런 감정들이 그럴만한 이유에서 생겨났다는 관점으로 우리의 감정을 너그럽게 바라볼 수 있다. 예를 들어, 우리가 아는 사람이 학대를 당한 사실을 알고 속상해 하는 것은 당연하다. 타인에 대한 공감과 자비는 우리를 우리의 가치와 연결시켜 준다. 감정이 고통스러울 수 있지만, 그 이유가 옳기 때문에 그런 감정을 느낄 수 있는 것이다.

때로는 자신에게 솔직한 것이 다른 사람들에게 불편함을 줄 수도 있다. 안타깝지만, 그것이 우리가 치러야 할 대가일 수 있다. 이것은 그들이 현실을 받아들이지 못하는 것, 즉 사람들 간에 의견이 다를 수 있다는 사실을 받아들이지 못하는 것에 불과하다. 그것은 그들의 문제이지, 우리의 문제가 아니다.

타인의 감정을 이해하기

우리는 종종 자기 관점에 갇혀 다른 사람의 감정을 제대로 이해하지 못할 때가 있다. 상대가 어떤 생각을 하고 어떤 감정을 느끼는지 진심으로 알아주는 건 쉽지 않은 일이다. 이런 어려움은 인간관계에서 흔히 겪는 딜레마이고, 심지어 가장 가까운 사람과도 종종 서로 오해하고 공감하지 못하는 일이 생긴다. 때때로 이런 오해와 공감 부족은 갈등의 원인이 되기도 한다. 특히 가까운 친구, 연인, 가족과 같은 친밀한 관계일수록 이런 상황은 더욱 자주 나타난다.

우리 각자는 나름의 방식대로 상대의 감정을 해석한다. 예를 들어, 사랑하는 사람이 화가 나 있으면 우리는 그 사람을 원래부터 화를 잘 내는 사람이라고 생각하거나, 그 감정이 오래 지속될 거라고 지레짐작할 수 있다. 때로는 그들의 감정을 있는 그대로 받아들이기보다는 '저렇게 느껴서는 안 돼.'라며 판단해 버리기도 한다. 이런 태도는 결국 상대의 감정을 무시하거나 억누르려 하고, 상대방이 느끼는 감정을 내 방식대로 바꾸려고 시도하는 행동으로 이어진다. 하지만 이런 접근은 대개 더 큰 갈등과 상처를 불러오는 경우가 많다.

그렇다면 이제 상대방의 감정에 어떻게 반응하는 것이 좋을지 생각해 보자. 이를 위해 "내가 화가 났을 때, 사랑하는 사람들이 나에게 어떤 반응을 보여주면 좋을까?"라고 스스로 질문해 보는 것이다. 아마 우리는 상대가 시간을 내서 우리의 이야기를 진심으로 들어주고, 우리가 느끼는 감정을 있는 그대로 인정해 주며, 판단하거나 비난하지 않고 이해해 주기를 바랄 것이다. 결국 우리가 원하는 건, 우리의 감정이 충분히 타당하다는 것을 상대가 알아주는 것이다.

다른 사람에게 반응할 때 우리가 아무리 좋은 의도로 말했다고 하더라도, 상대방에게는 부정적인 영향을 줄 수 있다는 점을 기억하자. 예를 들어 우리가 누군가에게 진심 어린 충고를 하더라도, 그 사람에게는 오히려 거만하게 들리거나 자신의 감정을 무시하는 것으로 느껴질 수 있다. 이처럼 내가 가진 의도와 그것이 상대방에게 실제로 미치는 영향은 다를 수 있다. 중요한 건 내가 무슨 말을 했는지가 아니라 상대방이 어떤 말을 들었는지이다. 상대가 진정으로 듣고 싶어 하는 말이 무엇일지 한번 생각해 보자.

타인의 감정과 생각을 받아들이는 여유를 가지자. 동의하지 않아도 괜찮다. 그저 그들의 경험을 존중하는 것이 중요하다. 우리는 종종 사랑하는 사람들이 우리와 똑같이 생각하고 느껴야 한다고 생각한다. 하지만 사실 우리는 모두 다르고, 나 자신도 항상 같은 감정을 느끼지 않는다. 그렇다면 왜 사랑하는 사람들이 우리와 똑같아야만 할까?

만약 내가 사랑하는 사람들에게 그들의 감정에 대해 내가 어떻게 반응하는지 물어본다면, 그들은 기뻐할까? 아니면 실망할까? 아니면 자신의 감정이 비난받고 있다고 느낄까? 나는 그들이 나에 대해 어떤 말을 해주기 바랄까?

마지막 생각

우리는 모두 인간이다. 그래서 감정은 우리의 중요한 일부이며, 이 감정들과 함께 살아가는 법을 배우는 것이 중요하다. 감정은 우리에게 경고하고 우리를 보호하며, 서로를 연결하는 역할을 한다. 하지만 때때로 감정이 우리를 잘못된 방향으로 이끌기도 한다. 예를 들어, 어떤 감정이 영원히 지속될 것처럼 느껴지거나, 실제보다 더 크고 위험한 재앙처럼 느껴져 불안하게 만들고, 혼란스럽게 하기도 한다.

우리는 특정 감정을 부정적으로 바라보며 자라왔다. 그 감정을 느끼는 것이 잘못됐다고, 죄책감을 느껴야 하고 부끄러운 일이라고 배운 것이다.

하지만 때로는 격한 감정도 우리가 피할 수 없는 삶의 한 부분이다. 누군가가 알레르기나 피곤함, 배고픔을 겪을 때 비난하지 않는 것처럼, 감정도 마찬가지다.

우리는 감정을 인정하고 그 소리에 귀를 기울이며, 우리의 목표와 가치를 기억하는 것이 중요하다. 또한, 미래의 내가 지금의 나에게 해줄 조언을 떠올려보는 것도 지혜의 시작이다. 결국, 우리가 원하는 방향으로 나아가는 길을 감정과 함께 찾아가는 일은 우리의 몫이다.

감사의 글

이 책을 쓰는 데 도움을 주신 New Harbinger Publications의 매튜 맥케이(Matthew McKay)에게 깊이 감사드립니다. 정서도식 모델에 대한 관심을 바탕으로 이 책을 제안해 주셨고, 점심시간에 나눈 대화 속 농담에 웃어주시며 제가 가진 생각이 진지하게 고려될 수 있는 기회를 만들어 주셨습니다. 또한, 편집 과정에서 아낌없이 지원해 주고 작업 구조의 변화에도 열린 마음으로 함께해 준 편집자 라이언 부레쉬(Ryan Buresh)에게도 감사의 마음을 전합니다. New Harbinger의 편집팀 모두에게도 감사드립니다. 특히 마리사 솔리스(Marsha Solis), 케일럽 벡워드(Caleb Beckwith), 클랜시 드레이크(Clancy Drake)가 세심하게 편집을 도와주신 덕분에 책이 더 나은 모습으로 완성될 수 있었습니다.

제 오랜 여정에서 중요한 역할을 해 주신 문학 에이전트 밥 디피오리오(Bob Diforio)에게도 특별히 감사드립니다. 그의 뛰어난 재능과 지혜가 없었다면 이 작업은 결코 같은 모습으로 완성되지 않았을 것입니다.

책은 많은 사람들의 도움과 협력이 필요한 작업입니다. 아론 벡(Aaron Beck), 데이비드 A. 클라크(David A. Clack), 폴 길버트(Paul Gilbert), 스티브 헤이즈(Steve Hayes), 슈테판 호프만(Stefan Hofmann), 마샤 리네한(Marsha Linehan), 존 리스킨드(John Riskind), 에이드리언 웰스(Adrian Wells) 등 고통을 극복하는 데 있어 깊은 통찰을 보여주신 분들께도 진심으로 감사드립니다. 이들의 연구와 노력은 저뿐 아니라 수많은 사람들에게 큰 영감을 주었습니다.

또한 뉴욕에 위치한 미국인지치료연구소(American Institute for Cognitive Therapy, www.CognitiveTherapyNYC.com)의 동료들에게도 깊이 감사드립니다. 주간 사례 회의에서 아낌없이 의견을 나눠 주시고, 아이디어를 발전시키는 과정에서 비판적이면서도 따뜻한 조언으로 이 책이 세상에 나올 수 있도록 도와주셨습니다. 또한, 프로젝트의 모든 단계에서 꾸준히 도움을 준 연구 보조 니콜레트 몰리나(Nicolette Molina)에게도 깊이 감사드립니다.

마지막으로, 제 삶과 작업에서 큰 이해와 영감을 주는 존재인 아내 헬렌(Helen)에게 진심으로 감사드립니다. 매 순간 중요한 통찰을 더해 주며 함께해 주었기에 이 책이 가능했습니다. 이 책을 아내에게 바칩니다.

참고문헌

Chapter 2

Appel, H., A. L. Gerlach, and J. Crusius. 2016. "The Interplay Between Facebook Use, Social Comparison, Envy, and Depression." *Current Opinion in Psychology* 9: 44–49.

Bornstein, M. H., D. L. Putnick, P. Rigo, G. Esposito, J. E. Swain, J. T. D. Suwalsky, et al. 2017. "Neurobiology of Culturally Common Maternal Responses to Infant Cry." *Proceedings of the National Academy of Sciences*

114(45): E9465–E9473. https://doi.org/10.1073/pnas.1712022114.

De Pisapia, N., M. H. Bornstein, P. Rigo, G. Esposito, S. De Falco, and P. Venuti. 2013. "Gender Differences in

Directional Brain Responses to Infant Hunger Cries." *Neuroreport* 24(3)" 142.

Ehrenreich, S. E., and M. K. Underwood. 2016. "Adolescents' Internalizing Symptoms as Predictors of the Content of their Facebook Communication and Responses Received from Peers." *Translational Issues in Psychological Science* 2(3): 227.

Gilbert, P. 2009. *The Compassionate Mind.* London: Constable.

Kessler, R. C., P. Berglund, O. Demler, R. Jin, K. R., Merikangas, and E. E. Walters. 2005. "Lifetime Prevalence and Age-of-Onset Distributions of DSM-IV Disorders in the National Comorbidity Survey Replication." *Archives of General Psychiatry* 62(6): 593–602.

Lingle, S., M. T. Wyman, R. Kotrba, L. J. Teichroeb, and C. A. Romanow. 2012. "What Makes a Cry a Cry? A Review of Infant Distress Vocalizations." *Current Zoology* 58(5): 698–726.

Chapter 4

Leahy, R. L. 2015. *Emotional Schema Therapy*. New York: Guilford Publications.

Leahy, R. L. 2018. "Emotional Schema Therapy: A Social-Cognitive Model." In R. L. Leahy (Ed.) *Science and Practice in Cognitive Therapy: Foundations, Mechanisms, and Applications*. New York: Guilford.

Miller, S. 2004. *Gilgamesh: A New English Version*. New York: The Free Press.

Chapter 5

Dweck, C. S. 2006. *Mindset: The New Psychology of Success*. New York: Random House.

Gilbert, P. 1998. "The Evolved Basis and Adaptive Functions of Cognitive Distortions." *British Journal of Medical Psychology* 71: 447–463.

Leahy, R. L., D. D. Tirch, and P. S. Melwani. 2012. "Processes Underlying Depression: Risk Aversion, Emotional Schemas, and Psychological Flexibility." *International Journal of Cognitive Therapy* 5(4): 362–379.

Lyubomirsky, S. 2011. "Hedonic Adaptation to Positive and Negative Experiences." In: S. Folkman (Ed.) *The Oxford Handbook of Stress, Health, and Coping*. New York: Oxford University Press.

Wilson, T. D., and D. T. Gilbert. 2003. "Affective Forecasting." *Advances in Experimental Social Psychology* 35: 345–411.

Chapter 7

Beck, A. T. 1999. *Prisoners of Hate: The Cognitive Basis of Anger, Hostility, and Violence*. New York: Harpercollins.

Beck, A. T., A. J. Rush, B. F. Shaw, and G. Emery. 1979. *Cognitive Therapy of Depression*. New York: Guilford.

DiGiuseppe, R., and R. C. Tafrate. 2007. *Understanding Anger Disorders*. New York: Oxford University Press.

Ellis, A., and R. A. Harper. 1975. *A New Guide to Rational Living*. Englewood Cliffs, N.J.: Prentice-Hall.

Epstein, N. B., and D. H. Baucom. 2002. *Enhanced Cognitive-Behavioral Therapy for Couples: A Contextual Approach*. Washington, DC: American Psychological Association.

Leahy, R. L. 2018. *Science and Practice in Cognitive Therapy: Foundations, Mechanisms, and Applications*. New York: Guilford Publications.

Chapter 8

Parker, A. M., W. B. De Bruin, and B. Fischhoff. 2007. "Maximizers versus Satisficers: Decision-Making Styles, Competence, and Outcomes." *Judgment and Decision Making* 2(6): 342.

Schwartz, B., A. Ward, J. Monterosso, S. Lyubomirsky, K. White, and D. R. Lehman. 2002. "Maximizing Versus Satisficing: Happiness Is a Matter of Choice." *Journal of Personality and Social Psychology* 83(5): 1,178–1,197. https://doi.org/10.1037/0022-3514.83.5.1178.

Chapter 10

Fairburn, C. G. 2013. *Overcoming Binge Eating: The Proven Program to Learn Why You Binge and How You Can Stop*. New York: Guilford Press.

Joiner, T. E., Jr., J. S. Brown, and J. Kistner (Eds.). 2006. *The Interpersonal, Cognitive, and Social Nature of Depression*. Mahwah, NJ: Erlbaum.

NIAAA. 2018. "Understanding Alcohol's Impact on Health." The National Institute on Alcohol Abuse and Alcoholism. Retrieved from: https://www.niaaa.nih.gov/publications/brochures-and-fact-sheets/understanding-alcohol-impact-health

Nolen-Hoeksema, S., L. E. Parker, and J. Larson. 1994. "Ruminative Coping with Depressed Mood Following

Loss." *Journal of Personality and Social Psychology* 67: 92–104.

Papageorgiou, C., and A. Wells,. 2001a. "Metacognitive Beliefs About Rumination in Recurrent Major Depression." *Cognitive and Behavioral Practice* 8: 160–164.

Papageorgiou, C., and A. Wells. 2001b. "Positive Beliefs About Depressive Rumination: Development and Preliminary Validation of a Self-Report Scale." *Behavior Therapy* 32: 13–26.

Wells, A., and C. Papageorgiou. 2004. "Metacognitive Therapy for Depressive Rumination." In C. Papageorgiou and A. Wells (Eds.), *Depressive Rumination: Nature, Theory, and Treatment*. Chichester, UK: Wiley.

부록

부록1

어떤 것이 생각이고 어떤 것이 감정인가?

예시	생각	감정
1. 시험에 불합격할 거야.		
2. 외로워.		
3. 애인/파트너/배우자를 만날 수 없을 거야.		
4. 어리석은 실수를 했어.		
5. 너무 슬퍼서 견딜 수 없어.		
6. OO는 나보다 똑똑해.		
7. 지금 너무 화가 나.		

정답: 1, 3, 4, 6은 생각, 2, 5, 7은 감정임.

부록2

일일 감정 로그

일시: ____________

□ 활기찬
□ 두려운
□ 경계하는
□ 화난
□ 불안한
□ 부끄러운
□ 경외하는
□ 지루한
□ 자극받는
□ 동정하는
□ 자신감 있는
□ 호기심 있는
□ 용감한
□ 결단 있는
□ 실망한
□ 고통스러운
□ 불신하는

□ 열망하는
□ 당황한
□ 부러운
□ 신나는
□ 좌절한
□ 죄책감 있는
□ 무력한
□ 절망적인
□ 적대적인
□ 상처받은
□ 관심 있는
□ 영감을 받은
□ 질투하는
□ 외로운
□ 사랑받는
□ 사랑하는
□ 압도된

□ 자랑스러운
□ 거절당한
□ 슬픈
□ 강인한
□ 덫에 걸린 듯한
□ 복수하고 싶은
□ 기타 감정: ____________
□ 기타 감정: ____________

부록3

나의 감정과 그 유발 요인

긍정적이었던 감정	
부정적이었던 감정	
긍정적인 감정을 유발하는 요인들	
부정적인 감정을 유발하는 요인들	

부록4

내 감정의 다섯 가지 부분

내게 힘든 감정: ______________

감각	신념	목표	행동	대인관계 성향

부록5

내가 본 친절의 예

친절의 예시	이러한 친절을 목격했을 때, 어떤 기분을 느꼈는가?

부록6

나 자신에게 친절하게 대하기

상황	감정	나 자신을 향해 할 수 있는 친절한 말

부록7

정서도식 척도

척도:

1=나와 매우 거리가 멀다
2=나와 어느 정도 거리가 멀다
3=나와 조금 거리가 멀다
4=나와 조금 비슷하다
5=나와 어느 정도 비슷하다
6=나와 매우 비슷하다

감정에 대한 신념	응답(1-6)
비타당화/비인정(Invalidation)	
1. 다른 사람은 내 감정을 이해하고 받아들이지 않는다.	
2. 아무도 내 감정에 대해 큰 관심이 없다.	
이해할 수 없는 태도(Incomprehensibility)	
3. 나 자신에 대해 나도 도무지 이해하기 어려운 부분이 있다.	
4. 나 스스로 내 감정이 이해가 되지 않는다.	
죄책감(Guilt)	
5. 느껴서는 안 된다고 생각하는 감정들이 있다.	
6. 나는 내 감정이 수치스럽다.	
감정에 대한 단순한 태도(Simplistic view of emotion)	
7. 다른 사람에게 드는 느낌이나 감정은 아주 확실하고 정확한 것이 좋다.	
8. 나 자신에 대한 느낌과 감정은 확실하고 정확한 것이 좋다.	
가치를 낮추는 태도(Devalued)	
9. 나의 고통스러운 감정은 나의 가치와 관련이 없다.	

10. 내가 갖고 싶어하는 명확한 가치를 가지고 있지 않다.

통제력 상실(Loss of control)

11. 나 스스로 내가 어떤 감정들을 느끼게 내버려 두면 그것을 통제하기 어려워 두려움을 느낄 것 같다.

12. 나는 내 감정을 통제하지 못할까 봐 걱정된다.

정서적 둔마(Numbness)

13. 다른 사람들을 괴롭게 하는 것들이 나를 괴롭게 하지는 않는다.

14. 나는 종종 아무 느낌이 안 드는 것처럼 정서적으로 마비된 것 같다.

지나친 합리적 태도(Overly rational)

15. 내 감정에 대해 예민하고 개방적인 것보다는 합리적이고 실용적인 태도가 중요하다.

16. 거의 모든 것에 합리적이고 논리적인 것이 중요하다고 생각한다.

지속(Duration)

17. 만약 내가 강한 감정을 느끼도록 나 자신을 내버려 둘 때 이러한 감정이 사라지지 않을까봐 가끔 두렵다.

18. 강한 감정은 매우 긴 시간 동안 지속되는 것 같다.

낮은 일치도(Consensus)

19. 나는 내 감정을 받아들일 수 없다.

20. 나는 내가 특정한 감정을 가지고 있는 것을 허용할 수 없다.

반추(Rumination)

21. 기분이 좋지 않을 때, 나는 혼자 앉아서 얼마나 내가 기분이 좋지 않은지에 대해 계속해서 생각한다.

22. 나는 종종 '나에게 무슨 문제가 있나? 왜 이러지?'와 같은 생각이 든다.

적은 표현(Low expression)
23. 내 감정을 밖으로 내보내기 위해서는 우는 것이 중요하다고 생각하지 않는다.
24. 나 자신이 감정을 개방적으로 표현할 수 있다고 느껴지지 않는다.
책임 전가(Blame)
25. 만약 다른 사람들이 변한다면 내 기분은 훨씬 좋아질 것이다.
26. 다른 사람들로 인해 불쾌한 감정이 든다.

부록8

정서도식 척도 단축형

문항들은 자신의 감정을 어떻게 다루고 처리하는 지에 대한 내용들로 구성되어 있습니다. 개인마다 감정을 다루는 방식은 각기 다르며, 정답이 정해져 있는 것은 아닙니다. 다음을 읽고, 지난 한 달 동안 당신이 감정을 경험하고 처리한 방식을 떠올리며 자신의 모습이나 생각과 얼마나 비슷한지 응답해주십시오.

	항목	그렇지 않다	상당 부분 그렇지 않다	다소 그렇지 않다	다소 그렇다	상당 부분 그렇다	매우 그렇다
1	나는 종종 사람들과 다른 방식으로 느끼고 반응한다.	1	2	3	4	5	6
2	그냥 뒀다가는 스스로 통제하지 못할까봐 두려운 감정이 있다.	1	2	3	4	5	6
3	내가 느끼는 감정이 스스로 이해가 되지 않는다.	1	2	3	4	5	6
4	한 번 감정이 격해지면, 그 감정이 지속될까봐 두려울 때가 있다.	1	2	3	4	5	6
5	내가 느끼는 감정들이 창피하고 부끄럽다.	1	2	3	4	5	6
6	아무도 내가 느끼는 감정에 관심을 가지지 않는다.	1	2	3	4	5	6

7	'나에게 무슨 문제가 있나? 나는 왜 이러지?' 와 같은 생각을 자주 한다.	1	2	3	4	5	6
8	내 감정을 통제하지 못할까봐 걱정된다.	1	2	3	4	5	6
9	어떤 감정들은 느낄 수 없도록 차단해야 한다.	1	2	3	4	5	6
10	때로 아무 감정 없이 정서적으로 마비가 된 것 같은 느낌이 든다.	1	2	3	4	5	6

출처: Suh,J.W.,Lee, H.J., Yoo, N., Min,H., Seo, D.G., & Choi, K.H.(2019). A brief version of the Leathy emotional schema scale: *Avalidation study. International Journal of Cognitive Therapy*, 12, 38-54.

부록9

감정을 다루기 위한 문제해결 전략

척도:

1 = 전혀 그렇지 않다.

2 = 거의 그렇지 않다.

3 = 약간 그렇지 않다.

4 = 약간 그렇다.

5 = 거의 그렇다.

6 = 매우 그렇다.

감정을 다루는 방법	응답 (1~6점)	예시
상황을 피함.		
상황에서 벗어나거나 도망침.		
술을 마심.		
폭식을 함.		
약물을 복용함.		
끊임없이 안심을 구함.		
미래에 대해 걱정함.		
과거에 대한 감정에 집착함.		
다른 사람을 탓함.		
불평함.		
위험한 성행동에 참여함.		
인터넷이나 텔레비전에 몰두함.		

과도하게 잠을 잠.
머리카락을 뽑거나 피부를 뜯음.
자해 행동을 하거나 스스로를 해침.
기타:
기타:

부록10

감정이 영원히 지속될 것이라는 생각으로 인해 회피하는 것

회피한 행동과 상황	회피의 결과로 생긴 부정적인 생각과 감정	회피하지 않은 행동과 상황, 실제로 일어난 결과

부록11

감정의 변화 살펴보기

내가 걱정하는 감정: ______________________ 강도 평가: 0~10 으로 평정

	월	화	수	목	금	토	일
7-9시							
9-11시							
11-13시							
13-15시							
15-17시							
17-19시							
19-21시							
21-23시							
23-새벽 1시							
새벽 1-3시							
새벽 3-7시							

	부정적인 감정(강도 7 이상)과 현재 하고 있는 활동	긍정적인 감정(강도 5 이상)과 현재 하고 있는 활동
월요일		
화요일		
수요일		
목요일		
금요일		
토요일		
일요일		

부록12

과거의 나에게 귀 기울이기

과거의 나	과거의 나의 긍정적인 경험과 긍정적인 감정	그때 든 생각과 느낌
1년 전		
5년 전		
10년 전		
어린 시절		

부록13

미래의 자아를 만나기

미래의 나	미래의 나의 긍정적인 경험과 긍정적인 감정	미래에 경험할 생각과 느낌
1년 후		
5년 후		
10년 후		
20년 후		

부록14

감정이 얼마나 오래 지속될까?

현재 느끼는 부정적인 감정과 강도(0-10)	날짜와 시간	감정이 얼마나 오래 지속될 것 같은가?	실제 결과
분노(　　)			
불안(　　)			
슬픔(　　)			
무력감(　　)			
좌절(　　)			
외로움(　　)			
기타: _____(　　)			
기타: _____(　　)			
기타: _____(　　)			

부록15

과거의 감정은 어떻게 변했는가?

경험한 상황	과거 부정적인 감정과 강도 (0-10)	얼마나 오래 지속되었는가?	감정이 변화한 이유

부록16

죄책감이나 수치심을 느끼는 감정

감정	예/아니오	죄책감이나 수치심을 느끼는 이유
분노		
슬픔		
불안		
두려움(공포)		
외로움		
무력감		
절망		
질투		
부러움		
지루함		
무관심		
성적 욕구		
스트레스		
좌절		
혼란		
양가 감정		
기타:		
기타:		
기타:		

부록17

나의 죄책감이나 수치심의 결과

감정	행동	예시
	나 자신을 비판하기.	
	다른 사람을 비판하기.	
	사람들에게 내 감정을 숨기기.	
	사람들로부터 나를 고립시키기.	
	긍정적인 활동 줄이기.	
	내 감정을 반추하고 오래도록 머무르기.	
	미래에 대해 걱정하기.	
	폭식하기.	
	술 마시기.	
	약물 사용하기.	
	주의를 분산시키기.	
	다른 사람에게 안심시켜 달라고 하기.	
	다른 사람에게 불평하기.	
	기타 행동:	

부록18

감정을 판단해야 하는 이유

부정적으로 판단한 감정	감정을 판단한 이유	현재 관점에서 감정을 판단한 이유가 이해되는가? 혹은 이해되지 않는 가?
	종교적 이유	
	자라온 방식이기 때문에	
	다른 사람들이 이런 식으로 감정을 판단하기 때문에	
	내가 옳은 일을 하는지 확신하기 위해	
	선택의 여지가 없기 때문에	
	나는 감정을 판단할 책임이 있기 때문에	
	나쁘거나 약한 사람이 이러한 감정을 느끼기 때문에	
	기타:	
	기타:	
	기타:	

부록19

다른 사람의 감정에 대한 나의 생각

감정	이런 감정을 느낀 사람은 누구이며, 그 사람에 대한 나의 감정은 어떠한가? 그 사람에게 내가 해줄 말은 무엇인가?
분노	
슬픔	
불안	
두려움(공포)	
외로움	
무력감	
절망감	
질투	
부러움	
지루함	
무관심	
성적 욕구	
스트레스	
좌절	
혼란	
양가감정	
기타:	
기타:	
기타:	

부록20

죄책감이나 수치심을 느끼지 않았다면?

감정	자신의 감정에 대해 생각하는 유용한 방법

부록21

다양한 감정에 대한 나의 편향

감정	일반적인 생각	유형

부록22

무언가가 끔찍하다는 생각에 도전하기

관계에서의 갈등이나 부정적인 사건을 한번 설명해 보자. 예를 들어, 누군가와 갈등이 있었다면 그 상황을, 직장에서 문제가 있었다면 그 일이 어떻게 일어났는지 구체적으로 설명해 보자.

____

____

____

____

이게 사실이라고 해도, 여전히 할 수 있는 일들을 모두 나열해 보자. 예를 들어, 친구를 만나거나, 출근을 하고, 운동을 하며, 배우고 성장하는 것을 계속할 수 있을지 생각해 보자.

____

____

____

____

이 사건이나 경험이 있기 전에 내가 무엇을 즐겼는지 한번 떠올려 보자. 그리고 이 사건이나 상황과는 상관없이 의미 있었던 경험들은 무엇이었는지도 생각해 보자.

____

____

____

____

다른 사람들도 이런 상황을 극복하고 다시 좋은 경험들을 이어갈 수 있을까? 그들이 어떻게 그런 일을 해낼 수 있을 것 같은지 한번 생각해 보자.

지금 느끼는 감정에 너무 집착하고 있지 않은가? 가끔 우리는 시간이 지나면 감정이 어떻게 변할지 생각하지 않고, 지금의 감정만으로 상황이 얼마나 나쁜지 판단하곤 한다.

지금 즐길 수 있는 새로운 기회는 무엇이 있을까? 변화는 종종 새로운 문을 열고, 새로운 기회를 가져다주기도 한다.

이번 주에 할 수 있는 보람 있고 의미 있는 활동은 어떤 것들이 있을까? 몇 가지를 떠올려 보고 적어 보자.

부록23

'영원히'라는 생각에 도전하기

여러분에게는 다른 친구나 가족이 있는가? 여러분의 전문 기술은 무엇인가? 지원할 수 있는 다른 학교는 어디가 있을까? 몇 가지 예를 들어 보자.

____

____

____

____

새로운 친구를 사귀거나 새로운 관계를 시작해 본 적이 있는가? 예전에 직장에 지원해서 합격한 적이 있는가? 다른 학교나 수업에 등록한 적이 있는가? 몇 가지 예를 들어 보자.

____

____

____

____

많은 사람들이 이별이나 실직, 대학 입학 거절을 겪고 나서도 새로운 관계를 시작하고, 직업을 얻고, 학교에 다니곤 한다. 이런 경험을 한 사람들의 예가 있는가? 한 번 생각해 보고 예를 들어 보자.

____

____

____

____

이전에 끝난 관계, 직장, 또는 수업이 있었던 적이 있는가? 그리고 그 후에 새로운 사람을 만나거나, 새로운 직장에 지원하거나, 다른 수업을 들었던 경험이 있는가? 몇 가지 예를 떠올려 보자.

새로운 사람들과 어떻게 관계를 맺을 수 있을지, 새로운 일에 지원하거나 다른 학교에 지원할 수 있을지에 대해 한 문단으로 이야기해 보자. 이를 위해 무엇을 해야 할까? 이 방향으로 나아가기 위한 계획을 세워 보자.

부록24

나에게 결함이 있다는 생각에 도전하기

혹시 갈등이 모두 내 탓이라고 생각하고 있지 않은가? 사실 갈등은 양쪽 모두의 역할이 있어야 생긴다. 그렇다면 상대방은 어떤 방식으로 문제를 만들었을까? 구체적으로 한번 떠올려 보자.

____

____

____

____

갈등이 생긴다고 해서 내가 사랑받지 못하거나 결함이 있다는 의미는 아니다. 단지 특정한 상황이 오래 지속되지 않았거나, 의견이 맞지 않았을 뿐이다. 이게 내 경험에 어떻게 적용될 수 있을지 생각해 보자.

____

____

____

____

누군가 갈등을 겪었다고 해서 그 사람이 사랑받지 못하거나 결함이 있다고 단정 짓지는 않을 것이다. 왜 그럴까? 구체적인 예를 들어 보자. 왜 다른 사람에게는 덜 엄격하고, 나 자신에게는 더 가혹할까?

____

____

____

____

모든 사람은 좋은 점과 부족한 점을 함께 가지고 있다. 그리고 우리는 그런 다양한 면을 가진 사람들을 좋아하고 사랑한다. 그래서 누군가가 사랑받을 수 없거나 결함이 있다는 말은 맞지 않다. 좋은 애인/파트너/직장인/학생/한 사람으로서 내가 가지고 있는 긍정적인 점은 무엇일까? 구체적으로 떠올려 보자.

누군가가 나를 사랑했다가 그 사람과 헤어졌다고 해서 내가 갑자기 사랑받지 못할 사람이 되는 건 아니다. 직장을 잃었다고 해서 내 능력이 없어지는 것도 아니다. 대학에 떨어졌다고 해서 갑자기 멍청한 사람이 되는 것도 아니다. 나와 내 상황은 단순히 '나쁘다', '결함이 있다', '사랑받지 못한다'라고 정의할 수 없을 만큼 훨씬 더 복잡하다. 그렇다면, 이걸 어떻게 이해할 수 있을까? 예를 들어 생각해 보자.

갈등을 일으킨 게 내 실수라면, 그 실수에서 무엇을 배울 수 있을까? 그 배운 것을 앞으로 어떻게 활용할 수 있을까? 이 경험을 통해 어떻게 성장할 수 있을지 고민해 보자.

부록25

부정적인 예측에 도전하기

내가 예측하고 있는 것이 무엇인지 구체적으로 생각해 보자. 그리고 그 일이 실제로 일어날 가능성이 얼마나 될지 0에서 100까지 백분율로 적어 보자. 가능한 한 구체적으로 써보자.

내가 예측하고 있는 것	백분율 (0~100%)

이 일이 일어날 거라고 생각하는 근거는 무엇인가? 반대로, 이 일이 일어나지 않을 거라고 생각하는 근거는 무엇인가?

- **일어날 거라고 생각하는 근거:** ______

______

______

- **일어나지 않을 거라고 생각하는 근거:** ______

______

______

과거에 했던 부정적인 예측 중에서 실제로 맞지 않은 것이 있었는가? 무엇을 예측

했으며, 실제로는 어떻게 되었는가?

가장 나쁜 결과, 가장 좋은 결과, 그리고 가장 가능성이 높은 결과는 무엇인가?

- 가장 나쁜 결과:
- 가장 좋은 결과:
- 가장 가능성이 높은 결과:

왜 '가장 가능성이 높은 결과'가 '가장 나쁜 결과'보다 더 가능성이 클까?

내가 가장 두려워하는 결과에 대해 구체적으로 적어 보자.

이 결과가 실제로 발생하려면 어떤 일이 잘못돼야 하는지, 모두 나열해 보자.

이 결과가 일어나지 않도록 막아줄 수 있는 모든 것들을 나열해 보자.

긍정적인 결과 세 가지를 구체적으로 적어 보자.

부록26

부정적인 생각에 도전하고 검토하는 10가지 질문

1. 화가 났을 때, 나는 어떤 생각을 하는가?

2. 이런 식으로 생각하는 것의 손해와 이익은 무엇인가?

3. 이 생각을 덜 믿는다면 나는 어떻게 느끼고, 어떻게 행동하게 될까?

4. 내가 사용하고 있는 자동적인 사고의 왜곡은 무엇인가? (예: 독심술, 점쟁이 예언, 재앙화하기, 개인화하기 등)

5. 친구에게 조언을 해 준다고 하면, 어떤 말을 할 수 있을까?

6. 이 생각을 뒷받침하는 증거와 반박하는 증거는 무엇인가?

7. 만약 이 생각이 사실이라면, 그게 나에게 어떤 의미이며, 그 다음엔 어떤 일이 일어날까?

8. 7번에서 예측한 일이 실제로 일어날 가능성은 얼마나 될까? 왜 그런가?

9. 만약 부정적인 일이 실제로 일어난다면 나는 어떻게 대처할 수 있을까?

10. 이 상황을 더 현실적으로 바라볼 수 있는 방법은 무엇인가?

부록27

양가감정 점검표

척도:

1 = 매우 동의하지 않음

2 = 약간 동의하지 않음

3 = 조금 동의하지 않음

4 = 조금 동의함

5 = 약간 동의함

6 = 매우 동의함

삶의 영역	나의 신념	점수 (1~6)
직업	나는 복합적인 감정을 다루는 것이 힘들다.	
	나는 종종 내가 복합적인 감정을 느낀다는 사실에 집착한다.	
	나는 내 감정이 명확해야 한다고 생각한다.	
	나는 복합적인 감정을 느끼면 뭔가 잘못된 것이라고 생각한다.	
	나는 복합적인 감정을 느낄 때 결정을 내리기가 어렵다.	
연인 관계	나는 복합적인 감정을 다루는 것이 힘들다.	
	나는 종종 내가 복합적인 감정을 느낀다는 사실에 집착한다.	
	나는 내 감정이 명확해야 한다고 생각한다.	
	나는 복합적인 감정을 느끼면 뭔가 잘못된 것이라고 생각한다.	
	나는 복합적인 감정을 느낄 때 결정을 내리기가 어렵다.	

우정	나는 복합적인 감정을 다루는 것이 힘들다.
	나는 종종 내가 복합적인 감정을 느낀다는 사실에 집착한다.
	나는 내 감정이 명확해야 한다고 생각한다.
	나는 복합적인 감정을 느끼면 뭔가 잘못된 것이라고 생각한다.
	나는 복합적인 감정을 느낄 때 결정을 내리기가 어렵다.
내가 살고 있는 곳	나는 복합적인 감정을 다루는 것이 힘들다.
	나는 종종 내가 복합적인 감정을 느낀다는 사실에 집착한다.
	나는 내 감정이 명확해야 한다고 생각한다.
	나는 복합적인 감정을 느끼면 뭔가 잘못된 것이라고 생각한다.
	나는 복합적인 감정을 느낄 때 결정을 내리기가 어렵다.

부록28

각 삶의 영역에서 장단점 살펴보기

삶의 영역	긍정적인 면	%	부정적인 면	%	긍정-부정
헌신적인 관계					
혼자 지내기					
우정					
일					
내가 살고 있는 곳					
건강과 피트니스					
기타:					

부록29

나에게 중요한 가치

1 = 나에게 전혀 중요하지 않다
2 = 나에게 다소 중요하지 않다
3 = 나에게 약간 중요하지 않다
4 = 나에게 약간 중요하다
5 = 나에게 다소 중요하다
6 = 나에게 매우 중요하다

가치	이것이 나에게 얼마나 중요한지 (1~6점)	이 가치를 얼마나 잘 달성하고 있는지 (A~F)
용기		
진실성		
인내		
겸손(Modesty)		
관용		
근면		
친절		
겸허(Humility)		
분노에서 자유로움		
내 감각들에 대한 통제		

타인의 재산과 권리에 대한 존중		
타인의 기쁨		
연민		
타인을 평등하게 대하기		
기타:		
기타:		
기타:		

부록30

나의 가치에 부합하는 행동들

나에게 중요한 가치들	날짜: 오늘 했던 행동들	날짜: 오늘 했던 행동들

부록31

중요한 역할을 위한 가치있는 행동

나에게 중요한 역할	목표를 향한 가치있는 행동으로 어떤 것이 있을까?	실제로 어떤 행동을 했는가?
애인		
부모님		
형제자매		
아들 또는 딸		
직장인		
동료		
이웃		
자원봉사자		
기타:		
기타:		

부록32

회피에 대한 대처

회피하고 있는 것은 무엇인가?	이유가 무엇인가? 무슨 일이 일어났는가?	회피하는 것들을 떠올렸을 때, 무엇이 마음을 어렵게 만드는가? (마음을 어렵게 만드는 생각이나 감정들은 무엇인가?)
사람들		
장소들		
기억들		
상황들		

기타: ________

부록33

걱정 시간

걱정1: ______________________________

____

걱정2: ______________________________

____

걱정3: ______________________________

____

걱정4: ______________________________

____

걱정5: ______________________________

____

걱정 시간을 15분으로 정하고 타이머를 맞추자. 그리고 오늘 하루 동안 했던 걱정들을 처음부터 하나씩 되돌아보자.

지금 그 걱정들에 대해 어떻게 느끼는가? 여전히 그 걱정이 당신을 괴롭히는가? 그렇다면 왜 그런지, 그렇지 않다면 왜 아닌지 생각해 보자.

지금 이 걱정을 하는 것이 정말 도움이 될까? 이 걱정이 오늘 그 문제를 해결하는 데 실질적인 도움이 될 수 있을까? 구체적으로 지금 당신이 할 수 있는 일은 무엇인가?

지금 이 문제에 대해 걱정하는 것이 오히려 방해가 될까? 즉, 오늘 이 문제를 해결하기 위해 할 수 있는 일이 있는가? '예' 또는 '아니오'로 답해 보자.

이 문제에 집착하는 것이 비생산적이라면, 지금 불확실성을 받아들이는 데 어떤 이점이 있을까? 그리고 단점은 무엇일까? 구체적으로 작성해 보자.

장점:

____

____

____

____

단점:

____

____

____

____

지금 내가 받아들일 수 있는 한계는 무엇인가?

____

____

____

____

부록34

내가 화가 났을 때, 내가 사랑하는 사람이 나에게 보이는 반응

척도:

1= 전혀 사실이 아님

2= 다소 사실이 아님

3= 약간 사실이 아님

4= 약간 사실임

5= 다소 사실임

6= 매우 사실임

내가 화가 났을 때, 내가 사랑하는 사람의 반응	이것이 얼마나 사실인가? (1~6)	그들의 반응이 나에게 주는 느낌과 생각
이해(Comprehensibility) 내가 사랑하는 사람은 내 감정을 이해하도록 도와준다.		
타당화(Validation) 내가 사랑하는 사람은 내가 내 감정을 이야기할 때 이해받고 돌봄받는다는 느낌을 준다.		
죄책감과 수치심 (Guilt and shame) 내가 사랑하는 사람은 나를 비난하며 내가 느끼는 방식에 대해 수치심과 죄책감을 느끼게 한다.		

구분/변별(Differentiation) 내가 사랑하는 사람은 복합적인 감정을 가지는 것이 괜찮다는 것을 이해하도록 도와준다.		
가치(Values) 내가 사랑하는 사람은 내 고통스러운 감정을 중요한 가치와 연결시킨다.		
통제(Control) 내가 사랑하는 사람은 내가 내 감정을 통제하지 못하고 있다고 생각한다.		
정서적 둔마(Numbness) 내가 사랑하는 사람은 내가 감정을 이야기할 때 무감각하고 무관심해 보인다.		
이성적(Rational) 내가 사랑하는 사람은 내가 많은 경우 비이성적이라고 생각한다.		
지속(Duration) 내가 사랑하는 사람은 내가 느끼는 고통스러운 감정이 계속해서 반복된다고 생각한다.		
합의/일치도(Consensus) 내가 사랑하는 사람은 많은 사람들이 나와 같은 감정을 느낀다는 것을 깨닫도록 도와준다.		

수용(Acceptance) 내가 사랑하는 사람은 내 고통스러운 감정을 받아들이고 참아주며, 나를 억지로 바꾸려 하지 않는다.		
반추(Rumination) 내가 사랑하는 사람은 내가 왜 이렇게 느끼는지에 대해 계속 파고드는 것처럼 보인다.		
표현하기(Expression) 내가 사랑하는 사람은 내가 내 감정을 표현하고 이야기하도록 격려해준다.		
비난(Blame) 내가 사랑하는 사람은 내가 힘들어하는 것에 대해 나를 탓한다.		

부록35

애인/파트너의 감정에 대한 나의 반응

척도:

1= 전혀 사실이 아님

2= 다소 사실이 아님

3= 약간 사실이 아님

4= 약간 사실임

5= 다소 사실임

6= 매우 사실임

사랑하는 사람의 감정에 대한 나의 반응	이것이 얼마나 사실인가? (1~6)	나의 반응이 내가 사랑하는 사람에게 주는 느낌과 생각
이해(Comprehensibility) 나는 내가 사랑하는 사람이 자신의 감정을 잘 이해할 수 있도록 도와준다.		
타당화(Validation) 나는 그들이 자신의 감정에 대해 이야기할 때, 이해받고 돌봄을 받고 있다는 느낌을 받을 수 있도록 돕는다.		

죄책감과 수치심
(Guilt and shame)

나는 그들을 비난하고, 그들이 자신의 감정에 대해 죄책감과 수치심을 느끼게 한다.

구분/변별(Differentiation)

나는 그들이 복합적인 감정을 느끼는 것도 괜찮다고 이해하도록 돕는다.

가치(Values)

나는 그들의 감정을 중요한 가치와 연결시킨다.

통제(Control)

나는 그들의 감정이 통제 불능 상태라고 생각한다.

정서적 둔마(Numbness)

나는 그들이 자신의 감정을 이야기할 때 종종 무감각하거나 무관심하다.

이성적(Rational)

나는 그들이 많은 경우 비이성적이라고 생각한다.

지속성(Duration)

나는 그들의 고통스러운 감정이 계속될 거라고 생각한다.

합의/일치도(Consensus) 나는 다른 사람들도 그들이 느끼는 감정을 느낀다는 것을 깨닫는다.		
수용(Acceptance) 나는 그들의 고통스러운 감정을 받아들이고, 그들이 바뀌도록 강요하지 않는다.		
반추(Rumination) 나는 그들이 왜 그런 감정을 느끼는지에 대해 계속해서 생각하고 집착하는 경향이 있다.		
표현(Expression) 나는 그들이 자신의 감정을 자유롭게 표현하고, 느끼는 대로 이야기하도록 격려한다.		
비난(Blame) 나는 그들이 그렇게 화가난 것에 대해 그들을 비난한다.		

부록36

사랑하는 사람의 감정에 대해 도움이 되는 나의 반응들

사랑하는 사람의 감정에 대한 나의 반응	사랑하는 사람의 이름	도움이 되었던 나의 반응
이해(Comprehensibility) 나는 내가 사랑하는 사람이 자신의 감정을 잘 이해할 수 있도록 도와준다.		
타당화(Validation) 나는 그들이 자신의 감정에 대해 이야기 할 때, 이해받고 돌봄을 받고 있다는 느낌을 받을 수 있도록 돕는다.		
죄책감 또는 수치심 (Guilt and shame) 나는 그들을 비난하고, 그들이 자신의 감정에 대해 죄책감과 수치심을 느끼게 한다.		
구분/변별(Differentiation) 나는 그들이 복합적인 감정을 느끼는 것도 괜찮다고 이해하도록 돕는다.		
가치(Values) 나는 그들의 감정을 중요한 가치와 연결시킨다.		
통제(Control) 나는 그들의 감정이 통제 불능 상태라고 생각한다.		

정서적 둔마(Numbness) 나는 그들이 자신의 감정을 이야기할 때 종종 무감각하거나 무관심하다.	
이성적(Rational) 나는 그들이 많은 경우 비이성적이라고 생각한다.	
지속성(Duration) 나는 그들의 고통스러운 감정이 계속될 거라고 생각한다.	
합의/일치도(Consensus) 나는 다른 사람들도 그들이 느끼는 감정을 느낀다는 것을 깨닫는다.	
수용(Acceptance) 나는 그들의 고통스러운 감정을 받아들이고, 그들이 바뀌도록 강요하지 않는다.	
반추(Rumination) 나는 그들이 왜 그런 감정을 느끼는지에 대해 계속해서 생각하고 집착하는 경향이 있다.	
표현(Expression) 나는 그들이 자신의 감정을 자유롭게 표현하고, 느끼는 대로 이야기하도록 격려한다.	
비난(Blame) 나는 그들이 그렇게 화를 내는 것에 대해 비난하곤 한다.	

저자소개

로버트 L. 리히 박사(Robert L. Leahy, PhD)는 27권의 책을 저술하거나 편집했으며, 그중에는 『*The Worry Cure*』도 포함되었다. 그는 미국 전역의 다양한 인지행동치료(CBT, Cognitive Behavioral Therapy) Cognitive behavioral therapy 관련 단체에서 리더 역할을 하거나 깊이 관여해 왔다. 또한 *Psychology Today*에 정기적으로 블로그를 기고하며, *HuffPost*에도 글을 쓴 경력이 있다. 리히 박사는 전 세계를 무대로 활동하는 국제적인 연사로서 *The New York Times, The Wall Street Journal, The Times, The Washington Post*, "*20/20*", "*The Early Show*" 등 여러 인쇄 매체, 라디오, TV 프로그램에 출연한 바 있다.

역자 소개

[최기홍]

고려대학교 심리학부 교수

고려대학교 KU마음건강연구소 소장

마인딥 인지행동치료센터 대표

한국심리학회 부회장

[조수린]

고려대학교 심리학과 임상심리학 전공

KU마음건강연구소 연구원

[최주희]

고려대학교 심리학과 임상심리학 전공

KU마음건강연구소 연구원

감정의 속임수: 정서도식치료 셀프 가이드

초판발행 2025년 4월 14일

지은이 Robert L. Leahy
옮긴이 최기홍·조수린·최주희
펴낸이 노 현

편 집 김경선
표지디자인 BEN STORY
제 작 고철민·김원표

펴낸곳 ㈜피와이메이트
서울특별시 금천구 가산디지털2로 53, 210호(가산동, 한라시그마밸리)
등록 2014.2.12. 제2018-000080호
전 화 02)733-6771
f a x 02)736-4818
e-mail pys@pybook.co.kr
homepage www.pybook.co.kr
ISBN 979-11-7279-100-1 93180

정 가 20,000원

박영스토리는 박영사와 함께하는 브랜드입니다.